Heimwee moet je koesteren

Floortje Dessing

Heimwee moet je koesteren

25 jaar bijzondere
ontmoetingen, reizen
en inzichten

KEFF&DESSING en Meulenhoff

Colofon

Eerste druk, april 2023
Tweede druk, juni 2023

© 2023 Keff & Dessing Publishing en Meulenhoff Boekerij bv, Amsterdam

Redactie: Ilse Delaere
Met speciale dank aan: Bibejan Lansink
Vormgeving: Diewertje van Wering
Auteursfoto: © Frank Ruiter
Druk: Wilco Amersfoort, 100% fsc met PrimeBio-inkt op basis van plantaardige oliën
Lithografie: Mariska Bijl | Wilco Art Books bv

isbn 978-90-290-9813-7
isbn e-book 978-94-023-1527-1
nur 320

Alle rechten voorbehouden / All rights reserved
De uitgever heeft ernaar gestreefd alle rechten van derden te regelen volgens de wettelijke bepalingen. Degenen die desondanks menen zekere rechten te kunnen doen gelden, kunnen contact opnemen met Meulenhoff Boekerij bv, Amsterdam.

Niets uit deze uitgave mag openbaar worden gemaakt door middel van druk, fotokopie, internet of op welke andere wijze ook, zonder voorafgaande schriftelijke toestemming van de uitgever.

Inhoud

Voorwoord 8

1 Speel eens wat vaker buiten 10

2 Een kind kan prima de was doen 21

3 Stof de oermens in jezelf af 36

4 Echt afgelegen eilanden maken je een geduldiger mens 47

5 Luister vaker naar een oude Filipijnse vrouw met een waterpijp 61

6 Kijk het beest recht in het gezicht 79

7 Beperkt vraag en aanbod kan wonderen doen voor je ego 88

8 Je kunt het roer ook een tikkie omgooien 94

9 Alleen op reis maakt je sterker 106

10 Dichter aan de rand wordt het leven intenser 116

11 Draag geen zwarte broeken in de bush 127

12 Ook aan het einde van de wereld is het leven niet perfect 134

13 Dochters als hoop voor de toekomst 144

14 Ik ben een laffe reiziger 160

15 Er zijn heel wat bedden beter dan mijn eigen bed 165

16 Je kunt een baby best in de vrieskou te slapen leggen 174

17 Neushoorns hebben ook een ochtendhumeur 182

18 Laten we ons 'vliegbewustzijn' wat vaker gebruiken 191

19 Een woongroep is zo gek nog niet 212
20 Doe wat meer moeite voor je maaltijd 222
21 Van sleutelslaapjes knap je echt even op 232
22 Minder eens wat meer 239
23 Laat je horloge gewoon thuis 247
24 Om gezond oud te worden moet je de sirtaki dansen 255
25 Ook ik moet kleur bekennen 266
26 Waarom zou je je grootouders níét in de achtertuin begraven? 280
27 Zelfgekozen eenzaamheid kan je rust geven 292
28 Soms moet je slapende honden wél wakker maken 300
29 Macht begint op de apenrots 313
30 Heimwee moet je koesteren 326
Woord van dank 332

VOORWOORD

Wat was het een goed plan: een boek uitbrengen rond mijn vijftigste verjaardag, met inzichten die ik heb opgedaan in de vijfentwintig jaar dat ik de wereld over reis. Alles was in gereedheid gebracht, catalogus gedrukt, uitgeverij in spanning. En toen werd alles anders. COVID-19 deed zijn intrede en voor het eerst in al die jaren stond ik stil. En niet alleen mijn reizen droogden op, ook mijn inspiratie om het boek af te maken was ik kwijt. Nooit gedacht dat die twee dingen zouden kunnen gebeuren.

Gelukkig kon ik mijn energie kwijt in een nieuwe tv-serie in Nederland voor BNNVARA, over bijzondere mensen die zelfvoorzienend wilden leven, getiteld *Floortje blijft hier*. Maar toch knaagde het: waarom ging ik niet gewoon aan de slag en kon ik het schrijven niet oppakken?

Achteraf denk ik dat het alles te maken had met die grote reset in mijn leven: na al die jaren even niet meer op pad, geen jetlags maar opeens wel alle seizoenen weer meemaken in Nederland. En eindelijk eens mijn vrienden en familie kunnen opzoeken wanneer ik wilde, al was het vaak noodgedwongen op gepaste afstand. Even geen reizen maken om nieuwe avonturen te beleven en ook niet graven in het rijke verhalenboek dat in mijn hoofd opgeslagen zit. Even rust in lijf en leden.

Zoals de wereld langzaam weer 'openging', zo klapte ik ook mijn laptop weer open, om gestaag verder te schrijven aan dit boek. En eindelijk: het is er!

Heimwee moet je koesteren is een verslag geworden van de avonturen die ik de afgelopen jaren heb beleefd en vooral ook van de inzichten die ik heb opgedaan tijdens die trips. Soms heel serieus en over de kernzaken die ertoe doen in het leven (zingeving, keuzes durven maken, vliegschaamte) en dan juist weer licht (wat neem je mee op reis, hebben neushoorns ook een ochtendhumeur). Verhalen over de vele reizen die ik de afgelopen vijfentwintig jaar heb gemaakt, de mensen die ik heb ontmoet en wat ik van ze geleerd heb. Over hoe ik ben geworden wie ik nu ben, wat het me heeft opgeleverd en wat het me heeft gekost. Tipje van de sluier: vooral heel veel lichamelijke ongemakken en tropische ziekten.

De belangrijkste reden voor mij om dit boek te schrijven is dat ik hoop dat mensen iets aan die inzichten hebben: voor op reis, maar ook gewoon voor thuis als je geen avonturen aan het beleven bent. Met als voordeel dat je zelf niet eindeloos hoeft af te zien op te krappe zitplaatsen over hobbelige wegen, op weg naar de meest ingewikkelde uithoeken van de wereld.

1 SPEEL EENS WAT VAKER BUITEN

Vannacht werd ik plotseling wakker. Mijn droom was zo vers dat hij nog haarscherp op mijn netvlies stond. Ik was terug op de lagere school en het was pauze. Al mijn klasgenootjes waren aan het spelen op van die ouderwetse speeltoestellen, waar grote grove tegels onder lagen, die ongenadig hard waren als je erop viel. Ik hing ondersteboven aan het klimrek toen de bel lang en doordringend ging. Alle kinderen haastten zich joelend naar de ingang van de school, maar ik bewoog niet. Ik bleef waar ik was: ondersteboven aan de roestvrijstalen stang, waardoor ik de wereld op zijn kop zag. In no time waren alle kinderen binnen en sloot de juf de deur. Al die tijd bekeek ik het tafereel, maar ik voelde aan alles dat die bel niet voor mij gold. Ik had mijn eigen bel en ik ging pas naar binnen als die zou klinken.

Even later zag ik dat de kinderen in de klas achter hun tafeltjes druk aan het schrijven waren. De juf keek even naar buiten, zag mij hangen en zwaaide vriendelijk naar me. Ik zwaaide terug, terwijl ik heen en weer bleef schommelen met mijn lijf. Ik was nog niet klaar om naar binnen te gaan, er was hier buiten nog zo veel te zien en te beleven. En op het moment dat ik dat bedacht, viel ik ineens van de rekstok op de grond. Terwijl ik weer opstond, draaide de wereld zich weer om. Ik klopte het stof van mijn kleren, bekeek mijn geschaafde knie, en keek daarna om me heen: wat zou ik nu eens gaan doen? En toen werd ik wakker.

Dromen zijn een spiegel van je ziel, wordt er wel gezegd, maar is dat wel zo? Sigmund Freud zag dromen als manifestaties van iemands diepste verlangens en angsten. Maar tegenwoordig hebben wetenschappers ontdekt dat dromen ontstaan in je remslaap, dat het willekeurige elektronische signalen zijn die door je hersenschors gestuurd worden en die vervolgens verschillende herinneringen, verlangens, angsten en sensaties opwekken. Het brein probeert van deze willekeurige informatie een geheel met een betekenis te maken, wat uiteindelijk de droom vormt.

Dromen zeggen dus iets over wat zich in je onderbewuste afspeelt en waar je je als mens mee bezighoudt. Er zijn heel veel verschillende soorten, zoals terugkerende dromen, nachtmerries en symbolische dromen. Mijn schoolpleindroom valt zonder twijfel in die laatste categorie. Ik ben het kind dat nog steeds buiten aan het spelen is, terwijl mijn leeftijdsgenootjes al lang serieus binnen zitten. En ik wil maar niet dat klaslokaal in, om nieuwe dingen te leren, om me netjes te voegen naar dat wat normaal is.

Al mijn hele leven voel ik me zo. 'Net uit de puberteit': zo zou ik mijn geestesgesteldheid het best kunnen omschrijven. Al ben ik ondertussen al een tijdje de vijftig gepasseerd, toch voel ik me vanbinnen als iemand die net zijn eerste tegendraadse jaren achter zich heeft.

Dat betekent overigens niet dat er al die jaren geen enkele ontwikkeling in zit. Want ook ik verander langzaam, word ouder en wijzer. Alleen gaat dat proces heel veel langzamer dan bij de mensen van mijn leeftijd om me heen. Langzaam begin ik rustiger te worden en word ik iemand die eindelijk gaat nadenken over een langere relatie, over wat meer zekerheid en over een langetermijnplanning voor later. Dat is best opmerkelijk, als ik mezelf vergelijk met mijn vrienden. De meesten zijn namelijk al lang en breed volwassen, hebben een of meer kinderen, en tikken in hun relaties vaak al de twintig jaar aan.

Maar ik blijf mijn eigen koers varen en ook al ontwikkel ik me, ik blijf iemand die zich niet conformeert aan de gangbare 'regels' die bij mijn leeftijd horen. Dat is op zich prima, en ik voel me er goed bij, maar het is soms nogal een solistisch gebeuren. Want omdat bijna iedereen om me heen dat wel doet – netjes op tijd gaat samenwonen en een gezinnetje sticht bijvoorbeeld – voel ik me soms wel een buitenstaander. Waarom niet gewoon meedoen met de rest, en ook kiezen voor een normaal sociaal leven, een man op de bank en een paar kinderen op school? Dan kun je veel makkelijker meekomen in onze samenleving, en zijn er veel meer mensen met wie je je ervaringen kunt delen.

Ik merk het ook aan de manier waarop we het jaar invullen. De meeste mensen in Nederland doen het in de zomer rustig aan, gaan op vakantie, meestal met het gezin, en in september gaat alles en iedereen weer aan het werk en naar school, en begint het gewone leven weer, inclusief de sportclubs, voetbalwedstrijden, danslessen, bezoekjes aan vrienden en familie en weekendjes weg. Voor mij is de zomer ook een tijd om op adem te komen en thuis te blijven. Ik probeer Nederland dan zo min mogelijk te verlaten en zoek zo veel mogelijk de vrienden op. En als in september alles weer op gang komt, ga ik mijn grote reizen naar verre oorden maken.

Dus eigenlijk ren ik nog steeds als een bezetene over het schoolplein rond op zoek naar verhalen en avontuur, terwijl iedereen binnen aan zijn tafeltje huiswerk zit te maken. Het feit dat ik zo in elkaar steek en al heel lang een leven leid dat in het teken van vrijheid staat, is dé reden dat het concept van het tv-programma *Floortje naar het einde van de wereld* zo bij me past, en de reden dat ik er nu over schrijf. Want elke keer weer voel ik een connectie met deze 'buitenbeentjes', met mensen die er bewust voor hebben gekozen om buiten de lijntjes te kleuren en niet het geijkte pad te bewandelen. Juist die overeenkomst met al deze kleurrijke hoofdpersonen zorgt ervoor dat ik me meestal zo bij ze thuis voel. Of ze nou in Noord-

Rusland op een piepklein eiland wonen dat vooral bevolkt wordt door ijsberen, in een huifkar in Wyoming, op een vuurtoreneiland in Tasmanië of in een oude schoolbus in Texas: het zijn allemaal mensen die ook hun hele leven al het gevoel hebben dat ze niet helemaal in de westerse samenleving passen.

De redenen voor dat gevoel zijn uiteenlopend: omdat ze niet willen meedraaien in een systeem waarin ze zich niet thuis voelen, omdat ze dichter bij de natuur willen staan, omdat ze niet afgeleid willen worden door alle westerse invloeden die vooral op consumeren gericht zijn, of omdat ze hun kinderen dichter bij zich willen voelen. Allemaal redenen waarvoor ze niet per definitie huis en haard moeten achterlaten; zo'n leven kunnen ze ook leiden zonder te emigreren. Maar dat is voor hen niet genoeg: ze willen loskomen van het vertrouwde en een onbekend leven aangaan in een land dat niet hun eigen land is. En waar ze, omdat ze niet meer omgeven zijn door hun vertrouwde basis, helemaal zichzelf kunnen zijn, zich niet meer hoeven te vergelijken met anderen en een geheel autonoom leven kunnen leiden. Als een buitenbeentje dat geen buitenbeetje meer is, maar een buitenbewoner.

Dat vind ik zoiets prachtigs, iets waar ik zo veel waardering voor kan hebben. En iets waar ik onbewust ook zo veel in herken. Goed, ik woon 'gewoon' in een appartement in Amsterdam-West en heb familie en vrienden bij me in de buurt, maar het 'buitenbeentjes'-gevoel deel ik wel met deze mensen.

Als ik terugkom in Amsterdam, moet ik ook altijd omschakelen naar het 'andere' leven daar: als ik over straat loop zie ik bijna overal bakfietsmoeders met ogenschijnlijk goed gelukte kinderen, stelletjes die hand in hand slenteren, families die in de auto met vouwwagen stappen om naar Frankrijk te rijden, en jonge Instagram-vrouwen die met elkaar op het terras lattes drinken met hun baby in een dure draagzak op hun buik. Ik ben niet zo, en ik voel me altijd anders. Niet meer of minder, niet beter of slechter, maar gewoon 'anders'.

Omdat ik een unieke baan heb die ik niet zou willen inwisselen en omdat ik zo close ben met de mensen om me heen, heb ik zelf nooit de stap gezet om 'off grid' te gaan leven in een ver oord, maar omdat ik door mijn tv-programma heel veel mensen mag spreken die dat wel doen, voel ik me niet helemaal voortdurend een vreemde in mijn eigen omgeving. Het zorgt voor wat tegenwicht.

Er is een typerende jeugdfoto van mij, gemaakt in de kleuterklas toen ik een jaar of vier was. Ik zit aan een klein tafeltje met een geruit zelfgemaakt jurkje aan, twee staartjes in mijn haar en een paar blokken voor mijn neus waar ik van de fotograaf mee moest spelen. Op die foto straalt alles aan mij uit dat ik daar geen zin in heb; niet in die fotograaf, niet in die blokken en al helemaal niet in binnen op een stoeltje zitten. Ik kan me dat moment zelfs nog herinneren, de weerstand die ik voelde, al kan ik me dat ook inbeelden omdat ik altijd zo gefascineerd ben geweest door die foto.

Gek genoeg had ik in mijn jeugd niet echt een stevig zelfbeeld. Ik was wel gelukkig en kon ook intens vrolijk zijn, maar ik had ook een andere, meer sombere kant waarbij het glas echt halfleeg kon zijn en ik het gevoel had dat niemand me begreep. Op die momenten was er altijd mijn moeder die me zonder woorden doorzag, me even bij zich nam en me troostte. Ze vertelde dan hoe bijzonder ik was en hoeveel avonturen ik later zou gaan beleven.

Hoewel ik nooit een identiteitscrisis heb gehad over mijn geslacht, en me tot op de dag van vandaag helemaal vrouw voel, was ik als kind nooit echt een meisjesmeisje; ook iets wat je behoorlijk in de weg kan zitten als je jong bent. Daardoor werd ik regelmatig voor een jongetje aangezien, door mijn manier van doen en door mijn uiterlijk. (Wat niet meehielp was dat ik altijd steevast een zelfgeknipt kort kapsel had in de vorm van een soort bloempot.) Ik was ongeveer twaalf toen ik met mijn moeder in een kaaswinkel stond. 'Wil uw zoon ook een plakje kaas?' vroeg de dame vriendelijk aan mijn moeder. De hele weg naar huis voelde ik me verschrikkelijk: uiteindelijk wil je als kind ook gewoon in een hokje passen en niet 'anders dan anderen' zijn.

Tegelijkertijd waren meisjes in mijn ogen bijna allemaal te 'soft': die wilden veel te veel meisjesdingen doen zoals aan tafel knutselen, of winkeltje spelen. Ik had ook meer vriendjes dan vriendinnetjes, omdat die meer hielden van fietscrossen en hutten bouwen: dat vond ik veel leuker dan met meisjes spelen.

Bovendien werd ik niet als typisch meisje opgevoed. Onze moeder maakte bijvoorbeeld zelf onze kleding en die was niet overdreven meisjesachtig, hoewel ik zeker niet gekleed als jongetje door het leven ging. Bij ons thuis werd er nooit veel aandacht besteed aan 'meisje of jongetje' zijn; mijn ouders geloofden dat iedereen gelijk is (nog steeds trouwens), ook als het gaat over sekse. En dus werden ik en mijn twee zusjes en een broer als kind allemaal hetzelfde behandeld. We kregen geen echt jongens- of meisjesspeelgoed, en ik deed geen meisjessporten zoals veel van mijn leeftijdsgenootjes (zoals jazzballet). Mijn ouders namen ons bijna elk weekend mee naar buiten om te wandelen, te fietsen of te zeilen met onze oude Friese platbodem (een ouderwets type zeilschip); iets waar ik heel gelukkig van werd. Want dan was ik buiten in de vrije natuur, waar ik me het meest thuis voelde.

Natuurlijk is de basis van wie ik ben gevormd door de warme en liefdevolle opvoeding van mijn ouders, en het veilige nest waarin ik mezelf kon zijn. Maar de veertien jaar die ik op de Vrije School in Haarlem heb doorgebracht, hebben een belangrijke bijdrage geleverd aan mijn ontwikkeling en me gemaakt tot wie ik nu ben. Ik weet ook zeker dat ik zonder die school qua werk nooit op het pad zou zijn gekomen dat ik nu bewandel. Mijn ouders hebben er ontzettend goed aan gedaan om me vanaf mijn vierde jaar naar deze school te brengen. Daar lag de nadruk op het eigen karakter van een kind, en probeerden ze iedereen zo veel mogelijk zichzelf te laten zijn. Er werden geen rapportcijfers gegeven, je leerde tot je puberteit niets uit schoolboeken en je kon niet blijven zitten. Ook kreeg je veel creatieve vakken en lessen met persoonlijke expressie, zoals dans en toneel, en ging je met de klas zo veel mogelijk naar buiten. En heel belangrijk voor mij: het was een school waar enorm veel verhalen werden verteld. Over de aarde, de sterren, de mens en onze geschiedenis. Over verre volkeren en onbekende landen, maar ook sprookjes, mythen en sagen. Alles om de fantasie van het kind te ontwikkelen en de leerstof op een beeldende manier aan te bieden. Voor mijn gevoel namen de docenten ons altijd mee in een wereld die ik niet kende en dat maakte me intens gelukkig. Ik was wel in de klas, maar in mijn hoofd was ik ver weg en gebeurde er van alles.

Ik moest er even geduld voor hebben, maar tien jaar nadat ik van de Vrije School kwam begon het grote avontuur daadwerkelijk. Want toen maakte ik mijn allereerste reisprogramma, in de zomer van 1999. Als regisseur, presentator en producent; dat had ik in al die jaren werkelijk nooit voor mogelijk gehouden. En nog verbazingwekkender: ik schopte het uiteindelijk tot iemand die zelfs op televisie mocht presenteren, een hele prestatie voor iemand die nooit het gevoel had gehad in een duidelijk hokje te passen. Dat ging alleen niet zonder slag of stoot.

Mijn carrière begon al eerder, ik begon in 1992 bij Radio Veronica en daar in die studio, achter de microfoon, voelde ik me thuis. Radio was mijn veilige haven, want televisie vond ik veel te direct en ik voelde me daar veel minder zeker van mezelf. Maar toen ik de mogelijkheid kreeg om in te vallen voor Gijs Staverman bij het programma *De Mega Top 50*, mijn allereerste presentatieklus, greep ik die kans toch met beide handen aan. Omdat de hang naar avontuur – en dat was televisie voor mij – het toch won van de angst om te gaan presenteren. Het werk als presentatrice bleek een kans om eropuit te trekken, avonturen te beleven en mensen te ontmoeten van wie je heel veel kon leren.

Toch was het een enorme horde die ik moest nemen om voor de camera te gaan staan, zeker omdat ik bij Veronica werkte. Toen ik begin jaren negentig mijn eerste stappen op dit pad zette, werden vrouwelijke presentatoren namelijk vooral geselecteerd op hun uiterlijk: bijna iedereen die er werkte was wel begonnen als model, actrice of achtergronddanseres of -zangeres.

De grote ster op dat moment was Leontine Ruiters, die de belichaming van het 'Veronica-gevoel' was: een slanke blonde vrouw die met zo min mogelijk kleding op posters stond, hele kalenders vulde en avontuurlijke programma's mocht presenteren zoals de *Camel Trophy* en *Veronica Goes Down Under*. Ze was het boegbeeld van de omroep, en dat betekende dat ze aan talloze campagnes meewerkte om de merknaam 'Veronica' te verstevigen. Daarvoor vloog ze samen met een bataljon mensen – onder wie een manager, stylist en visagist – naar de meest exotische plekken ter wereld, om daar de slogan van dat moment te belichamen: 'Veronica, keihard de lekkerste'. In mijn herinnering moest ze daarvoor heel veel en heel vaak bij ondergaande zon over een strand lopen, door de jungle rijden in een legergroene Land Rover of in bikini onder een waterval staan waardoor het water over haar perfect gebeeldhouwde, bijna naakte lichaam stroomde.

In niets leek ik op Leontine Ruiters. Ik had weinig gevoel voor styling en geen mensen om me heen om me daarin bij te staan, dus kleedde ik me amateuristisch en onhandig. Ik praatte met een

Haarlemse tongval en vond het uitermate ingewikkeld om zonder haperen een samenhangend verhaal te houden. En nog belangrijker: er was een voortdurende onzekerheid die me in al die jaren vergezelde, een gevoel niet goed genoeg te zijn, niet vrouwelijk genoeg over te komen. Het meisje dat bij de kaasboer voor jongetje werd aangezien, was nooit ver weg.

En toch lukte het me – weliswaar die eerste jaren met heel wat haperingen en momenten van ultieme onzekerheid – om voor de camera te gaan staan. Omdat de enorme wilskracht om een woest en avontuurlijk leven te leiden toch altijd groter was dan de onzekerheid.

Achteraf gezien realiseer ik me dat er talloze andere manieren waren geweest om zo'n leven te bewerkstelligen, maar omdat ik door mijn werk bij de radio nou eenmaal al in een vroeg stadium aan het avontuurlijke leven bij televisie had geroken, is dat uiteindelijk het pad geworden dat ik gevolgd heb. Hoe onlogisch dat ook is, als ik erop terugkijk.

Er was nog iets wat mij dreef. Ik was er namelijk van overtuigd dat zelfs bij een zender als Veronica, waar het uiterlijk zo vooropstond, ook ruimte was voor een ander type presentator. Een die minder bezig was met uiterlijkheden en meer met het grote avontuur. Meer 'naturel', zoals we nu zouden zeggen, maar dat was destijds een stuk minder gebruikelijk. Het was logischer geweest als ik mijn heil had gezocht bij omroepen die wat meer ingetogen waren, maar het feit dat ik het bij Veronica enorm naar mijn zin had speelde ook mee. Er werkten achter de schermen veel mensen met wie ik het heel goed kon vinden, en bij wie ik het gevoel had dat we op dezelfde golflengte zaten. En dat blijkt wel, want een aantal van mijn beste vrienden ken ik nog uit die oude Veronica-tijd.

Toch liep ik indertijd maar al te vaak tegen vooroordelen aan. Sommige mensen vonden me 'te jongensachtig' en 'te weinig vrouwelijk'. En het kostte me heel wat moeite om me daaroverheen te zetten. Ik herinner me nog haarscherp de eerste keer dat ik voor een televisieprogramma naar een visagist moest. Zenuwachtig zat ik in de kantine van het Veronica-pand aan het Laapersveld in Hilversum, omdat ik de presentatie van een muziekprogramma mocht doen, mijn allereerste liveprogramma. En toen kwam Leco van Zadelhoff binnenlopen, de man die toen al grote sterren als Caroline Tensen en de al genoemde Leontine onder zijn hoede had, en het begrip 'de Leco-look' had geïntroduceerd.

Toen hij binnen kwam lopen en ik me aan hem voorstelde, fronste hij zijn wenkbrauwen, zette zijn make-upkoffer op de tafel, en zei zuchtend: 'Mijn hemel, waar moet ik bij jou in godsnaam beginnen?' Het was een terloopse opmerking, die ongetwijfeld weinig betekenis had, maar hij kwam wel binnen. Het maakte op een of andere manier iets in me los, alsof ik betrapt was en iemand doorhad dat ik me op een terrein begaf waar ik helemaal niet hoorde. Was dit eigenlijk wel een vak voor mij?

Pas toen ik me een paar dagen later realiseerde dat ik bijna alles zou hebben opgegeven omdat ik kennelijk niet aan een ideaalbeeld kon voldoen, viel het kwartje. Er was wel degelijk plaats voor iemand zoals ik, die weliswaar minder vrouwelijk was, maar niet minder gedreven. Iemand met wie een ander type vrouw zich misschien wél kon identificeren. En vanaf dat moment beet ik me vast in mijn presentatiewerk.

En na een wonderlijke omweg via programma's over schaatsen, inlineskaten en wedstrijdzeilen, en zelfs een kortstondige carrière als 'omroepster' (voor alle mensen die na 1990 geboren zijn: dat was een functie waarbij je vanuit een studio vertelde wat er die avond op televisie te zien was), kwam ik uiteindelijk uit bij dat éne grote doel: reisprogramma's maken.

Een van de allerfijnste dingen aan vijftig worden, is dat je met zo veel mildheid kunt terugkijken op al die momenten. Omdat je weet dat je eroverheen gegroeid bent en er zo veel sterker uit gekomen bent. Ik heb er nu ook vrede mee dat ik gewoon een tikje anders dan anderen ben, en dat dat betekent dat ik op veel vlakken niet in het standaardbeeld pas dat ik veel om me heen zie.

Het mooie van deze tijd, anno 2023, is dat er ondertussen zo veel meer mensen zijn die buiten de lijntjes kleuren. We leven inmiddels in een tijd waarin identiteit eindelijk als iets vloeibaars wordt gezien. Waarin een vrouw zich een man kan voelen (en andersom, of geen van de twee), waarin een transvrouw als Nikkie de Jager grote liveprogramma's presenteert door het succes op haar socialmediakanalen. En zo zijn er nog talloze voorbeelden, ook als het niet om gendergerelateerde zaken gaat. Het gaat erom dat je steeds meer jezelf mag zijn. Mensen mogen ondersteboven aan de rekstok hangen en zich erover verbazen dat iedereen binnen netjes aan het werk is. Maar ze weten wel dat ze buiten mógen spelen, en dat is wat ze gelukkig maakt...

2 EEN KIND KAN PRIMA DE WAS DOEN

Een van de beste graadmeters om te bepalen of een hoofdpersoon geschikt is voor *Floortje naar het einde van de wereld*: het moment waarop mijn redacteur en zeer dierbare vriendin Hanneke de telefoon ophangt nadat ze een gesprek heeft gevoerd met een eventuele hoofdpersoon.

'Pffff, wat een fantastische vrouw heb ik nou weer gesproken, Floor. Echt, hoe zij haar leven heeft ingericht, zo geweldig! En als ik hoor hoe ze haar kinderen opvoedt, echt ongelofelijk. Wat doe ik het toch enorm verkeerd hier, door mijn zoon in Nederland te laten opgroeien met de druk van social media en constante telefoonschermen voor zijn neus!'

Zo gauw ze deze zinnen heeft uitgesproken, kijken we elkaar lachend aan. Want hoe vaak heeft ze dit nu al niet gezegd? Als iemand alleen al telefonisch zo veel wijze dingen kan zeggen, en zo veel blijk kan geven van een geheel eigen wijze van kinderen opvoeden in een ver en afgelegen oord, dan moet dit wel een mooi verhaal worden. En na al die jaren zit Hanneke er nooit naast als ze zoiets zegt; altijd leverde het een prachtige en inspirerende aflevering op. En bijna altijd was een van de boeiendste aspecten de manier waarop de mensen die ik portretteerde hun kinderen lieten opgroeien. Dat voelt Hanneke als moeder feilloos aan.

Niet alleen Hanneke slaat aan op ouders die hun kinderen op hun eigen wijze op een plek in de natuur opvoeden; heel veel mensen die me aanspreken over het programma beginnen over de kinderen die erin te zien zijn. Want hoewel we kinderen in onze samenleving heel veel te bieden hebben, zijn er blijkbaar toch veel ouders die zich ook aangetrokken voelen tot de manier waarop mensen 'aan het einde van de wereld' dat doen. Vooral als dat mensen zijn die niet helemaal op een godverlaten plek wonen, maar ergens in de buurt van een klein dorpje of gehucht. Bijvoorbeeld de kinderen van het gezin van Rita en Ioannis op Santa Maria, een klein eiland dat bij de Azoren hoort. Rita en haar man woonden jarenlang in de Noorse hoofdstad Oslo, waar zij als orthodontist werkte en ze zich met het jaar gestrester voelde worden. De voortdurende druk om genoeg geld te verdienen om de vaste lasten te betalen, de race naar de top op werkgebied en altijd maar haasten om op tijd te zijn om de kinderen van de crèche te halen: ze was er helemaal klaar mee.

Nu wonen ze samen met hun twee jonge kinderen op Santa Maria, op een groot stuk land waar ze een schapenstal hebben verbouwd tot een prachtig woonhuis, vlak aan de kust. Ze wekken zelf energie op, verbouwen een deel van hun eigen groente, hebben kippen en ganzen, en de dichtstbijzijnde buren wonen op meer dan 3 kilometer afstand. Een leven midden in de natuur dus, met ruimte om te ademen, weinig prikkels van buitenaf, geen reclameborden in de buurt, heel veel schone lucht en prachtige natuur om in op te gaan. Een heel gezonde en prettige plek om je kinderen te laten opgroeien, ver weg van het jachtige westerse leven. En het mooie is: op een half uurtje rijden is een klein gehucht waar de kinderen elke dag naar de dorpsschool gaan, waardoor ze niet alleen elkaar hebben, maar ook vriendjes om mee te spelen. In de weekends gaat het hele gezin vaak met een bevriend stel met kinderen naar het strand, en regelmatig hebben ze andere kinderen over de vloer.

Zelden heb ik in de afgelopen jaren zo veel reacties gekregen als op dit verhaal, waarbij de meeste mensen vooral begonnen over het feit dat het stel de keuze had gemaakt om het roer om te gooien, speciaal voor hun kinderen. Het feit dat ze niet langer in de 'ratrace' wilden meedoen en niet meer geleefd wilden worden, maar meer tijd met hun kinderen wilden doorbrengen, raakte bij veel mensen duidelijk een gevoelige snaar. Ook omdat deze mensen niet voor een afgelegen en moeilijk bereikbare plek hadden gekozen, maar voor een klein eilandje relatief dicht bij Europa, behorend bij Portugal, waar dingen nog betaalbaar zijn. Wie wil dat niet?!

Het blijft voor mij fascinerend dat zo veel mensen aanslaan op zo'n verhaal en bijna een schuldgevoel lijken te hebben over hun eigen keuzes. Alsof ze wanneer ze zo'n tv-programma zien beseffen dat ze niet helemaal op het juiste spoor zitten. Ze vertellen wel vaak ook meteen aan me waarom ze zelf niet zo'n keuze hebben gemaakt.

Natuurlijk staat voorop dat je er überhaupt zin in moet hebben: ergens helemaal opnieuw beginnen, in een vreemde omgeving, zonder je vertrouwde comfort, je eigen familie en vrienden, je eigen taal, alle voorzieningen die we hier hebben, en ga zo maar door. Nog los van het feit dat Nederland ook gewoon een heel fijn land is om in te wonen.

Maar als mensen toch getriggerd zijn door zo'n ommezwaai, en me toevertrouwen dat ze er ook wel eens aan denken, geven ze vaak als reden om het niet te doen dat ze niet te ver van familie en vrienden willen wonen. De oma's en opa's moeten regelmatig te bezoeken zijn, en vaak passen de grootouders op de kinderen, dus dat is onmisbaar. Ook zeggen ze vaak dat ze het niet zien zitten om kinderen uit hun eigen omgeving te halen, helemaal als ze wat ouder zijn. En vinden ze dat kinderen in het Westen meer mogelijkheden hebben om zich te ontwikkelen, terwijl het niveau van veel lokale scholen op een meer afgelegen locatie een stuk lager is dan bij ons in Nederland. (Wat ook allemaal vaak juist is.)

Maar er is nog een heel belangrijke reden dat veel mensen niet meteen staan te springen om daadwerkelijk zo'n leven met hun kinderen te gaan leiden aan het einde van de wereld: het is een immense sociale verandering voor een gezin. Want verhuizen naar the middle of nowhere betekent ook dat je eigen sociale leven ineens grotendeels wegvalt. Als je in Nederland een geregeld leven hebt waarbij je elke dag naar je werk gaat, of thuisblijft om de kinderen op te voeden, kun je redelijk makkelijk (mits je samen bent of makkelijk opvang kunt krijgen) in de avond met je vrienden of vriendinnen afspreken om te eten, uit te gaan of te sporten. Zo'n uitlaatklep maakt het leven soms een stuk relaxter, en het opvoeden minder ingewikkeld. Op deze momenten in de week hoef je even geen moeder of vader te zijn, maar leid je weer even je eigen leven, zoals je dat had voordat je kinderen kreeg. En dat is op zijn tijd heel gezond.

Niet alleen dat, ook kunnen kinderen in onze westerse samenleving veel makkelijker naar sportclubs, naar de buitenschoolse opvang of langs bij vriendjes en vriendinnetjes. Allemaal dingen die het leven met kinderen dynamisch en afwisselend houden.

Laat je dat allemaal achter je, en vertrek je naar een nieuwe en afgelegen plek, dan is het meeste van deze zaken verleden tijd. Opeens heb je zeven dagen per week volop je kinderen om je heen en komen veel meer taken op jouw schouders terecht. Jij moet ze veel vaker vermaken, ze dingen leren, of ze meenemen naar plekken waar ze plezier kunnen maken. Je bent dan 'aan het einde van de wereld' wel verlost van files, dagelijkse werkstress en een eeuwig gebrek aan tijd, maar tegelijkertijd heb je veel meer verantwoordelijkheid voor het levensgeluk en de ontwikkeling van je kinderen. Dat is niet alleen een gigantische verandering, maar ook een enorme verantwoordelijkheid. Die stap is voor veel mensen zo groot dat ze niet snel aan zo'n avontuur zullen beginnen, waardoor het vaak bij dagdromen blijft.

Terwijl ik ook heel vaak op zo'n locatie zie hoe speciaal het is voor een kind om op deze manier op te groeien, en wat voor bijzondere kinderen het worden. Natuurlijk, ze missen heel veel, vooral hun familie in het land dat ze hebben verlaten. Ze kunnen niet zomaar naar hun opa en oma, en dat is een gemis dat je niet ongedaan kunt maken. Maar als je niet al te ver weg van de bewoonde wereld zit, en je hebt een beetje avontuurlijke ouders, dan is er een hoop mogelijk. Dan komen grootouders regelmatig langs, of komen ze langere perioden logeren om qualitytime met hun kinderen en kleinkinderen te hebben. Of ze bouwen soms een eigen huisje in de buurt.

En ja, aan het einde van de wereld zijn er veel minder sociale contacten, zijn er vaak geen sportclubs en ga je niet naar een grote school waar je talloze vrienden kunt maken. Maar daar staat tegenover dat op kleine schooltjes de kinderen veel meer persoonlijk onderwijs krijgen in veel kleinere groepen. Ook leren ze dat je niet al te kieskeurig moet zijn in vriendschappen: als er maar een handjevol andere kinderen in de verre omtrek van je huis woont, zorg je er maar voor dat je vrienden met ze bent, want anders is het verdomd eenzaam.

Een heel groot voordeel van opgroeien op een plek 'aan het einde van de wereld' is volgens mij dat je daar bijna geen last hebt van zo veel problemen waar jongeren in het Westen tegenwoordig mee te maken hebben. Je hebt geen keuzestress over vriendschappen: of je er wel of niet bij hoort, of je wel of niet populair bent. Je hebt geen groepsdruk, je wordt niet afgewezen omdat je 'anders' bent. Je kunt zo dicht mogelijk bij je eigen 'zelf' blijven omdat er geen druk van buitenaf is om te veranderen.

Je hoeft daar ook niet de juiste kleren te dragen, of de nieuwste sneakers te hebben, om erbij te horen. Er is geen stress over de keuze van je telefoon en of je wel op de juiste VanMoof-fiets rijdt.

Ook heel belangrijk: als opgroeiend kind hoef je je niet druk te maken over social media: je hebt eenvoudigweg meestal geen internet, en dus geen Facebook- of Instagram-account. En je blijft als kind niet eindeloos hangen bij YouTube-filmpjes van jongens of meisjes die gamen, of die dansjes doen op TikTok. Er is geen onrust bij ouders omdat de kinderen filmpjes kijken van gevaarlijke challenges, en geen angst dat ze die zelf gaan nadoen. En kinderen die in de natuur wonen hebben vrijwel nooit de intentie om YouTube-ster of influencer te worden.

Nog een voordeel: je hoeft niet bang te zijn om gepest te worden. Pesten doe je niet aan het einde van de wereld, dat heeft eenvoudigweg geen functie. Je hebt elkaar nodig om eens iemand anders te zien dan je eigen broers en zussen, of om er samen te paard opuit te trekken, te gaan vissen of bessen te zoeken.

Veel van de kinderen die we gefilmd hebben, konden zich heel goed zelf vermaken met heel weinig. Een gitaar, een bordspelletje of een pak kaarten of een zakmes om te gebruiken in de natuur. Heel veel meer hebben ze niet nodig.

Ook het feit dat kinderen in de natuur zich onnoemelijk veel beter kunnen redden in het leven vind ik heel bijzonder. Ze kunnen water vinden op plekken waar wij het nooit zouden bedenken, ze kennen vaak eetbare planten, zien aan de wolken wat voor weer het wordt, kennen de namen van de vogeltjes die voorbijvliegen en kunnen hutten bouwen om te schuilen. Heel vaak voelde ik me in hun bijzijn zo'n ontzettend stadsmens en kon ik met bewondering naar hun vaardigheden kijken.

Zo herinner ik me nog goed dat ik in de jungle van Peru het verhaal maakte van de Nederlandse Douwe en Olivia, die een opvangcentrum hebben opgezet voor in beslag genomen apen en andere jungledieren. Ze woonden samen met hun twee jonge kinderen in een klein huisje midden in de dichte jungle, en toen we daar aan het filmen waren, moest ik op een gegeven moment even met een satelliettelefoon naar huis bellen. Om beter bereik te hebben wandelde ik via een kronkelend pad dwars door de dichte jungle een heuvel naast hun huis op. Maar toen ik halverwege was, bedacht ik me dat ik eigenlijk heel makkelijk zou kunnen verdwalen, dus liep ik terug naar het huis.

Ik vertelde aan Olivia dat het niet helemaal veilig voelde, waarop ze haar dochter Kayla riep en haar zei dat ze even met me mee moest lopen. En dus wandelde ik niet veel later achter het twaalfjarige meisje aan, dat met een groot kapmes het pad voor me vrijmaakte van overhangende takken. Ze wees me onderweg voortdurend op bijzondere planten en bomen. Ze kende heel veel namen, wist precies of je besjes kon eten en welke planten giftig waren. Ook vertelde ze terloops over de slangen die hier leefden, en wat ze moest doen als ze er eentje tegenkwam. Zelfs hoe ze moest reageren als ze onverhoopt door een dier gebeten zou worden: haar ouders hadden haar precies verteld wat ze wel en vooral niet moest doen. Toen ik daar zo liep, bedacht ik me hoe bizar het was dat dit meisje dat vier keer jonger was dan ik zo ongelofelijk veel wijzer was. Als zij hard zou weghollen, zou ik totaal kansloos zijn geweest in deze jungle: ik zou niet eens meer de weg terug hebben geweten.

Nog iets heel bijzonders aan kinderen die aan het einde van de wereld leven: ze beheersen de kunst van het minimalistisch leven. Ze hoeven nooit te 'ontspullen', omdat ze eenvoudigweg nooit veel spullen hebben gehad. En áls ze iets hebben zijn ze er enorm zuinig op, omdat het vreselijk veel moeite kost en eindeloze weken wachten om het opnieuw te krijgen als je het verliest of stukmaakt. Je hoeft je ook niet meer druk te maken wat je ze moet geven op hun verjaardag. Met heel kleine cadeaus, die je vaak zelf kunt maken, zijn ze al blij: er is in de wijde omtrek toch niets te koop. En als je uit Nederland iets kleins voor ze meeneemt, zoals een doos kleurpotloden of een drinkfles, zijn ze helemaal blij! Mooi voorbeeld van zo'n minimalistisch levend gezin was de Argentijnse familie Zapp, die in een oldtimer uit 1929 over de hele wereld zwierf met vier kinderen op de achterbank. De auto waarin ze reden was perfect georganiseerd: de ouders bouwden de auto 's avonds om tot een bed voor henzelf, en de kinderen sliepen in een tent op het dak, plus in een klein tentje ernaast. Onderweg was ook alles helemaal uitgedacht: ieder kind had zijn eigen plek waar hij of zij altijd zat, met naast zich een klein kistje waar ze hun eigen speelgoed en boeken in konden bewaren. Als ze onderweg iets nieuws kregen, betekende dat dat ze iets anders uit hun kist weg moesten geven aan een ander kind dat ze onderweg tegenkwamen. Want er was maar zo weinig plek in de auto dat ze wisten dat ze eenvoudigweg niet meer konden meenemen.

Ook heel handig als je je kinderen aan het einde van de wereld opvoedt: je kunt ze al op heel jonge leeftijd van alles leren en ze overal voor inzetten. Niemand die er gek van staat te kijken dat een kind van negen al kan koken en voor de hele familie een goede ovenschotel maakt. Of zoals ik in Belize bij de Britse familie Atkinson zag: soms koken ze zelfs de sterren van de hemel. Dochter Tati was net zestien, maar vond niets leuker dan uitgebreide maaltijden voor de familie maken: zelfgebakken broodjes, pizza met groenten uit eigen tuin of een geweldig lekkere chocoladetaart. En op de vraag aan haar moeder of je een jong kind al wel zulk werk moet laten doen, antwoordde die dat de tijd die een ander kind doorbrengt met eindeloos gamen ook prima gebruikt kan worden om te leren koken. Daar wordt het kind in principe niet slechter van, mits ze maar genoeg tijd overhouden om te spelen of te lezen. Als je vroeg genoeg begint, weten ze eenvoudigweg niet anders. En ze hebben meer vrije tijd dan kinderen in het Westen: reken maar uit hoeveel tijd veel kinderen bij ons alleen al kwijt zijn aan social media en gamen.

Ik heb al die kinderen nog veel meer zien doen dan alleen koken: ze helpen al op jonge leeftijd mee in de groentetuin, bij het verzorgen van de dieren, met de was, trekken er mee opuit om te gaan jagen, of ze kunnen goed timmeren, alles wat je maar kunt bedenken. Kinderen kunnen gewoon heel handig worden (dat geldt uiteraard ook voor kinderen in Nederland!). En daar hebben ze later ongelofelijk veel plezier van.

Mocht je nog steeds niet helemaal overtuigd zijn dat het leven in de vrije natuur zo zijn voordelen heeft voor jou als ouder: wat dacht je van alle 'randverschijnselen' van het ouderschap waar je niet meer mee te maken krijgt? Geen kinderpartijtjes die je hoeft te organiseren, geen traktaties op school maken die zo origineel en gezond mogelijk moeten zijn, geen luizendienst in de klas terwijl je eigenlijk te druk bent, geen rapport- en tienminutengesprekjes, niet meer verplicht naar zwemles in een bloedheet naar chloor stinkend zwembad, of met een auto vol kinderen naar een uitwedstrijd van de voetbalclub, niet meer verplicht socializen op het schoolplein, of in de file staan op Zwarte Zaterdag richting Frankrijk. Dat is allemaal verleden tijd.

Maar voor ik jullie het idee geef dat je spoorslags Nederland zou moeten verlaten, omdat je anders je kinderen tekortdoet (en jezelf): natuurlijk heeft leven 'aan het einde van de wereld' ook nadelen, naast de eerdergenoemde bezwaren, zoals vrienden en familie missen, en het gebrek aan een sociaal leven. Natuurlijk zie ik op reis ook kinderen over wie ik me afvraag of dit wel de beste plek voor ze is om hun hele jeugd door te brengen. Zeker als het één kind betreft, dat ergens niet helemaal lekker op zijn plek is, terwijl de rest van de familie wél heel gelukkig is.

Aurore bijvoorbeeld, de jongste dochter van het Franse stel Eric en France Brossier over wie ik twee keer een aflevering heb gemaakt, de eerste keer in Noord-Canada toen Aurore een jaar of vijf was, en de tweede keer vier jaar later aan de westkust van Groenland. Het gezin woont al jaren op een prachtig en ijzersterk zeiljacht, waarmee ze zo'n tien maanden per jaar door de Arctische wateren varen. Omdat beide ouders wetenschapper zijn, kunnen ze op deze manier hun passie voor het zeilen in koude gebieden combineren met metingen die ze doen om de opwarming van de aarde te monitoren. En al die jaren zijn hun twee dochters meegevaren. In de winter laten ze meestal een aantal maanden de boot in het ijs invriezen in Groenland, in de buurt van een kleine Inuit-samenleving, waar de kinderen naar school kunnen. Verder zijn ze twee maanden per jaar in Frankrijk, zodat de kinderen hun grootouders kunnen zien, en hun neefjes en nichtjes.

De oudste dochter Léonie voelt zich haar hele leven al als een vis in het water op het schip: hoewel ze pas dertien was kon ze, de tweede keer dat we er waren om het gezin te filmen, al eigenhandig het schip besturen en haar vader helpen met allerhande klussen. Maar de jongste, Aurore, was een heel ander verhaal. En dat is en blijft fascinerend, omdat de kinderen dezelfde ouders hebben en op precies dezelfde manier worden opgevoed. Maar terwijl de oudste niets liever wilde dan haar hele leven blijven varen, kon Aurore niet wachten om eindelijk van boord te gaan en definitief in Frankrijk te gaan wonen. Aan alles kon je zien dat het leven op het schip haar niet paste: ze zat het liefst binnen in de kajuit met een boek of een knutselwerkje en droeg een strakke spijkerbroek, felgekleurde shirtjes en hippe sneakers alsof ze door het centrum van Parijs ging wandelen. Ze wilde ook niet geïnterviewd worden, en sprak sowieso niet veel. Toen ik haar op een onbewaakt ogenblik vroeg wat haar grote droom was, antwoordde ze meteen stralend dat dat een leven in Frankrijk was, in de buurt van haar familie en vriendjes en vriendinnetjes.

Een paar dagen voor ons vertrek raakte ik erover aan de praat met France, haar moeder. Realistisch als ze is beaamde ze meteen dat dat echt een zorg voor haar was: Aurore ging inderdaad heel anders om met het leven aan boord dan haar zusje, zeker de laatste jaren, en daarom waren ze nu aan het kijken hoe ze dit gingen aanpakken. Want zij en haar man, maar ook de oudste dochter Léonie, wilden niets liever dan dit zwervende leven door de koude Arctische gebieden, maar dat betekende niet dat ze er zomaar van uitgingen dat ze dit leven konden opleggen aan de jongste. Zeker nu die langzaam een leeftijd kreeg waarop ze zelf kon bepalen wat ze wilde. En dus keken ze nu naar de optie om haar naar Frankrijk te laten verhuizen, om bij haar oma en opa te gaan wonen en zo een 'normaal' leven aan de wal te kunnen gaan leiden. Een groot offer voor het gezin, omdat er bijna geen mogelijkheid was waarbij iedereen gelukkig zou zijn. Haar ouders zouden haar vreselijk missen, maar op deze manier hoopten ze hun jongste dochter in ieder geval datgene te geven waar ze zo naar verlangde. Dat is ook het leven aan het einde van de wereld: erachter komen dat niet iedereen geschikt is voor – of zin heeft in – zo'n leven, waardoor je soms heel lastige keuzes moet maken.

Er zijn ook de kinderen van wie ik bij mijn bezoek het idee had dat ze zich iets té goed aan het leven in de wildernis hadden aangepast. Die daar een leven leidden zó autonoom dat ik me echt afvroeg of ze überhaupt ooit nog konden functioneren in een 'normale' samenleving.

Zo iemand was Sky Atchley, die met zijn ouders in een kleine blokhut midden in de wildernis van Alaska woonde. David en Romey – overigens ongelofelijk leuke en bijzondere mensen vol verhalen – voeden hun kind op in totale afzondering, want slechts een keer per jaar gaan ze naar de grote stad om boodschappen te doen (ook hoofdstuk 20). En afgelegen wonen ze: om er te komen ben je vanaf Amsterdam minstens vijf dagen bezig, per vliegtuig, Cessnapropellervliegtuig en daarna een dag op een motorboot over een totaal afgelegen rivier de wildernis in.

Al vanaf de eerste dag viel me op hoe vrij ze hun toen dertienjarige zoon opvoedden. Ze spraken hem aan alsof hij een volwassene was, maakten grappen met elkaar en converseerden alsof hij een vriend was die gezellig bij ze woonde. Echt heel relaxed, want er viel geen onvertogen woord en er waren totaal geen conflicten of ouder-kindspanningen. Het had wel iets wonderlijks. Zelf heb ik geen kinderen, maar ik denk dat een kind enigszins grenzen moet meekrijgen in zijn jeugd, om bijvoorbeeld op latere leeftijd goed te kunnen meedraaien op een universiteit of in een werkomgeving. Maar zo niet Sky: hij kon in hun blokhut in de bossen volledig doen waar hij zelf zin in had. Hij hoefde niet te koken, zijn moeder deed zijn was, ze aten bijna nooit gezamenlijk en in plaats daarvan zette mams regelmatig een goed bord eten voor hem klaar op zijn bureau. Ook kon hij volledig zelf bepalen hoe laat hij naar bed ging en weer opstond. Daardoor ontstond een van de meest wonderlijke gezinsdynamieken die ik ooit gezien heb, want Sky ging vaak pas om een uurtje of vijf in de morgen slapen, en stond vervolgens pas rond twee uur 's middags op. En omdat zijn ouders wel 'normale' tijden hanteerden, gemiddeld om zeven uur op en om tien uur 's avonds weer slapen, zagen ze elkaar maar weinig. Maar, zo vertelde Romey me, dat vonden ze eigenlijk wel relaxed. Op die manier hadden ze allemaal hun eigen uren, in alle rust, waarbij ze elkaar niet te veel in de weg zaten. En in de paar uur die overlapten konden ze gewoon samen zijn.

In tegenstelling tot de meeste kinderen 'aan het einde van de wereld' die ik in al die jaren gefilmd heb, was Sky nogal verslaafd aan zijn beeldscherm. Hele dagen zat hij in een luie stoel te gamen op zijn eigen computer. Hij zat zo lang met zijn hoofd tegen de hoofdsteun dat zijn krullenbos helemaal plat was achter op zijn hoofd, net als bij iemand die veel te lang in bed gelegen heeft. Nu moet ik meteen aanvullen: toen wij bij het gezin arriveerden, kwamen ze net terug van hun jaarlijkse shoppingtrip naar de bewoonde wereld, waar hij een aantal nieuwe computerspelletjes had gekocht, en daarom zat hij waarschijnlijk iets meer achter het scherm dan normaal. Maar hij gaf zelf wel aan dat gamen, naast lezen en verhalen schrijven, een van de belangrijkste dingen in zijn leven was.

Het kostte heel veel moeite om een interview met hem te doen, want hij had niet zo veel zin in praten, en al helemaal niet met een onbekende vrouw met een camera. (Dat kan ik me voor een puber van dertien overigens heel goed voorstellen.) Eigenlijk wilde hij ook niet naar buiten, en pas met heel veel moeite kreeg ik hem zover om even uit zijn stoel op te staan om een half uurtje buiten wat te vertellen over zijn leven in de wildernis. Een leven dat zich wat hem betreft vooral binnen afspeelde, want hij hield niet echt van het outdoorleven, van bomen omzagen, kajakken op het meer of mee jagen in de bossen. Zijn grootste vriend was zijn computer, gewoon lekker in zijn eigen kamertje, met een maaltijd van zijn moeder.

Het leek me leuk om te zien hoe hij thuisonderwijs kreeg van zijn moeder, maar ook daar had Sky niet zo veel trek in. Ook weer goed voor te stellen, maar met een beetje aandringen wilde hij toch een lesje volgen bij zijn moeder aan de keukentafel. Qua lessen kreeg Sky een heel breed pakket: naast de gewone vakken als wiskunde en Engels kreeg hij onderwijs in dingen die óf zijn moeder óf Sky zelf interessant en belangrijk vonden, zoals gedichten schrijven, gitaar spelen of *comedy writing*.

Gelukkig wilde Sky ook wel even met mij praten daar aan tafel, en dat was een van de wonderlijkste interviews die ik ooit met een kind aan het einde van de wereld gedaan heb. Uit alles bleek een totaal eigen, ietwat donkere (puberale?) kijk op de wereld. In een normale school had hij weinig zin, met andere kinderen in de klas zitten trok hem totaal niet. Ja, hij stond pas om twee uur 's middags op. Waarom? 'Omdat ik niet van zonsopgangen hou,' aldus Sky.

'En wat heb je eigenlijk net op het briefje gekrabbeld dat voor je neus ligt?' vroeg Romey zich hardop af. Hij gaf het aan haar en ze las glimlachend voor: 'Als ik doodga, laat ze weten dat mijn lichaam niet gevonden is. Behalve mijn schedel, waar ze soep voor de honden in moeten doen. Maar dan moet hij wel eerst gewassen worden.' Waarom hij dat had opgeschreven? Zonder enige reden, en zonder wat voor speciale gedachten dan ook. Maar toch had hij het opgeschreven, aldus Sky.

Zelden ben ik in de maanden na de uitzending zo vaak aangesproken over een kind dat ik geportretteerd heb als na deze aflevering in Alaska. Vrijwel iedereen begon over het feit dat hij feitelijk overdag sliep en 's nachts vooral aan het gamen was. En altijd zei ik dan dat dit een momentopname was, en dat ik niet wist of hij het hele jaar door zo veel achter zijn computer zat. Maar vooral vroegen mensen zich af hoe hij zich staande zou houden als hij eenmaal de 'normale' wereld in zou gaan om bijvoorbeeld te studeren. Zou hij nog kunnen wennen aan een systeem met regels en onderlinge (sociale) afspraken? En waren zijn donkere gedachten alleen maar de uiting van een puberbrein, of schuilde er daadwerkelijk een 'donker' mens in hem?

Het is ondertussen alweer jaren geleden dat ik de Atchleys had bezocht, en omdat Sky nu ongeveer negentien jaar zou zijn, leek het me een goed idee om te checken wat er was uitgekomen van al die verwachtingen, en of de zorgen die veel kijkers zich maakten omtrent zijn ontwikkeling misschien gegrond waren. Dus stuurde ik een mailtje aan David met dezelfde vraag.

Drie dagen later kreeg ik een reply. 'Goed om van je te horen!', zo begon zijn mailtje. Daarna volgde een uitvoerig verslag van de belevenissen van de familie in de afgelopen jaren. Er waren nogal wat dingen veranderd in hun leven, maar het ging heel goed met ze. Na lang beraad hadden hij en Romey besloten Alaska gedag te zeggen, en een nieuw leven te beginnen in een totaal andere en veel warmere omgeving: Alabama, een van de meest zuidelijke staten van de vs, ingeklemd tussen Georgia en Mississippi. Hier hebben ze een klein huisje gebouwd op twaalf hectare wildernis, in de buurt van een dorpje met zo'n vierhonderd inwoners. De reden dat ze daarnaartoe zijn verhuisd was tweeledig: niet alleen kunnen ze op deze manier voor de ouders en de opa van Romey zorgen, maar ze zagen ook aan Sky dat hij toe was aan een nieuwe omgeving. Langzaam gaat hij zich interesseren voor de wereld, en hij denkt er zelfs voorzichtig aan om naar de universiteit te gaan. Al in Alaska is hij begonnen met zijn eigen elektronische muziek maken, en hij zou misschien zelfs wel muziek willen gaan studeren. En daar willen ze hem als ouders alle kansen voor geven.

Met Sky komt het dus wel goed, ondanks, of misschien juist dankzij zijn eigenzinnige opvoeding zonder leeftijdsgenootjes. Misschien had hij zich als hij in een stad was opgegroeid nog wel meer opgesloten in zijn eigen kamer en was hij nog fanatieker gaan gamen. Sommige kinderen zijn gewoon eigenzinnig en laten zich niet in een hokje stoppen. En daar is Sky er zeker een van.

3 STOF DE OERMENS IN JEZELF AF

Een van de laatste verre reizen die ik maakte voordat de pandemie wereldwijd het leven overhoopgooide, was een bezoek aan de Nederlandse Miriam in de wildernis van Nieuw-Zeeland, vier jaar nadat ik haar daar voor het eerst ontmoet had. Jarenlang trok ze samen met haar Nieuw-Zeelandse man Peter door de uitgestrekte natuur met niet meer dan een rugzak en een geweer, levend van wat ze konden schieten of plukken. Ondanks deze ultragezonde leefstijl kreeg Peter gezondheidsklachten (veroorzaakt door een probleem dat hij al vanaf zijn kindertijd had), waardoor hij een tijdje in een 'normaal' huis ging wonen in zijn geboortedorp.

Meer dan een jaar verzorgde Miriam hem daar, maar toen ze merkte dat ze de wildernis verschrikkelijk miste, besloot ze in overleg met Peter om een paar maanden op pad te gaan met de Nederlandse Tamar Valkenier, ook zo'n avonturier in hart en nieren. Maandenlang zwierven de twee door een uitgestrekt natuurgebied in het hart van het Zuidereiland. Het leek hun beiden een enorme uitdaging om te zien of ze in staat waren om bijna zonder proviand op pad te gaan en vrijwel alleen te leven van wat ze onderweg konden plukken of vangen.

Ik ontmoette het tweetal op de laatste dag van hun expeditie, vlak voor ze weer teruggingen naar de bewoonde wereld, en Miriam weer naar Peter terug zou gaan. Met glimmende ogen vertelde ze me hoe ze gevaren getrotseerd hadden en steeds eten hadden weten te vinden, hoewel dat soms bijna niet te doen was. Ze waren elke keer weer enorm inventief geweest met oplossingen bedenken voor de problemen waar ze tegenaan waren gelopen, variërend van een kapot kookstel tot een woest kolkende rivier oversteken. En net als de eerste keer dat ik Miriam bezocht, verbaasde ik me er opnieuw over dat iemand zo intens en dicht bij de natuur kon leven. En over hoe gezond ze was; zelden heb ik iemand gezien die zo veel kracht in zich heeft en letterlijk straalt. Dat doet een leven in de vrije natuur dus met je.

We spraken erover hoe wonderlijk het is dat we in het Westen zo veel van de vaardigheden die zij zich had eigen gemaakt vergeten zijn. En of we daar als mensheid ooit nog eens mee geconfronteerd zouden worden, bijvoorbeeld als er op grote schaal iets mis zou gaan.

In maart 2020, toen ook Nederland in lockdown ging en de eerste berichten in de media verschenen over mensen die in de winkels voorraden aan het hamsteren waren, keek ook ik in de supermarkt met verbazing naar wat ooit volle schappen pasta, meel en de beruchte wc-rollen waren geweest. Ik herinnerde me de gesprekken die ik met Miriam had gevoerd, over dat zij zich nooit druk maakte over inkopen doen, omdat ze bijna alles uit de natuur haalde. Van planten maakte ze shampoo, van de huid van de konijnen die ze schoot maakte ze kledingstukken, en haar pannen maakte ze schoon met een mengsel van zand en water. Het enige wat ze af en toe hamsterde was rijst en meel, om op die manier een extra aanvulling op haar eenvoudige dieet te hebben. Meer had ze niet nodig.

Haar levenswijze staat ver van ons af, we zijn in het Westen ondertussen zo gewend geraakt aan alle mogelijke producten in onze eindeloos grote supermarkten en winkels dat we niet meer zonder kunnen. De gedachte alleen al dat de pasta of de wc-rollen in onze kast wel eens zouden kunnen opraken, zorgt er al voor dat we in de paniekstand schieten. En dus gaan we hamsteren zo gauw het erop lijkt dat er daadwerkelijk ergens tekorten van komen.

De Groningse sociaal-psychologisch onderzoeker Hans van de Sande, die veel onderzoek deed naar massagedrag, vergeleek in het *AD* van maart 2020 ons hamstergedrag met een andere diersoort: 'Net als eekhoorns hebben wij de neiging voorraden aan te leggen. Het is ons instinct. En als we via foto's en filmpjes in de media merken dat er veel van een bepaald product wordt verkocht, willen we dat ook.' Volgens hem gaan mensen heel ver om vooral voor hun dierbaren genoeg voorraden in huis te hebben. Het paniekwinkelen heeft niets met corona te maken, maar puur met ons instinct. We voelen een angst dat we niet meer aan deze spullen zouden kunnen komen.

Dat alles maakt een interessant gegeven duidelijk: omdat we niet meer zelf ons voedsel kunnen verbouwen, maar ook onze eigen huizen niet kunnen bouwen en niet in onze eigen elektriciteit kunnen voorzien, zijn we in feite redelijk hulpeloos als er een grote ontwrichtende gebeurtenis plaatsvindt in onze samenleving. Dat gaat gepaard met de angst om niet genoeg te hebben van dat wat van belang is om ons leven op de rails te houden. Dat is een situatie waar zeker iedereen die na de jaren vijftig is geboren en die in het Westen woont nooit mee te maken heeft gehad.

Natuurlijk was het hamsteren in maart 2020 redelijk snel afgelopen na de eerste periode van 'paniek'. Nadat de politici over elkaar heen buitelden om ons ervan te verzekeren dat er genoeg voorraden waren om ons te voorzien van spullen, en het zelfs asociaal werd genoemd, was het snel gedaan met onze karretjes vollanden.

Maar wat nou als de pandemie nog veel heftiger was geweest waardoor de toevoer van voedsel en goederen veel meer was gestagneerd: wat hadden we dan gedaan? Hoe hadden we ons dan gered? Eén ding is zeker: we zijn bijna compleet afhankelijk geworden van de boeren, de tuinders en de bedrijven die van alles voor ons produceren. Natuurlijk hebben we hier en daar een volkstuin, of een ren met een paar kippetjes, maar we moeten voor ons dagelijks voedsel grotendeels vertrouwen op anderen. Tot de COVID-crisis begon, dachten we daar niet eens over na, maar eigenlijk is dat best gek. We willen alles in ons leven zo goed mogelijk geregeld hebben, we verzekeren ons overal voor, en werkelijk elk risico proberen we uit te sluiten, maar zoiets elementairs als ons eten laten we volledig over aan anderen.

De mensen die ik voor mijn programma's heb geïnterviewd, zijn een stuk beter voorbereid op dit soort grote gebeurtenissen, zeker als het gaat om hun voedselvoorziening. De meesten leven zo geïsoleerd dat ze hun zaakjes zelf moeten regelen en verbouwen dus hun eigen voedsel. Ze hebben een eigen groentetuin, waar ze veel tijd in steken. En dan kom je meteen bij een belangrijk punt: daar hebben wij supermarktbezoekers helemaal geen zin in. Waarom eindeloos lang in een tuin werken als je het allemaal kant-en-klaar in de winkel kunt kopen? Nog los van het feit dat veel mensen niet eens over een tuin beschikken.

Hetzelfde geldt voor de eieren van onze kippen, de karbonaadjes van onze varkens en de biefstuk van onze koeien. Ons leven is er helemaal niet op ingericht om dieren te houden, laat staan om ze eigenhandig af te maken en in stukken te hakken. Wij willen helemaal niet zien waar ons vlees vandaan komt, hoe het dier eruitzag dat we nu als een steak op ons bord hebben liggen. Laat staan dat we ze met liefde en toewijding hadden willen verzorgen tot we ze eigenhandig zouden slachten om er maanden van te kunnen eten.

Veel hoofdpersonen uit *Floortje naar het einde van de wereld* steken daar wél energie in, ook als ze niet eens zo afgelegen wonen. Ze bouwen hun eigen kippenren en hebben een paar geiten of koeien. Omdat ze iedere morgen een vers eitje willen, of omdat ze er zeker van willen zijn dat de dieren die ze opeten een goed leven hebben gehad. Ze zouden wel naar een slager kunnen gaan voor hun vlees, maar ze hebben er bewust voor gekozen dat niet te doen en de wat meer bewerkelijke weg te kiezen. Zo besteden ze een deel van hun dag aan het voedsel dat ze eten en de bereiding ervan. Dát is voor hen de kwaliteit van het leven; eten is geen gemaksproduct dat op afroep beschikbaar moet zijn, maar iets waar je aandacht en tijd aan moet geven.

Hoe anders is de situatie in mijn thuisstad Amsterdam. De stad zit vol restaurants, winkels en fastfoodzaken. Voedsel is er in alle soorten en maten en prijsklassen. Je kunt eten wat je wilt en wanneer je dat wilt. Van vegan Vietnamees tot onbeperkt Argentijnse spareribs. Van Surinaamse sperziebonen op de Albert Cuyp-markt tot Hollandse nieuwe in een van de talloze Volendamse viszaken. Sinds de introductie van diensten als maaltijdbezorgers en flitskoeriers hoef je er niet eens meer de deur voor uit, want de stad is nu vergeven van de fietskoeriers met vaak 'gemaksvoedsel' in een grote tas op hun rug of op de bagagedrager. En omdat er een gat in de markt bleek te zijn wat betreft de snelheid waarmee een en ander bezorgd wordt, hebben we nu nóg meer koeriersdiensten die binnen tien minuten met je boodschappen voor je deur staan. Alles in het teken van gemak en snelheid. Geen tijd meer verdoen aan uitzoeken wat je eet en hoe je het op je bord krijgt.

Toch zijn er ook in Nederland steeds meer mensen die zich bezighouden met een bewuste manier van consumeren. Mensen die gewoon meedraaien in onze samenleving, maar die wel zelf aan de slag zijn gegaan om meer te weten te komen over het voedsel dat we dagelijks consumeren en daar op een andere manier mee willen omgaan. Voor het tv-programma *Floortje blijft hier* dat ik in 2020 maakte, sprak ik bijvoorbeeld met de wildplukker, groentekweker en stadsimker Edwin Florès. Ooit werkte hij in de uitzendbranche, droeg een net pak en reed in een snelle auto, maar uiteindelijk kwam hij erachter dat dat hem niet gelukkig maakte. Hij besloot zich in eetbare planten en kruiden te gaan verdiepen, en inmiddels heeft hij een grote groentetuin aan de rand van Arnhem waar hij onder meer eetbare bloemen kweekt voor een aantal toprestaurants in Nederland. Ook schrijft hij boeken over alle kennis die hij in de afgelopen jaren heeft opgedaan over onze verstandhouding met voedsel. Daarbij gaat het vaak over het feit dat we in het Westen niet meer weten waar ons eten vandaan komt of hoe we het zelf zouden kunnen produceren. 'Toen we nog jagers en verzamelaars waren,' legde hij me uit, 'lazen we het landschap en werd van vader op zoon, van moeder op dochter verteld wat je kon eten en wat je niet kon eten. Dat zit nog steeds in ons DNA maar we gaan nu naar de supermarkt en naar de markt. Iedereen vindt het leuk om aan een meloen te ruiken of die zoet ruikt, of in een tomaatje te knijpen.'

Behalve dat hij nu een eigen groente- en plantentuin heeft, geeft hij cursussen om eetbare planten te leren herkennen in de natuur, gewoon vlak bij huis. Samen gingen we naar een kleine beek die dwars door het Sonsbeekpark in Arnhem stroomt en met het grootste gemak trok hij binnen een paar minuten handenvol groene bladeren uit de waterkant, waar je een geweldige salade mee kunt maken. Toch zie je nog maar weinig wildplukkers.

Die 'gemakssamenleving' geldt niet alleen voor voedsel, maar ook voor heel veel andere zaken. In ons comfortabele westerse leven zijn we aan heel wat dingen gewend die we eenvoudigweg niet meer willen opgeven. Waarom zelf de was met de hand doen, of een kampvuur stoken om te koken, of zelf je kinderen lesgeven in plaats van ze naar school sturen? Dat deden onze voorouders misschien, maar dat is nu toch niet meer realistisch? Toch zie je dat we door de pandemie opeens wél in situaties terechtkwamen waarin we de dingen ineens anders moesten doen. Want wie had ooit gedacht dat ouders thuis zouden gaan werken en ondertussen zelf hun kinderen les moesten gaan geven? En niet een week of twee, maar maandenlang! Een goed voorbeeld van hoe dingen die zo vanzelfsprekend lijken opeens toch niet zo zeker blijken te zijn. Natuurlijk waren de meeste ouders na verloop van tijd heel blij om hun kroost gewoon weer op school te kunnen afleveren, maar iedereen heeft nu gezien dat het leven zomaar ineens een andere wending kan nemen. En dat je daar maar beter op voorbereid kan zijn.

Hoe fijn zou het zijn als we onze kinderen op school bijvoorbeeld een aantal basisvaardigheden zouden leren die altijd van pas kunnen komen? Ikzelf heb een aardig goede start gemaakt op de Vrije School, waar ik veertien jaar les heb gehad in de reguliere vakken maar ook de meest uiteenlopende creatieve en praktische dingen leerde zoals houtbewerking, smeden, touwknopen, koorzang, toneelspelen en ga zo maar door. Maar ondanks het feit dat ik aardig 'creatief' ben opgevoed, ben ik toch gewoon een stadsmens geworden, zeker als ik mezelf vergelijk met kinderen die ik ontmoet heb 'aan het einde van de wereld'. Die zijn vaak een stuk zelfredzamer dan ik. Ik heb dan wel veel creatieve vakken gehad op school, maar mezelf redden in de natuur, zelf mijn eten verbouwen of bijvoorbeeld navigeren op de sterren, dat is er bij mij niet bij.

Juist doordat veel voorzieningen die voor ons normaal zijn ontbreken, zijn kinderen die op afgelegen plekken opgroeien een stuk creatiever. Ze hebben veel meer geleerd in oplossingen te denken, praktisch te zijn en elkaar te helpen: er is immers vaak niemand in de buurt om problemen op te lossen. Omdat ze veel meehelpen in het huishouden, kunnen ze meestal op jonge leeftijd al koken, en de meesten weten ook heel goed hoeveel moeite het kost om zelf groente te verbouwen of je eigen vlees te schieten. Ze kijken dus wel uit om voedsel of grondstoffen te verspillen.

Veel kinderen die ik ontmoet, lijken ook veel meer aan te kunnen, omdat ze onder veel extremere omstandigheden opgroeien. Omdat ze niet anders weten, vinden ze dat heel normaal en hoor je ze niet snel klagen. Neem nou de kinderen die in Groenland met hun ouders op een zeilboot wonen (zie hoofdstuk 2) en bij -25 graden buiten speelden met een zelfgefabriceerde schommel aan de giek van hun schip.

Ik weet wel dat we lang niet allemaal onze kinderen zo zelfredzaam en 'taai' kunnen laten opgroeien, maar het zou denk ik al helpen als het onderwijs in Nederland meer aandacht besteedt aan zelfstandiger worden op sommige vlakken. Natuurlijk is een aardig deel van de lesstof die kinderen nu krijgen van belang voor hun algemene ontwikkeling, maar misschien mogen we ze ook – vooral de kinderen die in de stad wonen – iets meer leren over het leven in de natuur. Om ze meer verbinding te laten voelen met de wereld waarin we allemaal thuishoren, maar die we vaak achter ons laten als we in grote steden en dorpen wonen. Niet voor niets weten steeds minder kinderen waar het vlees op hun bord vandaan komt of hoe ze zich moeten redden als de navigatie op hun telefoon het niet (meer) doet. Het zou heel mooi zijn als het onderwijspakket uitgebreid wordt met leerstof waar je als mens later wat aan hebt in de praktijk. Echt goede kennis over de productie van ons voedsel bijvoorbeeld, met praktijklessen in de buitenlucht. Daar heb je later zó veel aan. En kennis die betrekking heeft op zelfredzaamheid: een goede EHBO-cursus bijvoorbeeld, of een cursus zelfverdediging. We kunnen kinderen leren hoe ze zaken zelf kunnen repareren, of hoe ze aan de wolken kunnen zien wat voor weer het wordt. Of, nog verder door fantaserend, lessen in mindfulness om beter bestand te zijn tegen de onverwachte afslagen die het leven soms neemt.

Dat klinkt voor veel mensen misschien redelijk ver van hun bed. Maar het feit dát we dat vinden is juist onzinnig. We zijn ongemerkt zo onmetelijk ver van ons oorspronkelijke leven af komen te staan dat we mensen die wél zo leven vaak wonderlijk vinden. Want waarom leren we kinderen wel alles over bijvoorbeeld economie, maar bijna niets over onze oorspronkelijke manier van leven als mens? Als je daar namelijk vroeg in de ontwikkeling van een kind mee begint, zal het in hun latere leven helemaal niet zo vreemd meer zijn om zelf na te denken, zelf problemen op te lossen en niet altijd blind te vertrouwen op de maatschappij waarin we leven, en de techniek die ons overal bij helpt. Niet dat we voortdurend op onze hoede moeten zijn voor onraad, maar we zouden wel een gezonde dosis zelfredzaamheid moeten hebben, waardoor we ook overeind blijven als het even niet zo gaat zoals we gewend zijn. We vertrouwen nu blind op onze werkende wasmachine, op ons gasfornuis, maar ook op ons schoolsysteem, op werkend internet en ga zo maar door. Maar wat nou als dat op een dag niet meer werkt?

Ik las een verontrustend artikel uit de *Panorama* van 27 oktober 2021 dat over precies dat scenario ging. Daarin stelde auteur Luuk Koelman dat een totale energie-black-out niet een kwestie was van 'of' het zou gebeuren, maar 'wanneer'. Begin januari 2021 viel in het Kroatische dorpje Ernestinovo de energiecentrale uit. Op zich geen belangwekkende gebeurtenis, ware het niet dat het Europese stroomnetwerk als één systeem functioneert. Alles is met elkaar verbonden, van Amsterdam tot Athene en van Istanbul tot Lissabon. Meteen nadat deze centrale was uitgevallen, trilden alle hoogspanningscentrales in Europa op hun grondvesten en dreigde de ene na de andere ook uit te vallen. Alleen doordat ze vliegensvlug de grote industriegebieden in Frankrijk en Italië konden loskoppelen, wisten ze een totale black-out te voorkomen en was na een uur het netwerk weer stabiel. Als het dertig seconden langer had geduurd, was het hele Europese stroomnetwerk omgevallen: een totale meltdown. De rest van het artikel beschrijft minutieus hoe Europa er in de dagen daarna zou hebben uitgezien: op de eerste dag valt het internet uit, zitten mensen vast in liften, treinen en trams stoppen en niemand kan pinnen. Dan verergert de situatie: tankstations werken niet meer, ziekenhuizen worden heel moeilijk bereikbaar en kunnen alleen nog op generatoren werken, de waterdruk valt weg en winkels moeten hun deuren sluiten. En dan zou onherroepelijk een nog veel grotere chaos volgen, want mensen zouden gaan plunderen, op zoek naar water, voedsel en brandstof, rioleringen stromen over waardoor mensen cholera krijgen, er breken rellen uit en niemand kan nog veilig over straat.

Een artikel waar de rillingen van over je rug lopen. Helemaal als je je bedenkt dat bijna niemand in Nederland daar echt op is voorbereid. Simpelweg omdat zoiets zo ver van ons af staat en we ons niet bezig willen houden met zulke doemscenario's. Maar uit dit voorbeeld blijkt: als we ons bewust zijn van het risico en ons met een aantal simpele zaken voorbereiden op calamiteiten, is er een hele hoop ellende te voorkomen, mocht er een keer zoiets gebeuren. In het Engels noem je dit 'preppen' en dan denk je al snel aan mensen in camouflagekleding die zich verschansen in een schuilkelder met enorme voorraden voedsel, water en munitie, maar zo extreem hoeft het helemaal niet te zijn. Met een aantal simpele zaken ben je al een stuk beter voorbereid. De schrijver van het artikel geeft een paar praktische tips die heel nuttig kunnen zijn bij zo'n totale energie-black-out: een transistorradiootje op batterijen, of een opwindradio die net zo werkt als een ouderwetse knijpkat. Alle andere nieuwsvoorzieningen op je telefoon kun je immers niet meer gebruiken, net zoals televisie en internet. Dan blijft de ouderwetse radio over, waardoor je tenminste weet wat er gebeurt en wat de ontwikkelingen zijn. Maar ook: een led-zaklamp, voldoende batterijen en een opgeladen powerbank. Voedsel in conservenblikken, een grote hoeveelheid drinkwater in grote flessen, genoeg voor minstens twee weken. Denk ook aan medicijnen, kaarsen, lucifers, een volle jerrycan benzine, campinggas om te koken, een barbecue plus houtskool (om het vlees uit je vriezer te kunnen bakken zodat het minder snel bederft) en hout om vuur te stoken. Maar ook: cash geld om elementaire dingen te kunnen betalen (want pinnen werkt niet meer!), en genoeg want de prijzen schieten bij schaarste razendsnel omhoog.

Koop die spullen, leg ze ergens in je voorraadkast en ga gewoon door met je leven. Geniet van een lekkere maaltijd, maak een lange wandeling door de natuur, drink met je vrienden een fles wijn en maak plannen voor later. Leef je leven en stap regelmatig uit je comfortzone. Blijf zo nieuwsgierig mogelijk en leer je hele leven nieuwe dingen. En met een beetje voorbereiding, en een dosis (aangeleerde) zelfredzaamheid, kun je dat leven aardig lang volhouden als het plotseling toch anders loopt.

4 ECHT AFGELEGEN EILANDEN MAKEN JE EEN GEDULDIGER MENS

Zolang ik me kan herinneren heb ik al een zwak voor eilanden. Als kind kon ik eindeloos over de wereldkaart gebogen zitten en alle kleine stipjes bestuderen. Hoe heetten ze? Waar hoorden ze bij? Wie woonde daar? En vooral: hoe kon ik er komen? Inmiddels heb ik al veel van die stipjes van dichtbij mogen zien en ze kunnen wat mij betreft niet ver weg genoeg liggen. De lange trip erheen, liefst per schip, en dan na dagen of zelfs weken in de verte de eerste contouren zien opdoemen. Ik hou ervan. Al die tijd blijf je natuurlijk aan dek staan, om het eiland langzaam vorm te zien krijgen. En dan het magische moment dat je de haven in vaart, de levensader van het eiland, waar op de kant altijd mensen reikhalzend naar het schip uitkijken, want dat laat meestal lang op zich wachten. Trossen worden uitgegooid, voorraden worden gelost en mensen die elkaar eindeloos lang niet gezien hebben vallen elkaar op de kade in de armen. Ik kan daar heel erg gelukkig van worden.

Voor *Floortje naar het einde van de wereld* zitten we ook regelmatig naar de wereldkaart te turen op zoek naar goede bestemmingen. We kennen ondertussen al aardig wat eilanden die net wat meer zijn dan een verzameling rotsen, maar het blijft altijd fascinerend om weer een locatie te traceren waar mensen zouden kunnen wonen.

Door klimaatverandering worden heel wat eilanden wereldwijd bedreigd in hun bestaan. Kiribati bijvoorbeeld, een eilandengroep in de Stille Oceaan met zo'n half miljoen inwoners. Volgens wetenschappers is dat het eerste land dat tegen het einde van deze eeuw in zee dreigt te verdwijnen als de zeespiegel blijft stijgen door de opwarming van onze planeet.

Maar gek genoeg komen er ook nog steeds eilanden bij op aarde.

(Al zijn er dat maar heel erg weinig!) Zo kwam begin 2015 met enorme explosies en gigantische asregens het eiland Hunga Tonga uit de oceaan omhoog. Het eiland, dat nu twee kleine bestaande eilandjes met elkaar verbindt, ontstond door een enorme onderzeese vulkaanexplosie. Voor de medewerkers die voor NASA de oceanen bestuderen, was het een gigantische verrassing om opeens dit nieuwe eiland aan te treffen. Het werd helemaal bijzonder toen wetenschappers, die het eiland alleen gezien hadden op satellietbeelden, in 2018 het drie jaar oude eiland voor het eerst bezochten. Het wemelde er ondertussen van het leven: er hadden zich vogels gevestigd en de zaadjes in hun uitwerpselen hadden ervoor gezorgd dat delen van het eiland al groen waren.

De meeste eilanden bestaan al sinds mensenheugenis, en veel ervan worden bewoond. En dat zijn nou juist de plekken die ik graag bezoek voor mijn programma. Het heeft nogal wat voeten in de aarde om op veel van die stipjes in de oceaan te komen (zie ook hoofdstuk 7), want ze hebben zelden een vliegveld, waardoor je meestal wekenlang per schip onderweg bent. De kosten om er te komen zijn bovendien vaak enorm hoog, en er zijn soms wachttijden van jaren om met een schip mee te mogen, omdat de mensen die er wonen altijd voorrang hebben.

Wat het voor ons ook lastig maakt om zo'n reis te plannen, is dat die echt verafgelegen eilanden ook tijdens de voorbereiding heel moeilijk te bereiken zijn. Vaak is het internet heel traag en is er alleen op een hooggelegen punt telefoonbereik. Daardoor moet je soms na je verzoek om te mogen langskomen maanden op antwoord wachten. En als je eenmaal een reactie hebt gekregen is het door die slechte verbinding vervolgens heel lastig om iemand te spreken te krijgen. Terwijl het juist heel belangrijk is om vooraf meer te weten te komen en te checken of de beoogde hoofdpersoon van de aflevering goed Engels spreekt. (Op het afgelegen eiland La Réunion in de Indische Oceaan heb ik ooit een poging gedaan een aflevering in het Frans te maken, maar dat was een drama. Mijn Frans is wel héél erg basic en als alles via een tolk moet, lukt het me nooit goed om er een persoonlijk verhaal van te maken.)

Met zo veel hindernissen en onzekerheden is het dus gokken of een verhaal gaat slagen of niet. Na al die jaren zijn we er op de redactie wel uit: soms moeten we gewoon vertrouwen op ons onderbuikgevoel. Met de weinige informatie die we hebben, proberen we dan zo goed mogelijk te luisteren naar dat stemmetje in ons hoofd dat aangeeft of dit een goed idee is of niet. En dan maar gewoon in het diepe springen en de lange reis maken.

Qua onderbuikgevoel en sommige dingen op de gok gaan doen, spande mijn reis naar het uiterst noordelijk gelegen Wrangel-eiland, gelegen in de Tsjoektsjenzee tussen Alaska en Rusland, toch wel de kroon. Naar verluidt is Wrangel-eiland de laatste plek op aarde waar wolharige mammoeten hebben rondgelopen, voordat ze zo'n vierduizend jaar geleden zijn uitgestorven. Ook wordt het eiland de kraamkamer van de ijsberen genoemd, want nergens worden er meer geboren dan daar. Een mateloos fascinerende plek dus. Alles wat ik maar over het eiland kon vinden had ik al gelezen en door de schaarse informatie die ik had, besefte ik maar al te goed dat het bijna niet te doen was om daar een aflevering te maken. De voornaamste reden: er wonen bijna geen mensen! En dat is toch wel een vereiste voor mijn programma. Ook hebben de Russen de afgelopen jaren hernieuwde belangstelling voor deze afgelegen plek gekregen doordat het ijs in de Arctische zeeën aan het smelten is, waardoor het strategische belang opeens veel groter is geworden. Hierdoor is de militaire basis op het eiland enorm gegroeid qua manschappen, en dus was een filmvergunning verkrijgen een enorme uitdaging geworden. Maar hoe moeilijker het leek te worden, hoe meer we erop gebrand waren om er toch naartoe te gaan.

Toevallig stuitte eindredacteur Hanneke in het voorjaar van 2019 online op het verhaal van ene Gennadiy, een Russische *ranger* die in goed Engels een heel boeiende post had geplaatst over zijn leven op Wrangel-eiland. Het kostte eindeloos veel tijd maar uiteindelijk kon ze zijn contactgegevens achterhalen, en na nog veel langer wachten kreeg ze eindelijk een berichtje terug. Het was wat summier, maar we konden eruit opmaken dat we welkom waren!

En we hadden nog meer geluk, want via Jonneke van Eijsden, de directeur van Beluga Adventures die mij in de afgelopen twintig jaar al naar de meest afgelegen koude plekken op aarde heeft weten te krijgen, kwamen we erachter dat er die zomer een expeditieschip die kant op ging waarop nog een hut vrij bleek te zijn voor mij en mijn cameraman. Snel reserveerden we deze twee bedjes, en we gingen als een gek aan de slag om de benodigde vergunningen te krijgen. Het was zenuwslopend om alles op tijd te regelen. Een week voordat het schip zou vertrekken hadden we nog geen filmvergunning, maar als door een wonder kregen we vlak voor vertrek de verlossende e-mail: we mochten filmen op Wrangel.

Met het felbegeerde document stapten we niet veel later aan boord van een vliegtuig richting Fairbanks, de hoofdstad van Alaska. Daarvandaan was het nog zo'n anderhalf uur vliegen in zuidwestelijke richting naar het kleine plaatsje Nome. Eenmaal daar aangekomen namen we een heel bijzondere vlucht: op dat moment de enige rechtstreekse verbinding tussen de vs en Rusland. Deze vlucht heeft de meest oostelijk gelegen Russische stad Anadyr als bestemming en gaat maar drie keer per jaar, door de omslachtige regelgeving tussen beide landen. (Dit was trouwens ook de makkelijkste Amerikaanse grensovergang ooit, omdat je als passagier met maar twintig andere mensen in de rij staat voor welgeteld één balie met een uiterst vriendelijke douanebeambte. Daar denk ik in de eindeloze rijen voor de douane van New

York of Chicago nog wel eens met weemoed aan terug.) Anadyr is een stad zoals er zo veel zijn in het verre, barre oosten van Rusland: grauw, deprimerend en ruig, alleen opgesierd door de paar kunstenaars die de moeite hebben genomen om een aantal van de lelijke flats die je overal in de stad vindt te beschilderen met prachtige muurschilderingen. Ik was maar al te blij om in te schepen: op naar het hoge noorden. Ondertussen werd ik wel behoorlijk zenuwachtig, want onze hoofdpersoon Gennadiy had niet meer gereageerd op mijn laatste e-mail, en dus had ik geen idee of we hem wel zouden kunnen vinden. Nog los van het feit dat ik geen idee had of hij een prettig mens zou zijn en of hij mooie verhalen kon vertellen voor een draaiende camera.

Acht dagen waren we onderweg en het bleek een van de allermooiste scheepsreizen ooit te zijn. Elke dag weer zagen we de meest adembenemende uitzichten: totaal verlaten kusten, gigantische groepen walrussen, walvissen en zeeleeuwen. Hier en daar legde het schip even aan om een lokale, vaak door Inuits bevolkte nederzetting te bezoeken, maar meestal waren we op zee. En het fascinerendst waren nog wel de nachten, want hoewel het hoogzomer was, werden we elke nacht getrakteerd op het mooiste noorderlicht dat ik ooit heb gezien. Eindeloos bleef ik wakker om liggend op mijn rug op het dek naar de donkere hemel te staren, waar het groene magische licht voor mijn ogen bleef dansen.

Op de achtste dag zagen we in de verte de contouren van het eiland opdoemen. En meteen kwamen de zenuwen weer in volle hevigheid opzetten. Stel dat Gennadiy er helemaal niet zou zijn? Of dat hij een norse, wodka drinkende Rus bleek te zijn? Hoe zou ik hier in godsnaam iemand anders gaan vinden voor mijn uitzending? Want er woonden in totaal niet meer dan zeven rangers op het hele eiland, dus de kans was groot dat ik dan helemaal voor niets gekomen was. Dan hadden we dus helemaal geen uitzending gehad.

Met het zweet in mijn handen klom ik van boord en in de rubberboot die ons naar het strand bracht. Ik had in Nederland wel zo hard geroepen dat ik met een onvergetelijk verhaal zou thuiskomen, maar nu was ik daar allesbehalve van overtuigd.

Eenmaal op het strand staarde ik in de verte. Bij aankomst hadden we al een aantal ijsberen op de kust zien staan, dus waren we een stuk verderop aan land gegaan. Zou Gennadiy ons wel kunnen vinden? Een kwartier lang speurde ik met mijn blik het strand af, maar er was niets te zien. Totdat de cameraman door de *viewfinder* van zijn camera keek en in de verte een klein zwart stipje zag naderen. 'Daar komt iemand aan!' riep hij luidkeels.

Niet veel later stopte een compleet afgetrapte quadbike met dikke wielen voor onze neus. Gen, zoals hij zichzelf noemde, bleek een beer van een vent met een vrolijk gezicht, een brede glimlach en een stoere *Mad Max*-achtige outfit bestaande uit een dikke bruine broek, een stevig regenjack en een oude Russische vliegeniersmuts op zijn hoofd. Hij zette zijn muts af en gaf een ferme handdruk. *'Nice to meet you, Flora!'* Diep vanbinnen slaakte ik een enorme zucht van opluchting. Dit was een heel bijzonder mens, dat zag ik in één oogopslag.

Gen bleek inderdaad een lot uit de loterij: hij praatte honderduit, sprak goed Engels, maakte goede grappen en vond het reuzeleuk dat we er waren; helemaal toen bleek dat we kilo's van zijn lievelingschocolade hadden meegenomen. We trokken twee dagen met hem op en het eiland bleek in al zijn woestheid onvoorstelbaar mooi te zijn, met overal ijsberen, poolvossen en muskusossen. Er lagen zelfs her en der grote mammoetbotten verspreid, gewoon in de achtertuin van Gens blokhut.

Ik kon bijna niet geloven dat Gen zo'n schot in de roos bleek te zijn, maar het was toch echt zo. Hij kon boeiend vertellen over zijn jeugd in een zwaar vervuilde stad in het midden van Rusland, maar ook over het leven op het eiland. Daarnaast bleek hij een fascinerende levensloop te hebben: van manager van een hardrockband in Moskou naar ranger op dit verlaten stukje aarde. Hij was bovendien een ontzettend aardige en sympathieke man, met wie je enorm veel lol kon hebben, en die – als een van de weinigen in dit deel van de wereld – geen wodka bleek te drinken. Eigenlijk een ideale man voor mij, ware het niet dat hij vijftien jaar jonger was dan ik en op een afgelegen Russisch eiland woonde.

Het werd uiteindelijk een van de meest favoriete uitzendingen die ik in al die jaren heb gemaakt. Wederom was gebleken wat voor bijzondere mensen er op zo'n totaal geïsoleerde plek kunnen wonen. Elke keer ben ik weer verbaasd om op zo'n afgelegen locatie aan te komen, te ontdekken wie daar woont en te horen waarom iemand heeft gekozen voor zo'n afgelegen plek terwijl diegene zo veel te vertellen heeft.

Ik heb me tijdens mijn reizen naar afgelegen eilanden vaak afgevraagd hoe je deze speciale 'aan het einde van de wereld'-eilandbewoners zou kunnen typeren. Is er iets wat ze gemeenschappelijk hebben? Hebben ze een bepaalde overtuiging die ervoor zorgt dat ze het uithouden in zo'n ver oord? Ze hebben in ieder geval gemeen dat ze ervoor gekozen hebben om op een plek te gaan wonen die ze niet snel kunnen verlaten, een plek waar men het met elkaar moet zien te redden. En dat zorgt ervoor dat je met een bijzonder slag mensen te maken hebt: als je zo geïsoleerd op een klein stukje aarde midden in de oceaan leeft, waar je niet zomaar vanaf kunt, dan moet je het vooral heel erg goed met jezelf kunnen vinden, en met de weinige mensen om je heen. Dan is er geen plaats voor een groot ego of voor een gevoel van het beter te weten dan de ander. Zonder elkaar ben je niets, en je hebt elkaar vaak nodig om te overleven. Dat zorgt ook voor een enorme saamhorigheid;

iets wat we in het drukke Westen bijna niet meer kennen, behalve in tijden van crisis. Mensen op dit soort eilanden helpen elkaar, wisselen voedsel en spullen uit en controleren regelmatig hoe het met de ander gaat. Een beetje zoals het er vroeger ook in kleine dorpjes in Nederland aan toeging: je kende de buren door en door, en je hielp elkaar waar mogelijk. Dat is misschien ook wel de reden dat ik zo dol ben op dit soort plekken. Zeker de laatste jaren heb ik een enorme hang naar een leven dat op die manier geleefd wordt. Natuurlijk weet ik dat je ook veel moet inleveren als je op zo'n eiland wilt gaan wonen: alleen al de vrijheid om zomaar even je auto te pakken en een lange trip te maken, zoals wij dat zo goed kunnen in Europa. En je moet ook het geluk hebben dat je op zo'n afgelegen eiland mensen treft met wie je het goed kunt vinden.

Je moet bovendien geduld hebben als je iets wilt aanschaffen of mensen wilt zien. Gewoon ouderwets de dagen op de kalender aftellen tot het schip in de verte weer in zicht komt. En juist dat geduld hebben wij in onze westerse samenleving niet echt vaak meer. Kijk maar naar de grote online warenhuizen: ze komen binnen 24 uur nadat je iets besteld hebt je pakketje afleveren. Of de opkomst van flitsbezorgers: binnen tien minuten een pak melk of een krat pils bij je thuis laten bezorgen. Iets willen en het onmiddellijk krijgen: we kunnen bijna niet meer zonder. Maar hoe blij word je daar nog van, als alles maar in een oogwenk aan je geserveerd wordt?

Mensen op afgelegen eilanden zijn ook behoorlijk bedreven in 'ontspullen', dat nu reuzepopulair is in het Westen. In een tijdschrift las ik onlangs dat in Nederland heel wat mensen hun geld verdienen als 'opruimcoach'. Ik denk dat de gemiddelde eilandbewoner daar enorm om zou moeten grinniken, omdat dat wel het summum van westerse overdaad is: zo veel hebben, zowel fysiek als online, en qua verplichtingen, dat je externe hulp moet inroepen om daar een beetje orde in te scheppen. Op dit soort eilanden zijn er natuurlijk geen winkels waar je spullen gaat kopen waar je eigenlijk prima zonder kunt. Of kleding die je maar even draagt en dan in de kast laat hangen. Of eten dat je koopt en vervolgens laat bederven in de koelkast. Op zo'n eiland is elke appel die per schip binnenkomt een cadeau, elk stuk kaas koester je (mijn favoriete cadeau om mee te nemen), en elk kledingstuk draag je tot het versleten is. Je koopt wat je nodig hebt, gebruikt het tot het niet meer te repareren is, en als je het voortijdig echt zat bent, geef je het aan je buurman. Dus ook geen eindeloze wegwerpbekers die meteen de prullenbak in gaan, geen laffe sandwiches in een kiosk, en geen impulsaankopen bij het tankstation omdat de chocolade toevallig in de aanbieding is. Dat scheelt heel veel geld, afval en calorieën.

En als je iets echt wilt, moet je zoals ik net al zei verdomd veel geduld hebben: wachten op een nieuwe wasmachine, een laptop of een gasfornuis duurt niet zelden een half jaar. Pas dan is het schip met voorraden en vracht er weer. Dan zorg je er wel voor dat je zuinig met je spullen omgaat. Als er iets kapotgaat, probeer je het eerst zelf te repareren; er is altijd wel iemand die reserveonderdelen heeft liggen.

Soms als dingen kapotgaan, op zijn, of uitgelezen of uitgekeken zijn, en (voorlopig) niet komen, heb je er maar in te berusten dat je (voorlopig) geen nieuwe krijgt. Die mindset van 'berusting' kennen wij in het drukke Westen met onze consumptiemaatschappij bijna niet meer. Op afgelegen eilanden leer je juist de kunst van het 'niet meer hebben', van erin berusten dat je ergens alleen nog maar naar kunt verlangen. Dat is een kunst die je veel kan opleveren omdat het leven nu eenmaal vergankelijk is en de dingen om je heen veranderen.

Nog zo'n westers fenomeen waar mensen op afgelegen eilanden geen last van hebben: FOMO *(fear of missing out)*, omdat er toch niets is wat ze kunnen missen. Niemand geeft woeste feesten, er zijn geen concerten waar alleen de happy few een ticket voor hebben weten te bemachtigen, en ze hoeven nooit met afgunst naar Instagram te kijken om te zien wat ze allemaal gemist hebben. Ze missen sowieso toch alles. En dat wij het stiekem wel fijn vonden om die FOMO los te laten, bleek aan het begin van de coronacrisis. Overal hoorde je mensen verkondigen hoe blij ze waren dat ze even 'niets meer hoefden en niks meer hadden om te missen'.

Nog iets wat me is opgevallen tijdens mijn verblijf op dit soort eilanden: een partner vinden is vaak veel minder gecompliceerd dan bij ons in het Westen. Het aanbod is namelijk zo klein dat iedereen veel sneller tevreden is. Westerse fenomenen als Tinder of Grindr, met hun overdadige aanbod waardoor je je de hele tijd afvraagt wat je allemaal mist als je een match hebt, doen er niet meer toe. Het is misschien een stuk minder opwindend en voor sommige mensen echt een schrikbeeld, maar er is gewoon geen keuze, dus je kijkt niet meer zo kritisch of de ander wel helemaal precies aan al je eisen voldoet. Of er is in de verste verte helemaal geen partner te vinden, dan heb je dat te accepteren. Natuurlijk overdrijf ik een beetje, maar feit is wel dat in zulke gemeenschappen heel weinig echtscheidingen voorkomen; partners hebben elkaar nodig en zetten zich sneller over elkaars onhebbelijkheden heen.

Het is natuurlijk een interessante vraag of je op zo'n plek zou kunnen aarden als je daar niet geboren bent en je hele leven al in het Westen woont. Want tegenover alle voordelen staan ook nadelen. Het is moeilijk om je familie achter te laten, of vriendschappen die je al je hele leven koestert. Het is behoorlijk ingrijpend om ergens te wonen waar je niet snel medische hulp kunt krijgen als er echt wat met je aan de hand is.

Toch zijn er heel wat mensen die ervan dromen om naar zo'n plek te vertrekken. Zo filmden we een aantal jaar geleden een Engelse familie die naar aanleiding van een oproepje in de krant naar het piepkleine Schotse eilandje Canna was vertrokken. Denise en Gordon Guthrie wilden ook dolgraag een leven op het kleine afgezonderde eiland, waar slechts een handjevol mensen woonde, en waar hun kinderen naar het piepkleine basisschooltje konden, dat dankzij hun komst open kon blijven.

Tijdens ons verblijf daar vroeg ik me af of ze het wel zouden redden. Vooral Denise had het heel vaak over haar familie die ze zo vreselijk miste, en het leek er nog niet echt op dat ze hun plek hadden gevonden in de heel kleine hechte samenleving op het eilandje. Ik was dan ook niet verbaasd toen we ze een jaar later mailden om te vragen hoe het ging en ze ons vertelden dat ze naar het vasteland terug waren gegaan. Het eiland bleek te klein voor ze te zijn en ze voelden zich soms zelfs opgesloten, ondanks het feit dat ze redelijk vaak de kans hadden om de boot te nemen naar het vasteland. Ze bleken ook niet goed tegen de weersomstandigheden te kunnen: bijna elke dag stond er een straffe wind, en de winters waren koud en meedogenloos. Dat wisten ze wel voordat ze erheen verhuisden, maar het was in de praktijk toch een stuk lastiger dan ze gedacht hadden.

Je zou zeggen dat een afgelegen tropisch eiland dan een betere keuze is als je ergens ver weg wilt gaan wonen. Hagelwitte stranden onder een strakblauwe hemel, een turquoise zee en een hangmat onder de zacht ruisende bladeren van een palmboom. Ik kan er zo wel een aantal opnoemen die fenomenaal zijn: Vanuatu in Oceanië, de Marquesas-eilanden in Frans-Polynesië, Rodrigues bij Madagaskar, Fernando de Noronha bij Brazilië. Onwaarschijnlijk beeldschone plekken met een bijzondere cultuur, compleet afgelegen en idyllisch.

Eenmaal op zo'n pareltje aangekomen, ontdek je echter dat het leven daar zo zijn eigen verrassingen heeft. En daar moet je maar tegen kunnen. Zo bezocht ik in een van de eerste seizoenen van *Floortje naar het einde van de wereld* de Australiër David Glasheen, die de enige bewoner is van nationaal park Restoration Island, aan de noordoost kust van Australië. Deze idyllische plek, die hij voor veertig jaar leaset, zou je de hemel op aarde kunnen noemen: wuivende palmen, een azuurblauwe zee, klassieke witte stranden en vers water uit de bron midden op het eiland.

Maar al vanaf het moment dat ik voet op dat eiland zette, had ik het gevoel dat alles daar me dood wilde hebben. Een duik in de zee was er niet bij vanwege de haaien, krokodillen en slangen. Achter mijn halfopen slaapverblijf was een giftige spin een gigantisch web aan het bouwen. Eén stap op een steenvis die verstopt zit tussen de rotsen onder water en je kunt er geweest zijn. Dan heb ik het nog niet gehad over de tropische cyclonen die dit soort eilanden regelmatig teisteren, met windstoten van 200 kilometer per uur. En over het zoute water dat alles aantast. Of de gekmakende jeuk, veroorzaakt door zandvliegjes. Tijdens mijn week op dat eiland heb ik nauwelijks een oog dichtgedaan.

Extreme schoonheid en extreme kwetsbaarheid gaan op een tropisch eiland vaak hand in hand, en maken het leven daar toch vrij ingewikkeld. Als je écht geen afstand wilt doen van de droom om zonder besef van tijd op een tropisch eiland te eindigen waar je in elk geval niet de hele tijd voor je leven hoeft te vrezen, is het misschien een idee om de raad op te volgen van André, een oudere man uit Groot-Brittannië die ik een aantal jaar eerder toevallig was tegengekomen op het vliegveld van Lissabon. Ik moest lang wachten omdat mijn vlucht vertraagd was, en daarom was ik in een café gaan zitten, toen André naast me kwam zitten en we aan de praat raakten. Hij was op weg naar de Azoren, de plek waar hij nu al jaren zielsgelukkig was. Honderduit vertelde hij over zijn leven daar, hoe bijzonder het er is, maar ook over zijn eerdere zoektocht. Meer dan tien jaar van zijn leven had hij besteed aan het zoeken naar het ideale eiland om te wonen. Eindeloze reizen had hij gemaakt, vaak per zeilboot, om uit te zoeken waar je het best kunt leven, rekening houdend met klimaat, kwaliteit van leven, prijs-kwaliteitverhouding, leefruimte enzovoort. En na al die jaren was hij er eindelijk uit: Graciosa, een eiland van de Portugese Azoren.

Zelf heb ik deze plek nog nooit bezocht, maar wel een aantal andere eilanden die bij de Azoren behoren. En inderdaad: deze eilanden zijn vulkanisch en qua natuur echt oogverblindend mooi. Het klimaat is zacht en aangenaam, en hoewel het best vaak regent en er een stevige wind kan staan, kent het gebied mooie warme zomers. Het hoort bij Portugal en dus de Europese Unie, waardoor je er als Nederlander makkelijk heen kunt, en je bent ook niet al te ver van huis: een uurtje of vier vliegen. Maar toch is het ver genoeg om het echte eilandgevoel te hebben.

Volgens André is deze plek het allermooist van de hele eilandengroep, die in totaal uit negen eilanden bestaat. Graciosa is piepklein en heeft als bijnaam 'het witte eiland', naar de kleine hoofdstad die is opgetrokken uit witte huizen. In het hart van het eiland vind je een vulkaankrater, zoals op de meeste eilanden op de Azoren, en er staan talloze prachtige, nog werkende windmolens. André was zo verliefd op de plek dat hij zo'n windmolen kocht en als woonhuis inrichtte, waar hij nu samen met zijn vrouw en hun drie honden woonde. Buiten in de tuin graasden zijn paarden, hij kweekte zijn eigen groenten en als het even te stil werd, nam hij de boot naar het hoofdeiland São Miguel, waar je prima restaurants en volop uitgaansleven vindt. Ja, André had het paradijs gevonden.

Een paar maanden na mijn ontmoeting met André zag ik een bericht in de krant dat de Azoren voor het eerst in zeer lange tijd waren getroffen door de orkaan Lorenzo, die een spoor van vernielingen had achtergelaten. Het was een zeldzaamheid, maar klimaatwetenschappers zeiden te verwachten dat er in de toekomst meer stormen over de Azoren zullen trekken, door de opwarming van de aarde. Meteen moest ik terugdenken aan de woorden van André vlak voordat we elkaar gedag zeiden: 'Graciosa is wat mij betreft de ideale plek om te wonen, hoewel we allemaal weten dat het echte paradijs niet bestaat. Want uiteindelijk is er altijd wel iets wat heel anders is dan je vooraf bedacht had. Maar je moet altijd je verwachtingen bijstellen en tevreden zijn met wat er wél is.'

5 LUISTER VAKER NAAR EEN OUDE FILIPIJNSE VROUW MET EEN WATERPIJP

Als je gezondheid je lief is, kun je beter niet aan de slag gaan als presentator van een reisprogramma. Want hoe geweldig het ook is om dit werk te doen, echt heel goed voor lichaam en geest is het niet. Zonder rekening te houden met tijdzones reis je kriskras over de aarde, je lichaam de hele tijd opgevouwen in krappe stoeltjes, op harde banken en doorgezakte matrassen. Dat is echter nog maar het begin... Er is ook altijd gevaar onderweg: de opgevoerde tuktuks in Bangkok waarmee je je in het chaotische verkeer stort, de overjarige vliegtuigen in Siberië waarvan de stoelen zowat omvallen als je erop wilt gaan zitten, of de gammele bussen in Mexico met banden die compleet afgesleten zijn. En dan zijn er natuurlijk nog de roekeloze automobilisten en vermoeide vrachtwagenchauffeurs die je overal ter wereld vindt.

Zo ben ik al vaak bijna de klos geweest, zoals die keer in Guinee toen de chauffeur van een tientonner te veel uitweek naar onze weghelft en wij op het nippertje de berm in konden schieten. In Noorwegen ging het wel echt mis, toen de chauffeur van een tegemoetkomende auto op een tweebaansweg onwel werd en onze voorste auto met daarin de cameraman en de producer frontaal werd geraakt. Nooit meer vergeet ik het moment dat ik de producer vasthield terwijl hij uit zijn mond bloedde en zijn benen en armen waren gebroken. Ik dacht echt dat hij het niet ging halen, en het is te danken aan de fenomenale artsen in het ziekenhuis in Oslo dat hij het kan navertellen.

Eenmaal op de plaats van bestemming krijg je te maken met een heel nieuwe dimensie aan gevaren die je het gevoel geven dat ze het op je gemunt hebben. Zo is er van alles waardoor je geprikt of gebeten kunt worden, variërend van planten, bladeren, insecten en kleinere diertjes tot het grotere werk: wilde dieren die je te grazen willen nemen als je per ongeluk te dichtbij komt. Ik heb al menigmaal moeten sprinten om niet aangevallen te worden door valse honden, geïrriteerde kangoeroes, een zwerm wespen of een boze neushoorn. Soms belandde ik om een andere reden op de afdeling Spoedeisende Hulp, zoals die keer in Ierland, toen ik door de giek van een zeilboot overboord werd geslagen en knock-out met een zware hersenschudding moest worden afgevoerd. In Sardinië stond ik te wachten tot de cameraman zijn shot had gemaakt en zette ik per ongeluk een verkeerde stap, waardoor ik de steile heuvel af rolde, zo een vuilnisbelt in. Daar klapte ik met mijn hoofd op een oud fornuis, met als resultaat een gapende wond boven op mijn schedel. (En ik kon maar ternauwernood voorkomen dat de verpleegkundige op de Spoedeisende Hulp met een tondeuse een grote baan haar recht over mijn hoofd ging afscheren.) Of die keer in Wyoming, in Amerika, waar mijn hand in het gips moest nadat ik mijn vingers per ongeluk tussen de deur van de huurauto kreeg bij het dichtslaan van het portier. (Nooit geweten dat je vingertoppen zo ongeveer de gevoeligste onderdelen van je lichaam zijn.) En een keer in Genève werd ik opeens vreselijk benauwd, waardoor ik de hele nacht in observatie moest worden gehouden in het ziekenhuis omdat ze dachten dat ik misschien een longembolie had. Ook in Saoedi-Arabië ben ik een keer op de Spoedeisende Hulp beland nadat ik na het eten van een salade met vis opeens vervaarlijk opzwol door een allergische reactie en mijn keel bijna dicht kwam te zitten. In Noord-Korea moest ik overhaast een noodtandarts bezoeken omdat ik een zware wortelkanaalontsteking had gekregen. Blinde paniek bij de overheid natuurlijk, omdat ik van het officiële reisschema moest afwijken, maar ik kon niet meer zitten of staan van de pijn dus er was geen andere optie.

Door schade en schande ben ik ondertussen helemaal doordrongen van het feit dat een goede voorbereiding cruciaal is. Naast de medische zaken zoek ik ook altijd uit waar de ambassade zit en heb ik natuurlijk een doorlopende reisverzekering, want die is beslist nodig als je op reis gaat. Je bent met je Nederlandse zorgverzekering in het buitenland wel verzekerd van zorg, alleen zijn lang niet alle kosten gedekt. Zo valt repatriëring meestal niet onder de dekking en is er ook een limiet voor de duur van je reis. Als je langer dan een jaar op reis gaat, is je gewone zorgverzekering vaak niet langer geldig. Sluit dan dus een goede aanvullende reisverzekering af, liefst een doorlopende, zodat je het hele jaar aanspraak kunt maken op goede zorg. Voor het programma *How to stay alive* (toen nog voor RTL), over risico's die je als reiziger loopt, maakten we een item op Bali over mensen die zo'n verzekering waren vergeten af te sluiten of bewust niet hadden genomen. Die besparing van een paar tientjes kostte ze uiteindelijk ongelofelijk veel geld, want in plaats van naar een goede privékliniek te kunnen, waren ze aangewezen op een plaatselijk ziekenhuis waar de patiënten half in de buitenlucht lagen, de katten onder het bed door liepen en ze zelf hun eten en medicijnen moesten verzorgen. Ik herinner me de Nederlander nog goed die daar na een scooterongeluk compleet in de kreukels in een gammel bed lag en maar bleef herhalen hoe ongelofelijk stom hij was geweest om die extra verzekering niet af te sluiten, omdat hij het 'te duur' vond voor die drie maanden dat hij daar was.

Vergeet ook niet om je verzekeringspapieren (en een creditcard met voldoende limiet) mee te nemen op reis, anders word je op veel plekken buiten Europa niet geholpen omdat ze vrezen dat de rekening niet betaald wordt. Neem ze mee op papier en op je telefoon (of beter nog: in de cloud, want je telefoon kun je ook kwijtraken). Mocht je toch in de problemen komen qua gezondheid, door ziekte of een ongeval, neem dan contact op met Nederland Wereldwijd van de Rijksoverheid, via nederlandwereldwijd.nl. Die kunnen je in heel veel gevallen goed helpen met allerhande vragen en adviezen.

De grootste uitdagingen op reis blijven toch wel de fysieke aandoeningen waar je tegenaan kunt lopen. Volgens de statistieken heeft de gemiddelde reiziger vooral last van reizigersdiarree, luchtweginfecties, blaasontsteking, buiktyfus en hepatitis A. Verderop in de top tien staan hepatitis B, cholera, malaria, knokkelkoorts en chikungunya (een virus dat overgedragen wordt door muggen en dat lijkt op malaria maar moeilijker te behandelen is). Als je schrikt van dit lijstje, hoef je niet meteen thuis te blijven, zolang je je maar goed voorbereidt. Voor vertrek check ik altijd online welke ziekten in een gebied te verwachten zijn, waar de goede ziekenhuizen te vinden zijn, zorg ik ervoor dat ik ingeënt ben (check daarvoor de reizigerswebsite van de GGD) en ter plekke bescherm ik me altijd zo veel mogelijk (denk aan: insectenspray, een klamboe, de juiste kleding).

Toch heeft het niet kunnen voorkomen dat ik me de afgelopen vijfentwintig jaar regelmatig flink beroerd heb gevoeld. De ziekte van Lyme heb ik vermoedelijk meegenomen uit Spanje; in de bossen rond Washington nam een nare plant me te grazen zodat ik wekenlang rondliep met een compleet rode buik en rug; bilharzia (een wormenziekte) liep ik op in een klein riviertje in Colombia; dengue na een tweedaags verblijf in Bali; en hondsdolheid na een beet van een valse hond in Cambodja. Maar het ging het ergst mis op een plek waar ik het totaal niet had verwacht: een klein eilandje voor de kust van Stockholm. Met twee vrienden was ik een weekend gaan kamperen op een idyllische plek en we waren de hele nacht opgebleven omdat het een prachtige warme nacht was; zonde om te gaan slapen, zeker omdat het eindeloos lang licht bleef. Twee dagen later vertrok ik voor een reis van twee weken naar Iran, waar ik een lange trektocht zou gaan maken. Daar had ik enorm naar uitgekeken. De eerste nacht in Teheran voelde ik me al niet goed, maar we reisden toch door naar een kleiner dorpje in het oosten. Daar lag ik vier dagen ijlend van de koorts op bed, in de veronderstelling dat ik een flinke griep te pakken had. Pas toen ik op dag vijf niet opknapte maar ineens moest overgeven, wist ik dat het foute boel was. Ik belde met dokter Van Genderen, werkzaam bij de Travel Clinic in Rotterdam, en die was heel beslist: nú naar huis komen. Twee dagen later werd ik opgenomen in het Havenziekenhuis in Rotterdam, waar in eerste instantie niets gevonden werd en ik na een week weer naar huis kon. Maar eenmaal thuis ging het opeens weer helemaal de verkeerde kant op: mijn benen bleken niet meer goed te werken toen ik 's nachts uit bed wilde. Met spoed werd ik weer opgenomen in het ziekenhuis, en na een ruggenmergpunctie werd eindelijk duidelijk wat er aan de hand was: ik bleek tekenencefalitis te hebben, een hersenvliesontsteking veroorzaakt door een tekenbeet die ik uitgerekend in Zweden had opgelopen. Destijds had ik die beet wel gezien, maar ik had me geen moment bedacht dat ik daar zo ziek van zou kunnen worden. Ik wist ook niet dat één simpele vaccinatie, waarvan je twee keer een dosis krijgt, je kan beschermen tegen deze ziekte. En omdat ik de tekenbeet in het ziekenhuis was vergeten te vermelden, duurde het zo lang voordat de diagnose er was.

Twee weken heb ik doodziek en diepongelukkig in het ziekenhuisbed gelegen. Het ergste was dat ik bijna niet meer kon lopen en alleen met behulp van een rollator in staat was om naar het toilet te gaan. Nachtenlang kwamen alle doemscenario's voorbij, en bij de gedachte dat ik niet goed zou herstellen en niet meer zou kunnen reizen raakte ik compleet in paniek. De geweldige artsen en verpleegkundigen hebben me er letterlijk en figuurlijk doorheen getrokken, en het was onbetaalbaar dat mijn familie en hechte vrienden bij me op de kamer mochten slapen om me op te beuren en moed in te praten. Toen ik hersteld was en drie maanden later op eigen benen weer de vertrekhal van Schiphol in stapte, was ik intens blij. Ik realiseerde me heel goed dat reizen een risicofactor is en blijft, maar dat het niet opweegt tegen al het moois dat het brengt.

Hoe goed verzekerd en voorbereid je ook bent voor je trip, er kan natuurlijk altijd iets onverwachts gebeuren. Laat je daar vooral niet door ontmoedigen, want als ik me bedenk hoe ontzettend veel reizen ik gemaakt heb naar de meest uiteenlopende plekken op deze aardbol, moet ik concluderen dat het ontzettend vaak allemaal wél goed gaat. En hoe jammer het is om jezelf al die avonturen te ontzeggen omdat je bang bent voor wat er zou kúnnen gebeuren.

De moeder van Rose Clark, die we interviewden op de Cookeilanden in de Stille Oceaan, is een voorbeeld van hoeveel je kunt missen als je je laat leiden door angst. Rose, een ongelofelijk leuke en sterke vrouw, was al haar hele leven gefascineerd door het kleine Palmerston Island, waar haar vader in de jaren vijftig gestrand was met zijn zeilbootje. Meer dan een jaar zat hij vast op het kleine paradijselijke atol, terwijl de locals hem hielpen zijn boot te repareren. Na dat jaar had hij vrienden voor het leven gemaakt, en met een zwaar gemoed nam hij afscheid van de betoverende plek, met de belofte dat hij terug zou komen. Maar zijn leven nam een andere wending: meer dan dertig jaar diende hij bij de marine en al die tijd lukte het niet om terug te gaan naar het eiland waar hij zulke bijzondere herinneringen aan koesterde. Al die tijd was hij ongetrouwd gebleven en pas na zijn pensionering besloot hij op zoek te gaan naar een vrouw. Wonderwel lukte dat, en zijn oog was gevallen op een meer dan dertig jaar jongere vrouw. Ze trouwden en hij werd op zijn eenenzeventigste (!) alsnog vader van Rose, en twee jaar later van haar zusje. Toen hij ruim twintig jaar later uiteindelijk overleed, besloot Rose alsnog zijn grote onvervulde wens te laten uitkomen. Ze begroef zijn as in een graf op het piepkleine Palmerston, in het bijzijn van het hele eiland, inclusief enkele mensen die hem gekend hadden. De moeder van Rose had al die jaren naar de verhalen van haar echtgenoot geluisterd en ze wilde niets liever dan Palmerston ook bezoeken en bij de begrafenis van haar man zijn. Maar ondanks die langgekoesterde wens was er één ding dat haar tegenhield: het feit dat daar geen goede medische zorg zou zijn, alleen een kleine medische post met een verpleegster die basiszorg kon verlenen. Het idee dat ze niet naar een ziekenhuis zou kunnen mocht er iets ernstigs aan de hand zijn, werkte zo verlammend dat ze zich er niet toe kon zetten om de lange reis te maken.

Rose had na de begrafenis een baan aangeboden gekregen als lerares, zo blij waren ze met haar komst, en ze zou uiteindelijk jarenlang op Palmerston blijven wonen. En in al die jaren kon haar moeder zich er niet toe zetten erheen te reizen, zelfs nu haar dochter daar haar draai had gevonden. Haar angst was te groot.

Ik vind het jammer dat angst mensen er vaak van weerhoudt om hun dromen waar te maken. Natuurlijk heb je veel minder kans op overleven als je ergens op een afgelegen eiland hartproblemen krijgt. Of een blindedarmontsteking als je net op een schip richting Antarctica vaart. Of een auto-ongeluk in een dorpje in de bergen van Kirgistan. Maar die risico's moet je wel reëel blijven zien, zeker als je voor vertrek voor zover bekend geen onderliggende ziekten of aandoeningen hebt. Uiteraard loop je als je ouder bent een groter risico, zoals de moeder van Rose zich ook realiseerde, maar een ziekenhuis in de buurt biedt geen garantie om gezond te blijven. Ik ben op reis zo ontzettend vaak optimistisch ingestelde zeventigplussers tegengekomen die liever het risico namen en alles uit het leven haalden dan veilig thuis te blijven en niet datgene te doen wat ze zo veel levensvreugde gaf, ook op hoge leeftijd. Vergeet niet dat juist dat aspect ook ongelofelijk gezond is voor lichaam en geest: nieuwe paden bewandelen, nieuwe mensen leren kennen en gelukshormonen aanmaken bij het zien van zo veel mooie natuur.

Dat wil niet zeggen dat ik dat gevoel van angst niet ken. Onderweg raakte ik best vaak in paniek als ik dacht dat er iets met me aan de hand was. Ik heb vaak zwetend in mijn bed gelegen als ik het idee had dat mijn hart te snel sloeg, als ik opeens moest overgeven, als er een ondragelijke hoofdpijn opstak, als ik opeens hoge koorts kreeg of zomaar heel duizelig werd. Ontelbare nachten heb ik zo wakker gelegen en mezelf toegesproken gewoon rustig te blijven, waarbij ik het mantra herhaalde dat het allemaal goed ging komen. En zeker als ik weer op reis ging nadat ik ernstig ziek was geweest, was er altijd een stemmetje in mijn hoofd dat zich afvroeg waar ik in godsnaam aan begon. Een stemmetje dat ik altijd weer stil kreeg door mezelf eraan te herinneren dat ik op weg was naar een nieuw avontuur, waar ik weer heel veel van zou leren, van zou genieten en waar ik andere mensen hopelijk wat van mee kon geven. Door mezelf dat de hele tijd voor te houden, kon ik die koude hand om mijn hart keer op keer weer weg krijgen. Niet de zekerheid hebben dat ik bij een medisch noodgeval geholpen kon worden, was nou eenmaal de prijs die ik betaalde voor het leven dat ik zo graag wilde leiden. Het hielp natuurlijk niet dat het soms écht niet goed zat, zoals de ellende in Iran na die tekenbeet in Zweden, maar als ik merkte dat ik te veel aan dit soort dingen bleef denken, focuste ik weer op het feit dat ik toen ook in staat was om goed naar mijn lijf te luisteren en op het goede moment hulp had ingeroepen.

 Een bijkomend effect van vaak ziek zijn op reis, is dat ik mijn lichaam heel goed heb leren kennen en altijd heel alert ben op afwijkende zaken. Goed naar mijn lijf luisteren en voelen wanneer er iets niet in de haak is, is ondertussen mijn tweede natuur geworden.

Dat is iets wat iedereen kan onthouden: let erop als dingen afwijken van het normale. Vijf dagen ziek zijn en dan opeens gaan overgeven, is een teken dat er iets niet in orde is. Langer dan drie dagen koorts zonder de 'normale' griepsymptomen is nog zo'n teken waar je alert op moet zijn. Die alertheid heeft mij in al die jaren weten te behoeden voor een hoop ellende. Niet alleen mezelf, maar ook mijn medereizigers trouwens.

Ik zal niet snel het kleine eiland voor de kust van Sumatra vergeten, waar ik samen met mijn cameraman R. arriveerde, op weg naar een Nederlandse vrouw die daar aan een afgelegen strand in een duikresort werkte. R. was al jaren diabetespatiënt en droeg een pompje op zijn buik dat regelmatig een kleine dosis insuline gaf. Normaal gesproken kon hij op die manier prima reizen, maar toen we na een tocht per vliegtuig en schip na drie dagen eindelijk op het eilandje arriveerden, bleek hij de volgende ochtend ziek te zijn. Uitgeteld lag hij op zijn bed en toen ik hem vroeg of hij een idee had wat er aan de hand kon zijn, antwoordde hij dat het vermoedelijk een voedselvergiftiging was, omdat hij misselijk was en zich enorm zwak voelde. In eerste instantie stelde me dat gerust, maar hij was wel erg bleek en praatte ook niet helemaal samenhangend. Nadat ik een tijdje naast hem had gezeten, kreeg ik toch het onderbuikgevoel dat er iets niet in orde was. De keren dat ik zelf een voedselvergiftiging had gehad, was ik echt niet zo warrig. In een opwelling besloot ik de alarmcentrale in Nederland te bellen, omdat ik wist dat hij als diabetespatiënt meer risico liep dan een gemiddelde reiziger. Ik kreeg een vriendelijke arts aan de lijn die me vroeg zijn symptomen te beschrijven. 'Ruik eens aan zijn adem,' zei hij vervolgens. Ik vond het een vreemde vraag, maar deed wat hij me opgedragen had. R. was ondertussen steeds suffer geworden en ik kon hem met moeite zo ver krijgen stevig in mijn gezicht te ademen. 'Ruik je iets wat op aceton lijkt?' vroeg de arts.

Geen twijfel mogelijk: zijn adem rook inderdaad naar aceton. 'Wanneer heeft hij voor het laatst insuline gekregen?' vroeg de arts. R. was te suf om te antwoorden en wees alleen maar naar zijn buik. Ik tilde zijn shirt op en bekeek het pompje, dat met een grote pleister zou moeten vastzitten. Wat bleek: de pleister had losgelaten en het pompje was niet meer verbonden met zijn lichaam. Snel beschreef ik aan de arts wat ik zag. Die was resoluut: 'Hij moet zo snel mogelijk naar een ziekenhuis. Door het gebrek aan insuline kan hij geen suikers meer uit z'n bloed halen. Zijn lichaam is vet gaan verbranden, dat zorgt voor ontregeling en die rare acetongeur. Omdat dit al te lang bezig is, is alleen insuline spuiten niet genoeg, hij moet een infuus krijgen met medicijnen om de zuurgraad van zijn bloed te corrigeren. We gaan nu bellen om te zien waar hij terechtkan.'

Ik voelde een lichte paniek bij me opkomen, omdat ik wist dat dit een heel klein eiland was met waarschijnlijk alleen maar een heel kleine medische post. Hoe gingen we dit oplossen? Er mocht R. echt niets overkomen; ik moest meteen denken aan zijn twee jonge kinderen met wie hij de dag ervoor nog gefacetimed had. Even later gaf de arts me het adres door van inderdaad een kleine medische post op een half uurtje rijden.

Ik duwde R. in een taxi en ging naast hem zitten. Onderweg was er haast geen gesprek mogelijk, omdat hij steeds meer wegzakte. Eenmaal aangekomen bij het kleine witte gebouwtje kon ik hem nog maar met moeite op een brancard krijgen. Het duurde eindeloos, maar uiteindelijk verscheen er een verpleegkundige, die helaas geen Engels sprak. Met handen en voeten en hulp van Google Translate kon ik ongeveer uitleggen wat er aan de hand was. Even later verdween ze – weer duurde het eindeloos – en kwam terug met een zak infuusvloeistof die ze aansloot op een haastig aangelegde naald in zijn arm. Maar op een of andere manier vertrouwde ik het nog steeds niet helemaal, wederom door dat onderbuikgevoel waar ik naar luisterde. Ik had de naam opgeschreven van het medicijn dat hij volgens de arts nodig had, en toen de vloeistof langzaam in zijn lijf druppelde, checkte ik weer met hulp van Google Translate wat er precies toegediend werd. Meteen zag ik dat het niet klopte: hij had slechts een zoutoplossing gekregen, in plaats van het benodigde medicijn. Ik ging meteen op zoek naar de verpleegster om nogmaals een poging te doen uit te leggen wat hij wél nodig had. Godzijdank bleken ze dat middel wel op voorraad te hebben, en niet veel later druppelde de juiste vloeistof zijn lichaam in.

Al na vijf minuten zag ik de kleur in zijn gezicht terugkeren en langzaam werd hij helderder van geest. Na een klein half uur zat hij rechtop en nog een half uur later zaten we alweer in de taxi. Twee dagen later was hij opgeknapt en op krachten gekomen en vertrokken we naar onze hoofdpersoon om alsnog een prachtig verhaal te maken. Maar veel belangrijker: R. kon na tien dagen gewoon weer naar zijn gezin in Nederland vliegen. Zelden ben ik zo blij geweest dat ik naar mijn onderbuikgevoel heb geluisterd als toen.

Hoe vaak weet je onbewust eigenlijk al of iets goed voor je is of niet? En hoe vaak luister je er daadwerkelijk naar? Ik vind in contact staan met je 'onderbuikgevoel' een kunst die we in het Westen veel meer zouden moeten herwaarderen. Je onderbuikgevoel is eigenlijk je intuïtie. Het vertelt je onbewust welke beslissing je moet nemen, waarbij je vaak eerder een 'gevoel' over een situatie hebt, in plaats van een 'gedachte'. Psycholoog Joseph Mikels zegt op maxvandaag.nl[*] dat je voor complexe besluiten die snel gemaakt moeten worden beter

---

[*] www.maxvandaag.nl/sessies/themas/gezondheid-sport/het-onderbuikgevoel-is-dat-te-vertrouwen-bij-het-nemen-van-beslissingen/

kunt afgaan op je gevoel en voor simpelere dingen beter je ratio kunt gebruiken. Het onderbewustzijn kan heel veel complexe factoren tegelijk aan, iets wat het rationele denkvermogen een stuk minder goed kan. En op dat onderbuikgevoel vertrouwen als je op reis bent en je soms razendsnel een beslissing moet nemen, kan dus wel degelijk heel goed voor jezelf en je lijf zijn.

Als ik terugkijk op de afgelopen vijfentwintig jaar waarin ik over de wereld heb gereisd, is voor mij de combinatie cruciaal van enerzijds een goede voorbereiding en anderzijds altijd blijven luisteren naar mijn onderbuikgevoel en alert zijn op afwijkende signalen. Een mix dus tussen ratio en gevoel. En misschien wel tussen de westerse manier van denken en de meer 'wereldse' manier.

Ik zal altijd blijven vertrouwen op de westerse medische kennis en dat anderen ook altijd aanraden, maar ik vind het fascinerend dat er nog zo veel andere manieren zijn om naar je gezondheid te kijken. Al mijn hele leven heb ik zelf een homeopathische huisarts, en die denkwijze sluit heel goed aan bij hoe ik het zie: de basis is altijd goede westerse medische zorg, maar wel met oog voor de natuurlijke geneeskracht. Niet zomaar meteen een medicijn voorschrijven, maar ook verder kijken en zien wat de alternatieven zijn om je er weer bovenop te helpen.

Ik heb talloze mensen ontmoet die op een veel traditionelere manier tegen onze gezondheid en ons geestelijk welzijn aankijken, die teruggrijpen op oeroude kennis die wij al lang verloren zijn. Van de medicijnmannen in de jungle van Kalimantan tot de natuurgenezers in Ecuador, van de dorpshoofden in Burkina Faso tot de Inuit-dokters in Groenland: zij hebben een kijk op gezondheid die gebaseerd is op de kennis die is overgedragen door hun voorouders, en kunnen zaken zien en voelen die wij verloren zijn. Volgens mij is het belangrijk dat we ons blijven openstellen voor die eeuwenoude kennis en die niet meteen afdoen als 'kwakzalverij'. In het Westen ligt de focus zo sterk op alles wat tot stand is gekomen dankzij de wetenschap dat we soms dingen die zo natuurlijk en logisch zijn niet meer zien.

Veel 'traditionele' genezers beschikken ook nog over de oeroude kennis van de kracht van medicinale planten die je overal in de natuur kunt vinden; kennis die wij al lang niet meer bezitten. Wie denkt er nu nog aan om op zoek te gaan naar planten als je ergens last van hebt? En toch kun je soms voor kleine kwaaltjes prima in de natuur terecht, ook op reis. Zo weet ik nog goed dat ik in Australië met een vriend ging snorkelen bij de Great Barrier Reef. Een prachtige dag, maar hij vergat zich goed in te smeren waardoor hij zijn benen totaal verbrandde. De redding kwam van een groot aloë-verablad uit de tuin van het hostel waar we sliepen: achtenveertig uur lang smeerde hij de doorzichtige gel uit de plant op zijn benen. Het verlichtte de pijn enorm en hij knapte een stuk sneller op dan we gedacht hadden. Maar ook in Nederland vind je planten die je kunnen helpen (sneller) te genezen, zoals daslook, brandnetel, duizendblad, weegbree en goudsbloem. Als kind kreeg ik als ik griep had altijd kamillethee van mijn moeder, of een ouderwetse 'grog' met salie, tijm en honing die wonderen deed voor mijn keel.

Tijdens mijn reizen heb ik heel veel 'wijze uilen' met eeuwenoude kennis mogen ontmoeten en die zal ik niet snel vergeten. De oude sjamanka (vrouwelijke sjamaan) in een tipi in de ruige taiga van Mongolië bijvoorbeeld, die stilzwijgend op haar matje zat te luisteren naar de mensen van de rendiergemeenschap waar ze deel van uitmaakte, die bij haar kwamen voor advies en raad over allerhande gezondheidsklachten.

Of de sjamaan die ik in Siberië ontmoette, in een kleine Inuitgemeenschap waar hij de belangrijkste persoon was omdat hij niet alleen advies gaf, maar ook als een soort priester rituelen in de natuur uitvoerde om de goden gunstig te stemmen.

De betekenis van het woord 'sjamaan' is 'hij die weet'. Van oudsher zijn dat mensen die binnen een samenleving niet alleen anderen genezen, maar ook raadgever, priester en bemiddelaar zijn. Ook in Europa hadden we ooit sjamanen, al noemden we die toen meestal heksen en druïden. Door vervolging, ingegeven door de Kerk, verdwenen de meesten en ging er oneindig veel kennis verloren. En meer recent ook in Rusland, waar onder het communisme het sjamanisme verboden werd omdat het als gevaarlijk gezien werd dat mensen op krachten uit de natuur vertrouwden in plaats van op het staatsapparaat.

Door de enorme opkomst van de spiritualiteit in Europa komt er nu wel steeds meer aandacht voor sjamanen. Daarbij draait alles om de kennis die de mensheid al duizenden jaren heeft en die nog steeds heel waardevol kan zijn. Maar voor veel mensen is alles wat met sjamanen te maken heeft nog steeds heel moeilijk te accepteren. Gelukkig lopen er ook ontzettend veel mensen op deze aarde rond die écht over bijzondere kennis en gaven beschikken. Mensen die dingen kunnen die wij niet meteen kunnen verklaren, maar die wel degelijk van grote waarde zijn.

Het mooiste voorbeeld daarvan is een ontmoeting die ik had op het kleine Filipijnse eilandje Siquijor, gelegen in het zuiden van de Filipijnse archipel, dat bekendstaat als een mystieke plek waar veel sjamanen en genezers wonen. Van oudsher komen er Filipino's van heinde en ver naartoe, op zoek naar wijsheid, genezing, antwoorden op levensvragen of zelfs om een vloek over iemand uit te roepen. Door de locals wordt het ook wel Esla del Fuego genoemd, Vuureiland, omdat er magische vuurvliegjes rondzwermen die volgens de bewoners magie verspreiden. Een andere bijnaam is Siquihorror, vanwege de zwarte en witte magie die hier al eeuwen bedreven wordt.

Ik arriveerde met mijn cameraman en producer op het eiland, na een rondreis van een week langs verschillende Filipijnse eilanden. Al tijden was ik geïntrigeerd door alle verhalen die ik erover gelezen had. Dolgraag wilde ik een afspraak maken met een *mananambal*, een spirituele genezeres die 'witte magie' beheerst, die mensen kan genezen van ziekten die op natuurlijke wijze of door voodoo zijn ontstaan. Het leek me fascinerend om zelf te ervaren wat deze vrouw mij kon vertellen over mijn eigen gezondheid; daar was ik wel nieuwsgierig naar omdat ik al jarenlang zo'n intens en onregelmatig leven leidde. Ook de cameraman en de producer waren heel nieuwsgierig en wilden een 'consult', maar we zouden alleen bij dat van mij opnamen maken voor ons programma.

Een lokale gids raadde ons een zogenoemde *bolo healer* aan, een vrouw die in de wijde omgeving bekendstond om haar bijzondere krachten. Het bleek niet moeilijk te zijn haar te vinden: iedereen kende haar. Eenmaal op locatie zag het er heel anders uit dan ik me had voorgesteld: in plaats van een rustige praktijk aan huis werd ik naar een schreeuwerige karaokebar verwezen, waar de bezoekers om tien uur 's ochtends al luidkeels aan het meezingen waren met Filipijnse hits die door een gammele speaker klonken.

Aan de bar vroegen we of de vrouw hier inderdaad een praktijk had en de barman wees naar achteren. Via een lange gang en een steile trap kwamen we uit bij een klein balkonnetje, waar meerdere mensen geduldig zaten te wachten op rieten stoeltjes. Niet veel later konden we naar binnen. Een tengere en kleine oude dame, gewikkeld in een gele doek, zat zwijgend op een rieten mat in de hoek van de kleine kamer en leek in gedachten verzonken te zijn.

Nadat onze tolk haar verteld had waarvoor we gekomen waren, keek ze ons even aan en richtte haar blik weer op de grond. Na even nagedacht te hebben, antwoordde ze dat ze wel met ons aan de slag wilde, en ze vouwde een doek open die voor haar lag. Er zat een groot drinkglas in, een *bagacay* (een houten drinkrietje) en een zwarte steen. Uit een plastic fles goot ze water in het glas, waarna ze de steen in het water liet vallen en er vervolgens het rietje in stak om langzaam bubbels te blazen in het heldere water.

De tolk vertelde dat ze hierna met het glas langs ons lichaam zou bewegen; zo kon ze precies zien hoe het met onze gezondheid gesteld was. Als de vloeistof helder bleef terwijl ze het glas op en neer bewoog, was onze gezondheid helemaal in orde, maar als de vloeistof troebel zou worden, wist ze dat er iets met ons aan de hand was.

Als eerste ging de producer op de behandeltafel liggen en langzaam bewoog ze het glas langs zijn lichaam. Niet veel later hield ze het water tegen het licht: de vloeistof was nog helemaal helder. Daarna was de cameraman aan de beurt; wederom was er niets bijzonders te zien. Vervolgens mocht ik op het kleine bed in de hoek van de kamer gaan liggen. Nadat ze met het glas langs mijn benen was gegaan en er niets was veranderd, kwam ze bij mijn buik aan. Ik herinner me nog scherp dat ik naar haar gezicht keek en haar blik zag veranderen. Ik keek naar het glas en tot mijn grote schrik kleurde de vloeistof langzaam troebel, ik zag hem langzaam zwart worden. Mijn hart sloeg over.

Ze zette het glas weg en mompelde een paar onverstaanbare woorden. 'Je moet naar je buik laten kijken,' vertaalde de tolk. De vrouw had ondertussen haar plek in de hoek van de kamer weer ingenomen en leek in gedachten verzonken te zijn. Veel meer was er niet te zeggen. Ik bedankte haar met een bonzend hart en keek nog even naar haar. Opeens keek ze me aan met zo veel compassie dat ik er bijna tranen van in mijn ogen kreeg. Hoewel ik haar niet kon verstaan, voelde ik toch een bijzondere connectie met haar en ik wist dat ik haar woorden serieus moest nemen.

Terug in Nederland ging het leven gewoon op volle kracht door en langzaam verdwenen de waarschuwende woorden van de vrouw naar de achtergrond. Maar zonder dat ik er erg in had, begon ik me in de maanden erna langzamerhand steeds slechter te voelen en ik merkte dat mijn energie volledig aan het verdwijnen was. Ook had ik last van mijn onderrug en buik, en was ik voortdurend moe. Ik sleepte mezelf elke dag mijn bed uit en dronk dan drie espresso's om enigszins te kunnen functioneren. Het bizarre is dat ik dit gevoel geen moment koppelde aan mijn bezoek aan de vrouw op Siquijor; ik dacht dat ik door het jarenlange reizen gewoon zwaar oververmoeid was geraakt.

Een vriend gaf me het advies eens naar een burn-outcoach te gaan en niet veel later kon ik daar al terecht. Ik had een flinke burn-out te pakken volgens deze dame en zes weken lang ging ik braaf bij haar langs voor allerhande therapieën. Maar daarna was er geen enkele verandering te bemerken en ging ik me alleen maar slechter voelen.

Na weken aanmodderen lag ik een keer 's nachts wakker door de zorgen die door mijn hoofd spookten. Pas na uren kon ik de slaap vatten en midden in de nacht werd ik opeens weer wakker met een droom haarscherp op mijn netvlies: ik was weer in de Filipijnen en zat in een hoek van de kamer te luisteren naar de vrouw met haar waterpijp. Het leek alsof er een lampje in mijn hoofd ging branden. Want waarom zou ik me niet eens écht medisch laten checken? Misschien was er toch wel meer aan de hand dan de burn-out die ik al die tijd dacht te hebben. Waarom had ik überhaupt niet veel beter naar mijn gevoel geluisterd?

Niet veel later werd ik volledig doorgelicht en al snel kwam de diagnose: mijn linkernier bleek volledig te zijn geblokkeerd door een aandoening die al langer in mijn buik huishield, en die er inmiddels voor had gezorgd dat mijn halve nier niet meer functioneerde.

Negen uur hadden ze nodig om me te opereren en de rest van mijn nier te redden. Na een serie complicaties, waaronder een zware nierbekkenontsteking en een beschadigde blaas, mocht ik na drie weken eindelijk naar huis. Ik was geradbraakt, maar intens blij dat ik nu eindelijk wist wat er mis was gegaan in mijn lijf en ik langzaam aan mijn herstel kon gaan werken.

Het blijft wonderbaarlijk dat ik niet veel beter naar mezelf geluisterd heb, dat ik niet in staat was om naar mijn intuïtie te luisteren en te voelen dat er wel degelijk iets mis was. En dat ik er een oude Filipijnse vrouw met een waterpijp voor nodig had om me wakker te schudden…

6 KIJK HET BEEST RECHT IN HET GEZICHT

Aan leuke dingen denken. Aan leuke dingen denken. Zo probeerde ik mijn angst te bezweren in de donkere schuilkelder op de compound van het Internationale Comité van het Rode Kruis in Sanaa, in Jemen. Buiten werd aanhoudend geschoten en klonken heftige explosies. Dichtbij. Heel dichtbij.

Natuurlijk wist ik vooraf dat een bezoek aan Jemen, waar op dat moment al drie jaar een burgeroorlog woedde, niet zonder risico's was. Het had niet voor niets een jaar geduurd voordat ik een visum kreeg. Tot het laatste moment was het onzeker of onze vlucht vanuit Djibouti naar Jemen wel toestemming zou krijgen om te vertrekken. Maar dat was nou juist de reden dat ik er, als ambassadeur voor het Nederlandse Rode Kruis, naartoe wilde: om aandacht te vragen voor de humanitaire ramp die zich daar aan het voltrekken was, waar maar mondjesmaat iets over naar buiten kwam. Met een speciale uitzending van *Floortje naar het einde van de wereld* zou dit verhaal misschien wel 1,5 miljoen mensen kunnen bereiken. Dus luisterde ik naar de grote zorgen van mijn vrienden, familie en mijn werkgever BNNVARA, die het ronduit 'een slecht plan' noemden, maar ik besloot tóch te gaan. Vanaf het moment dat ik dit bedacht, was ik ervan overtuigd dat ik moest gaan. Als Rode Kruis-medewerkers daar maanden achter elkaar werken, dan zou ik toch een lafaard zijn als ik er niet vier dagen heen zou durven?

De voorbereidingen waren grondig: er was een heel team samengesteld om de reis op touw te zetten, we kregen veiligheidstrainingen en de situatie ter plekke werd voortdurend gemonitord. Omdat het Rode Kruis de grootste hulporganisatie ter wereld is en veel ervaring heeft met crisissituaties, en omdat de veiligheid van de mensen ter plekke altijd de eerste prioriteit is, kon ik het voor mezelf verantwoorden dat ik ging. Onder luid protest van heel wat vrienden. Mijn ouders had ik niets verteld; ik had ze het idee gegeven dat ik naar Djibouti zou gaan voor een aflevering van *Floortje naar het einde van de wereld*, zonder te vermelden dat ik daarvandaan door zou vliegen naar een van de grootste brandhaarden ter wereld.

Ik was me er al die tijd van bewust dat je niet alle risico's kunt wegnemen. En toch was ik verrast dat het ter plekke opeens misging. Ondanks het feit dat de situatie bij ons vertrek nog heel rustig was, escaleerden de gevechten in de stad heel snel op het moment dat wij er net waren. Toen we op de eerste dag in het oude centrum op het dak van een hoog hotel aan het filmen waren, wees een van de medewerkers van het Rode Kruis ons al op rookpluimen die in de verte bij de grote moskee opstegen. Er waren gevechten uitgebroken tussen de rivaliserende partijen. Dat leek voor ons geen direct gevaar op te leveren, maar binnen anderhalve dag sloeg de situatie opeens dramatisch om: precies in de wijk waar wij in de compound van het Rode Kruis zaten, bleek een belangrijke figuur van een van de partijen te wonen. Hierdoor braken in de straten rondom ons zware gevechten uit, waarbij niet alleen van man tot man gevochten werd, maar ook mortieren werden afgevuurd en zware tanks door de straten reden.

Vlak voor het geweld losbarstte lag ik 's nachts te slapen toen ik gewekt werd door het geluid van harde, droge schoten op straat. Meteen daarna werd er op mijn deur geklopt door Jurriaan van het Nederlandse Rode Kruis, met de mededeling dat we onmiddellijk naar de schuilkelders moesten. Ik kleedde me razendsnel aan, griste mijn laptop, telefoon, opladers en rugzak bij elkaar en holde de trap af. Bang was ik zeker niet, het voelde eerder als een soort vreemde adrenalinekick die door mijn lichaam joeg.

De kelder zelf was aardig groot, met grijze betonnen muren en langs de wand oosterse banken die bekleed waren met kleurrijke kleden. Niet veel later had ik mezelf geïnstalleerd op een van deze banken en trok ik de deken die ik meegenomen had over mijn knieën. En toen begon het grote wachten. En luisteren.

Voor mij waren de geluiden die tot in de kelder doordrongen allemaal nieuw. Ze bleken helemaal niet te lijken op de oorlogsgeluiden die je uit films kent. Het is namelijk veel intenser: als een tank een projectiel afvuurt, hoor je een bulderend geluid dat nergens mee te vergelijken is en je voelt het tot diep in je botten.

Die eerste dag in de kelder stak de eerste angst de kop op, maar nog wel in een heel lichte vorm die ik goed de baas kon blijven. Het was een in mijn achterhoofd zeurende lichte angst, die me het gevoel gaf dat ik niet voluit kon ademen, of diep kon slapen. Alsof mijn lichaam voortdurend in een afwachtende houding zat, klaar om op te springen.

Afleiding zoeken hielp. Met vrienden in Nederland appen hielp ook, en dan niet alleen serieuze teksten over onze situatie sturen, maar ook vragen naar alledaagse dingen thuis. En proberen te begrijpen wat er gaande was door de ervaren Rode Kruis-medewerkers in de kelder te ondervragen, die net als ik vastzaten; iedereen was opgedragen hier te blijven zolang er zo zwaar gevochten werd.

Tegenover me zat een Engelse man van midden vijftig met een Rode Kruis-shirt en een grote snor aandachtig te luisteren naar de geluiden buiten. Ik vroeg hem waar hij op lette. 'Ik probeer er aan de hand van het geluid achter te komen of het uitgaande of inkomende projectielen zijn. En volgens mij hebben we geluk, want zijn ze uitgaand. Minder gevaarlijk voor ons, dus.'

Hij zei het op een uiterst ontspannen toon, bijna alsof hij het over een zangvogeltje had waar hij naar luisterde. Daarna vervolgde hij zijn verhaal met allerlei technische specificaties waar ik niets van begreep, maar die wel impliceerden dat hij vaker dit soort aanvallen had meegemaakt. Dat idee maakte me meteen weer rustig. Deze man had wel voor hetere vuren gestaan, dit konden we gewoon aan.

De nachten waren het moeilijkst, want dan gingen mijn gedachten met me aan de haal. Dan bekroop me een ander soort angst: eentje die zich in mijn dromen uitte. Omdat echt slapen niet makkelijk was met het geluid van de zware gevechten, deed ik steeds korte dutjes. Maar zo gauw ik onder zeil was, gingen mijn hersenen als een gek aan de slag om alles te verwerken. De wildste dromen waren het, waarin ik de hele tijd op de vlucht was omdat het gebouw waar ik in zat op instorten stond, de auto waarin ik reed in brand vloog, of het asfalt van de weg waarop ik liep voor mijn ogen uit elkaar scheurde. Als ik dan, nog vermoeider dan dat ik in slaap was gevallen, weer wakker werd, voelde ik de angst nog in mijn lijf. Om ervanaf te zijn, zette ik maar snel een serie aan op mijn laptop (die ik dus gelukkig had meegenomen).

Godzijdank viel de stroom niet uit en bleef het internet werken. Daardoor konden we de hele dag whatsappjes naar huis sturen. 'Het komt goed!' schreef ik steeds. 'We zijn hier snel weg, ik voel het.' Mijn mantra ondertussen. Ik had mijn ouders niet willen bellen, maar we hadden het journaal gehaald, en dus was er geen ontkomen meer aan. Vrolijk belde ik ze op en vuurde mijn mantra op ze af. Geruststellende woorden klonken vanaf de andere kant van de lijn. 'Je bent een zondagskind. Op die dag geboren. Daarom kom je hier goed doorheen!' Ik verwonderde me erover dat mijn ouders in staat bleken hun eigen angsten niet toe te laten, of ze in elk geval niet te laten merken.

Mijn toenmalige wederhelft reageerde heel anders. Ik belde hem terwijl hij in een bouwmarkt stond. 'Kan je straks misschien even terugbellen? Ik sta af te rekenen,' zei hij toen ik hem vertelde dat de beschietingen steeds heviger werden en ik 'm behoorlijk kneep. Ik was verbijsterd; zei hij dit nou echt terwijl ik hem vanuit een schuilkelder in Jemen belde? Hij had blijkbaar besloten zijn angst heel diep in zichzelf te begraven en het zal je niet verrassen dat die relatie niet lang daarna voorbij was.

Op dag twee in de kelder kreeg ik opeens een echte paniekaanval. Net daarvoor had ik met iemand bij de deur van de kelder staan praten, en ik had hem gevraagd hoe het met de bewakers ging met wie ik twee dagen ervoor had staan kletsen. 'Die zijn ook allang de schuilkelder in,' antwoordde hij. 'Ze zijn niet goed genoeg bewapend voor dit soort gevechten, dat is veel te gevaarlijk.' Op dat moment leek het wel alsof ik door de bliksem werd geraakt, want opeens realiseerde ik me dat ik als westerse vrouw in deze kelder eigenlijk vogelvrij was. Iedere willekeurige strijder kon zomaar de deur intrappen, naar beneden stormen en me meenemen. Niemand die daar voor mijn gevoel wat aan kon doen, want het Rode Kruis is altijd ongewapend. Waarom wilde ik deze reis toch zo graag doen? joeg het door mijn hoofd. De angst voelde aan alsof iemand heel langzaam mijn keel probeerde dicht te knijpen, waardoor ik licht in mijn hoofd werd.

Die angst ging langzaam over in een paniekaanval, zo eentje waarbij je echt geen adem meer lijkt te kunnen halen. Het lukte me niet meer om helder na te denken en ik voelde mijn hart als een gek tekeergaan, terwijl het koude zweet me uitbrak. Het enige wat ik kon doen was op de bank gaan liggen en me concentreren op mijn lijf. Langzaam ademde ik in, terwijl ik tot drie telde. Drie tellen de adem vasthouden, en weer langzaam uitademen. Niet denken aan wat er buiten gebeurt, de gedachten klein houden. *Het komt goed. Het komt goed.*

Langzaam zakte mijn hartslag en kon ik weer scherper nadenken. Ik moest praktisch blijven. Uit mijn tas haalde ik een zakmes dat ik naast me neerlegde, samen met een flesje lenzenvloeistof en mijn oplader. Mochten er strijders komen, dan kon ik snel die spullen meegrissen. Om het even te kunnen uitzingen. Maar ook om het gevoel te hebben dat ik met het zakmes altijd nog mijn lot in eigen handen had.

We werden opgeschrikt door een klap die zo mogelijk nog harder was dan alle voorgaande. In één keer was de angst in alle hevigheid terug, maar toen ik om me heen keek en zag dat niemand in de kelder er zichtbaar van onder de indruk was, zakte het weer. Ik dacht na. Deze angst zat zo dicht onder de oppervlakte dat hij bij het minste of geringste opdook. Daar moest iets aan gebeuren, anders zou dit nog een heel lang en vervelend traject gaan worden.

Als ik die angst nou eens ging 'ontleden' om hem te begrijpen. Om te beginnen moest ik erachter komen waar die angst precies zat. In gedachten scande ik mijn lichaam. In mijn maag, daar begon het. Precies zoals ze altijd zeggen. En daarvandaan trok hij door naar mijn onderbuik, en van daaruit verder naar mijn benen en voeten. Maar waar was ik precies bang voor? Dat wist ik wel: ontvoerd worden. In handen van een rebellenbeweging terechtkomen en misbruikt en mishandeld worden. De koude hand klemde mijn hart weer steviger vast.

Maar hoe realistisch was dat? Ik was hier omgeven door mensen van een internationale hulporganisatie, die allemaal rustig aan het werken waren, of met thuis zaten te bellen. Ik herinnerde me weer wat een van de leidinggevenden hier twee dagen eerder tegen me gezegd had: al lijkt de oorlog voor een leek een chaotische bedoening, waarin alles door elkaar loopt, in werkelijkheid zit er wel degelijk structuur en organisatie in. De aanvallen vinden volgens een redelijk voorspelbaar patroon plaats, en men had zelfs de telefoonnummers van een aantal hooggeplaatste strijders. Op die manier konden ze bemiddelen bij de partijen, of overleggen over een staakt-het-vuren. Door al die dingen in mijn hoofd de revue te laten passeren, werd ik langzaam weer rustig. Angst is een veelkoppig monster, maar een van de manieren om hem daar in die schuilkelder te verslaan, bleek de simpele tactiek om het gevaar te ontleden en zodoende van de scherpste randen te ontdoen.

'Als je in een moeilijke situatie terechtkomt, beeld je dan in dat je in een snelstromende rivier valt,' vertelde een van de instructeurs die me voor vertrek een ontvoeringstraining gaf. 'Probeer niet tegen de rivier in te zwemmen, maar ga op je rug liggen en probeer stroomafwaarts mee te drijven. Dat betekent niet dat je weerloos bent, maar je moet ervoor zorgen dat je je geest rustig houdt en geen plaats maakt voor angst. Die angst beneemt je niet alleen het zicht op een goede oplossing, maar heeft ook geen nut. Angst is gezond om scherp te blijven en eventueel te kunnen ontsnappen aan gevaar, maar in een situatie als deze help je jezelf alleen maar door een oase van rust in je hoofd te creëren. Hoe moeilijk dat ook lijkt. Daar is angst niet tegen bestand: rust en acceptatie van de situatie.'

Tweeënhalve dag hebben we uiteindelijk in die schuilkelder doorgebracht. Op de ochtend van de derde dag werden we allemaal bij elkaar geroepen met de mededeling dat er een kortstondig staakt-het-vuren was afgesproken met de strijdende partijen, en dat we over een uur klaar moesten staan met onze spullen.

Terwijl ik razendsnel mijn tas inpakte, hoorde ik boven me de tanks vuren en de scherpe knallen van de scherpschutters. Hoe was het in hemelsnaam mogelijk dat al dit geweld straks in één keer zou stoppen? Ik kon me er niets bij voorstellen, maar holde toch gewoon de trap op. Het was een vreemde gewaarwording om na die dagen ondergronds opeens weer in het felle licht te staan en te wachten op de terreinwagens van het Rode Kruis die ons naar het vliegveld zouden brengen. De angst zweefde nog ergens in mijn achterhoofd, omdat ik nog steeds de geluiden van de gevechten om me heen hoorde. Maar klokslag elf gebeurde het onwaarschijnlijke. We hoorden nog een paar knallen en wat geschreeuw van achter de hoge muren komen, en toen was het stil. Razendsnel laadden we onze tassen in de auto's die de poort door waren komen rijden, en nadat we ingestapt waren reden we zo snel de straat uit dat we amper tijd hadden om wat te zien, maar in een flits zag ik een tank staan, en even verderop groepjes mannen die naar onze auto's keken. Voor op de terreinwagen wapperde een Rode Kruis-vlag, en op topsnelheid scheurden we door de hoofdzakelijk verlaten straten, de wijk uit, op weg naar het vliegveld.

Het wonderlijke was dat er op ongeveer tien minuten rijden gewoon verkeer door de straten reed, en even verderop liepen zelfs mensen buiten. De inwoners van de stad waren blijkbaar zo gewend aan de voortdurende gevechten dat het normale leven gewoon door bleef draaien, ook als er verderop zwaar gevochten werd. Dat maakte de hele situatie waar we in hadden gezeten zo surrealistisch dat ik opeens moest lachen: het leek alsof het één groot toneelstuk was geweest.

De echte ontlading kwam pas toen ons vliegtuig opsteeg. Zonder er controle over te hebben stroomden de tranen over mijn wangen; het leek alsof ik een loodzware rugzak had afgedaan. Een rugzak die vol van mijn angsten was geweest. Die had ik relatief gezien goed kunnen dragen, maar pas nadat ik hem niet meer op mijn rug had, voelde ik hoe zwaar hij was geweest.

Twee maanden later zat ik in de praktijk van een gespecialiseerde therapeut die hulpverleners bijstaat die uit crisisgebieden teruggekeerd zijn. Ondanks het feit dat ik geen hulpverlener ben, en ik me goed voelde, vond het Rode Kruis het toch een goed idee als ik even een gesprekje met hem zou hebben over mijn ervaringen.

Het eerste half uur vertelde ik uitvoerig over wat ik had meegemaakt en luisterde hij vooral aandachtig. Uiteindelijk keek hij me aan en vroeg: 'Is er iets in jou wat voor je gevoel door deze ervaring is veranderd? Heb je het idee dat het er nog dagelijks is, dat gevoel dat je daar in die kelder had?'

Ik moest er even over nadenken. 'Nee, eigenlijk niet,' antwoordde ik. 'En dat is best vreemd. De weken na mijn thuiskomst heb ik er wel veel aan gedacht, en er ook over gedroomd, maar het is nu rustig in mijn hoofd en ik voel me niet meer angstig. Ik heb daar echt doodsangsten uitgestaan. Er schoot van alles door me heen: ik dacht dat de kelder zou instorten door een aanval vanuit de lucht. Of dat ze me uit die kelder zouden komen halen. Elke nacht lag ik wakker en luisterde ik of ik voetstappen hoorde die hun komst zouden aankondigen. Om die angst te bedwingen, moest ik van mezelf juist heel aandachtig naar mijn angst toe, als het ware kijken waar die zat. En dan bedacht ik me steeds weer dat ik bang was voor iets wat eventueel zou kúnnen gebeuren, maar wat helemaal niet zeker was. Dat ik niet banger moest zijn dan nodig, en dat ik er ook voor kon kiezen om me te focussen op andere zaken. Contact met het thuisfront, een film, een gesprekje met mijn buurman. Zo zou ik die tijd in die kelder veel beter doorkomen.'

Hij keek me glimlachend aan. 'Dan heb je de juiste keuzes gemaakt. Je hebt het beest in de ogen gekeken, hem erkend en vervolgens de rug toegekeerd. Uit het boekje.'

7 BEPERKT VRAAG EN AANBOD KAN WONDEREN DOEN VOOR JE EGO

Ik zei het al eerder: zo lang als ik me kan herinneren heb ik een zwak voor afgelegen eilanden. Veruit het meest geïsoleerd liggen de Franse Zuidelijke gebieden: een verzameling eilanden in de Stille Oceaan dicht bij Antarctica (de bewoonde wereld ligt 3250 kilometer verderop in de vorm van Île de la Réunion). Er zijn geen vaste bewoners en het weer is er bijna het hele jaar bar en boos. De eilanden worden door hun ligging bijna niet bezocht: per jaar komen er slechts zo'n 50 toeristen. Maar als je er heen gaat, zie je wat mij betreft wel een van de mooiste en meest bijzondere eilanden op aarde. Niet voor niets staan ze sinds 2019 op de werelderfgoedlijst van UNESCO want door de afgelegen ligging, zeer ver van menselijke activiteit, vind je er een van de grootste concentraties vogels en zeezoogdieren ter wereld.

De grootste archipel die tot deze verzameling behoort, de Kerguelen, draagt heel toepasselijk de bijnaam 'Îles de la Désolation' (eilanden van de eenzaamheid). Wil je erheen dan moet je echt je best doen: de archipel heeft namelijk geen vliegveld. De enige manier om er te komen is met het Franse bevoorradingsschip Marion Dufresne maar een ticket op dat schip is moeilijk te krijgen want ze varen maar vier keer per jaar en de twaalf beschikbare plekken voor toeristen zijn jaren van tevoren uitverkocht. Ook moet je geen last van zeeziekte hebben want je bent in totaal een maand bezig om er te komen en weer terug te varen naar Réunion (onderweg maakt het schip nog twee stops: op het piepkleine Île Amsterdam en de Archipel des Crozet).

Voor het weer hoef je er niet naartoe: gemiddeld wordt het er 's zomers niet warmer dan 5 graden, het regent er vaak en hevig, en er staat een permanente westenwind. En in tegenstelling tot wat je zou verwachten van een plek zo relatief dicht bij Antarctica, wordt het er nooit écht stevig winter: er vallen geen dikke pakken sneeuw en het wordt nooit echt kouder dan min drie.

Het landschap is zoals je verwacht van een gebied zo dicht tegen de Zuidpool aan: kale heuvels met alleen hier en daar een struik; bomen groeien er niet. Ook vind je er bijna geen ander groen; het zijn vooral mossen en taaie sprietjes die het voor elkaar krijgen om hier te groeien. Wat het hoofdeiland wél uniek en onvergetelijk maakt, zijn de enorme kolonies koningspinguïns, die je niet al te ver van de nederzetting vindt. Die pinguïns zijn een van de belangrijkste redenen dat toeristen deze lange reis naar het einde van de wereld willen maken.

De ongeveer honderd bewoners van het eiland zijn daar allemaal tijdelijk; niemand mag er permanent wonen. En als je hier wilt verblijven, moet je goed bestand zijn tegen een heel strak afgebakend leven. Want hoewel je midden in de natuur bent, is alles uitermate gecontroleerd: iedereen woont in de kleine barakken die zijn neergezet door de overheid. En omdat bijna al het land natuurreservaat is, mag je je alleen op een paar kleine gedeelten vrij bewegen. Feitelijk zit je dus de hele dag op elkaars lip, minstens een jaar lang.

Als je je afvraagt wat voor mensen het zijn die er zin in hebben om vrijwillig op zo'n plek te gaan zitten: de meeste zijn werkzaam als bioloog, onderzoeker of militair. Het gebied is van strategisch belang voor de Fransen en ze verdienen veel geld aan de verkoop van visserijrechten. Natuurlijk zijn er ook altijd mensen nodig om het eiland logistiek 'draaiend te houden', en dat zijn de banen waar iedereen vrij op mag solliciteren.

In de gezamenlijke kantine van het eiland, gevestigd in een sfeerloze barak, vond ik iemand die zo'n baan had bemachtigd: de Engelse Jo, die op haar gemakje een omelet zat te eten aan een van de lange houten tafels. Ze was een jaar of vijfentwintig, met een vrolijk rond gezicht en gekleed in een kaki broek en fleecevest, de standaardoutfit van alle inwoners van het eiland. Ik schoof bij haar aan en vroeg of ze wat wilde vertellen over het geïsoleerde leven op het eiland. We zouden er in totaal maar twee dagen blijven, want als het schip waarop we de dag ervoor waren aangekomen alle vracht had afgeleverd, zouden we meteen weer vertrekken. Dus deed ik mijn uiterste best om zo veel mogelijk omgevingsshots te maken en mensen te spreken, ook tijdens onze lunch.

Jo keek me vriendelijk aan en zei dat ze het geen probleem vond om even met me praten. 'Ik vind het altijd leuk om het over een van de fijnste plekken op aarde te hebben,' vervolgde ze. Ik keek haar verrast aan, want ik had eerlijk gezegd niet verwacht dat iemand zo enthousiast zou zijn over deze plek. Niet dat ik het er niet prachtig en indrukwekkend vond, maar alleen al de eindeloze regen en de snijdend koude westenwind die wij al anderhalve dag voelden leken me op de lange duur behoorlijk zwaar.

Maar Jo wachtte rustig tot cameravrouw R. haar een microfoontje had opgespeld en de juiste plek had gevonden voor het interview. 'Dit eiland heeft mij zo veel gebracht,' zei ze glimlachend vlak voordat de camera aanging. Op haar gemak vertelde ze tijdens het interview haar verhaal. Ze had haar hele leven al in een middelgrote stad in het zuiden van Engeland gewoond, waar ze als kok in een tehuis voor ouderen werkte. Ze was al tijden single en had niet erg veel vrienden. Voor haar gevoel was ze altijd een buitenbeentje, ze had nooit helemaal het gevoel dat ze op haar plek was. Een vriendin wees haar op een niet-alledaagse vacature: een jaar lang als kok werken op een Frans-Antarctisch eiland, was dat niks voor haar? Omdat ze voor haar gevoel niet veel te verliezen had, besloot ze te solliciteren. Het zou de beste beslissing van haar leven worden. Want dit leven op de

Kerguelen had haar een ander mens gemaakt. Ze leefde voor haar gevoel zo veel dichter bij de natuur en voelde dat ze voor het eerst van haar leven échte vriendschappen was aangegaan. Iedereen was hier op elkaar aangewezen, dus er vielen geen mensen buiten de boot, ook omdat hier wel meer 'eigenzinnige' types rondliepen die zich in de 'normale' samenleving niet helemaal thuis voelden. En als je deze mensen bij elkaar zet, krijg je een heel bijzondere groep die niemand uitsluit, aldus Jo. Ze wilde niets liever dan langer op het eiland blijven, maar helaas liep haar contract over drie maanden af en zou ze terug naar Engeland gaan.

Toen de camera weer uit stond en R. naar buiten liep om daar wat shots te maken, draaide ze zich naar me toe om op samenzweerderige toon de rest van haar verhaal te vertellen: 'Dit eiland heeft echt wonderen voor mij verricht. Ik was in Engeland veel te zwaar en behoorlijk depressief. Mannen waren een groot probleem voor me, omdat ik me zo ongelukkig voelde dat ik mezelf eigenlijk alleen maar verstopte voor de buitenwereld. Ik kon me niet voorstellen dat een man mij aantrekkelijk zou vinden, want in mijn hoofd was ik als het ware onzichtbaar. Maar sinds ik hier ben is alles anders. Ik ben nog steeds mezelf, een tikkeltje te zwaar, en ik vind mezelf nog steeds niet bijster aantrekkelijk als ik in de spiegel kijk, maar ik beweeg veel meer en voel me duizendmaal gezonder. En al vanaf dag één heb ik het qua mannen voor het uitzoeken! Gemiddeld is een op de tien personen hier vrouw, dus de spoeling is dun. Eerst vond ik het ingewikkeld dat ik alleen maar interessant was omdat er verder bijna geen vrouwen zijn. Daardoor had ik het idee dat ze dachten: nou, doe dan haar maar. Maar algauw kwam ik erachter dat dat niet het hele verhaal was. Juist door het beperkte aanbod is iedereen een stuk tevredener met de vrouwen die er wél zijn. In tegenstelling tot in Engeland, waar je elk moment van de dag een andere vrouw kunt versieren. Toen dat kwartje eenmaal gevallen was, kon ik dat gevoel ook loslaten en realiseerde ik me dat ik hier zelf ook alleen maar beter van werd! Sinds die tijd heb ik hier op het eiland heel wat mannen versleten, en het maakt me ook geen zak meer uit wat anderen daarvan denken. Ik heb de grootste lol, voel me op en top vrouw en heb eindelijk weer een goed seksleven. En nog belangrijker: ik heb eindelijk een gezonde dosis zelfvertrouwen. Ik weet dat de realiteit in Engeland straks weer anders is, maar het mooie is dat ze deze ervaring niet meer van me afnemen, en ik weet zeker dat ik dat zelfvertrouwen nu ook uitstraal. Dat gaan mannen thuis ook zien!'

Ik twijfelde geen seconde aan die constatering: deze vrouw had zichzelf door dit avontuur aan te durven gaan een heel grote duw in de goede richting gegeven, en meer werk verzet dan ze in eindeloze therapiesessies ooit voor elkaar zou kunnen krijgen.

De transitie van Jo heeft naar mijn idee alles te maken met het feit dat ze uit haar comfortzone heeft durven stappen. Gek genoeg kan dat wonderen voor een mens doen. Die stap überhaupt durven maken is een ander verhaal (zie hoofdstuk 8), maar als je eenmaal zo ver bent, gebeuren er bijna altijd bijzondere dingen. Dat heb ik de afgelopen jaren op al mijn reizen wel geleerd. Mensen leren weer naar hun intuïtie te luisteren, leren zich te redden in de ruige natuur, zien dat ze in staat zijn hun eigen eten te verbouwen, bouwen intense relaties op met de mensen in hun community, bouwen hun eigen huis terwijl ze eerst nog geen spijker in een plank konden slaan, en ga zo maar door. En waarom? Simpel: omdat je wel moet. Omdat er niemand is die je kunt inhuren om dingen voor je te doen.

Thuis heb je vrienden om je heen die je door en door kennen, waardoor je niet snel op vreemden afstapt. En in een grote stad bel je nou eenmaal niet snel bij de overburen aan om het teveel aan zelfgekweekte groente met ze te delen of spontaan te komen lunchen.

Thuis blijf je dus makkelijker in je eigen bubbel zitten als je vindt dat je niet voldoet aan het heersende beeld: mooi en succesvol. Maar in een totaal geïsoleerde omgeving, met slechts een handjevol mensen met wie je het zult moeten redden, gelden heel andere regels. Dan moet je wel uit je comfortzone komen om überhaupt goed te kunnen functioneren.

Een jaar of drie na ons verblijf op de Kerguelen stuurde Jo me een e-mail met de vraag of ze een nieuwe kopie van het interview kon krijgen, omdat ze haar dvd kwijt was. Ik mailde haar dat dat natuurlijk geen enkel probleem was en vroeg ook hoe het met haar ging. Ze was ondertussen in Canada beland, mailde ze me meteen terug. Eenmaal thuis in Engeland kon ze haar draai in de grote stad niet meer vinden, totdat ze op internet een vacature zag staan voor brandwacht, een soort boswachter in the middle of nowhere, die (meestal vanuit een toren) moet opletten of er kleine vuurtjes zijn die tot grote bosbranden kunnen leiden. Ze solliciteerde en werd meteen aangenomen door haar ervaringen met eenzaamheid op de Kerguelen. Twee jaar deed ze dat werk, tot ze op een mooie dag bij een tankstation tegen een timmerman aanliep. Ze had hem aangesproken en zijn telefoonnummer gevraagd, en nu waren ze al bijna een jaar dolgelukkig samen in een klein huisje midden in de natuur. Ze was, zoals ze zelf zei, eindelijk waar ze zijn moest.

8 JE KUNT HET ROER OOK EEN TIKKIE OMGOOIEN

Het roer om. Het zijn maar drie woorden, maar in de praktijk is het enorm groot en ingrijpend. Gooi je het roer om in je leven, dan ga je het helemaal anders doen. Dat kan natuurlijk op heel veel zaken in je leven slaan: je werk, je relatie of je gezondheid, maar mede dankzij ons – de media – associëren we het vooral met mensen die hun hele leven omgooien en in een ver land aan een nieuwe toekomst beginnen.

Er zijn boeken over volgeschreven, ontelbare films over gemaakt en talloze televisieprogramma's over bedacht. Zo ook het programma dat ik maak: we zijn altijd op zoek naar mensen die een bewuste keuze hebben gemaakt om ergens te gaan wonen waar ze niet geboren zijn, meestal omdat ze een 'ander' leven wilden, op een nieuwe plek, ver weg van hun vertrouwde omgeving.

Juist dat gegeven blijft voor veel mensen fascinerend; niet voor niets zijn programma's als *Ik vertrek*, *Het roer om* en *Grenzeloos verliefd* zo populair. Want het blijft boeiend om te zien dat iemand daadwerkelijk datgene doet waar veel mensen alleen maar van dromen: hun huis verkopen, baan opzeggen en met een zeecontainer vol spullen naar het buitenland vertrekken.

Als je zo'n verhaal hoort, geeft je dat ook het gevoel dat er, ondanks je verplichtingen in het leven, toch een achterdeur is naar een ander, avontuurlijk bestaan. Dat er altijd een escape is om het roer om te gooien en bijvoorbeeld je oude baan gedag te zeggen en aan een nieuwe carrière te beginnen.

Terwijl veel mensen wel eens dromen van zo'n ommezwaai, zijn het er in de praktijk maar heel weinig die dat daadwerkelijk doen. Want het is nogal wat om je hele leven om te gooien en ergens in een vreemde verre streek helemaal opnieuw te beginnen.

Een van de mooiste voorbeelden van iemand die dat wél durfde vond ik de Belgische schoonheidsspecialiste Annemie, die haar leven prima voor elkaar had. Ze had een goedlopend bedrijf nabij Antwerpen, een huis met voor- en achtertuin en een labrador op de bank, en een man met wie ze oud kon worden. Er was altijd wel een verlangen om avonturen te beleven, en groots en meeslepend te leven in een ver en vreemd oord, maar ze had daar nooit veel aandacht aan geschonken. Totdat ze in een kroeg op een avond tegen een zeiler aanliep, en het waakvlammetje werd aangestoken en veranderde in een vuur dat niet meer te doven was. De plotselinge verliefdheid was zo groot dat ze alles en iedereen vaarwel zei: ze verbrak haar relatie, verkocht haar schoonheidssalon en haar huis, en stapte aan boord bij de avontuurlijke zeiler om het onbekende te gaan ontdekken. Meer dan zeven jaar waren ze samen onderweg, en al die tijd had ze nooit een seconde spijt van haar beslissing.

Uiteindelijk kwam ze op het puntje van de wereld, in het Argentijnse stadje Ushuaia, weer een andere grote liefde tegen. Deze keer was het een echte gaucho, een Argentijnse cowboy die zijn geld verdiende met wilde koeien vangen en slachten. Wederom deed ze datgene wat veel mensen zo eng vinden: ze hakte de knoop door, zei het leven met haar zeiler vaarwel en begon na al die jaren opnieuw met déze grote liefde. Ze trok bij hem in, in zijn huisje aan een verlaten baai, en begon vanaf dat moment aan een nieuw hoofdstuk in haar leven: dat van koeienvanger aan het einde van de wereld. Samen met een zwijgzame gaucho, in een eenvoudige hut aan een baai waar het tien maanden per jaar waaide en het 's winters zo koud was dat het ijs op haar deken lag als ze 's morgens wakker werd. Ze had echt al haar comfort ingeleverd; ik herinner me haar verhalen van de trektochten die ze met de gaucho door de wildernis maakte om de koeien te vangen en te slachten, waarna ze, als ze na een paar dagen weer thuis waren, eerst eindeloos bezig was om in de bevroren hut op een groot houtfornuis water te koken zodat ze kon douchen om het vuil en het bloed van de koeien van zich af te kunnen spoelen.

Ondanks al die ontberingen leefde ze een leven dat haar gelukkig maakte en waarmee ze voelde dat ze eerlijk was naar zichzelf. Dat had haar natuurlijk wel veel gekost, bijvoorbeeld haar relatie met de zeiler. Die bleef overigens wel in de buurt en we hebben hem ter plekke ontmoet voor ons tv-programma. Kennelijk kon hij het leven met haar nog niet helemaal loslaten, en daar kan ik me wel wat bij voorstellen. Het maakt mooi duidelijk dat zo'n zoektocht naar het vervullen van je verlangens heel veel vraagt. Niet alleen van jezelf, maar ook van je omgeving, en dat moet je wel kunnen. En de mensen om je heen ook.

Overigens kwamen we er een aantal jaar geleden achter dat Annemie ook alweer vertrokken is uit de koude, eenzame baai en haar gaucho achter heeft gelaten. Terwijl we een verhaal in Chili aan het filmen waren, ontdekten we tot onze verrassing dat ze in een plaatsje daar in de buurt was gaan wonen en daar nu heel gelukkig is met haar paarden en een eigen bedrijf. Zo extreem avontuurlijk als Annemie haar leven heeft ingericht, met het lef om de dingen om te gooien als het niet meer bij haar past, kom ik niet vaak tegen, maar dit soort verhalen blijven me fascineren, ook als het minder extreem is.

De verhalen voor mijn programma zullen nooit opdrogen, want er zijn altijd mensen die echt het roer durven om te gooien, en om de meest uiteenlopende redenen. Er zijn er veel die vertrekken om meer avontuur in hun leven te zoeken, voor de liefde, om dichter bij de natuur te gaan leven of omdat ze hun kinderen een andere opvoeding willen geven. En er zijn ook veel mensen die weg willen om bewust afstand te doen van de consumptiemaatschappij (zie ook hoofdstuk 22). De meest voorkomende redenen waarom mensen

Nederland verlaten, zijn vooral heel praktisch van aard: ze beginnen een (agrarisch) bedrijf in een land met soepelere wetgeving en meer kansen of krijgen een baan aangeboden in het buitenland. De meeste mensen die uit Nederland vertrekken, verhuizen naar de ons omringende landen zoals Duitsland, Frankrijk en Spanje. Vaak zijn dit mensen die oorspronkelijk niet in Nederland geboren zijn, en die terugkeren naar hun eigen land.

De wens om Nederland te verlaten is trouwens helemaal niet nieuw. Vooral na de Tweede Wereldoorlog dacht bijna 30 procent van de Nederlanders aan emigratie, maar dat was toen vooral om een nieuw leven te kunnen beginnen in landen die door hun sterke economische groei veel arbeidskrachten nodig hadden, zoals Canada, de Verenigde Staten, Nieuw-Zeeland en Australië. Europa was zwaar beschadigd uit de oorlog gekomen en de economie in Nederland lag op zijn gat. Ook vonden veel mensen toen al dat Nederland te druk werd (er woonden toen overigens maar zo'n 10 miljoen mensen) en dat er te veel regels waren, bijvoorbeeld om een boerenbedrijf te beginnen. In de eerste tientallen jaren na de Tweede Wereldoorlog vertrokken er bijna een half miljoen Nederlanders naar het buitenland en een groot deel bleef daar voorgoed wonen.

Ook aan het begin van de eenentwintigste eeuw hebben we een kleine emigratiegolf gehad, vooral naar Europese landen, omdat mensen op zoek gingen naar beter werk of een groter huis, maar ook omdat men niet langer tevreden was met het leven in Nederland.

Natuurlijk zijn er genoeg mensen die er niet over piekeren om ons land te verlaten, en terecht, want Nederland is een prima land om te leven. Toch ken ik ook genoeg mensen die ervan dromen om ooit eens een avontuur in het buitenland aan te gaan, al is het maar 'later als de kinderen uit huis zijn'. Dat blijkt ook wel uit alle reacties die ik bijvoorbeeld op straat krijg. Regelmatig vertellen mensen me uit zichzelf dat ze dolgraag 'dichter bij de natuur' zouden willen leven, maar dat het geen reële optie is. Omdat de kinderen hier hun vriendjes hebben, omdat ze voor hun ouders willen zorgen, of omdat het leven hier in Nederland zo comfortabel is en ze hun werk niet in het buitenland kunnen doen. Ze dromen er wel van om ooit aan een nieuw avontuur te beginnen, al is het maar ergens in de buurt van Nederland. Alleen al om even niet meer zo'n lange grijze winter te hebben waarbij het voelt alsof je bijna geen daglicht ziet.

Hoe komt het dat de een blijft dromen van een eigen bed and breakfast in Italië en dat de ander wél die stap zet en alles achter zich laat voor een avontuur in het buitenland, ook al hebben ze nog schoolgaande kinderen, en een vaste baan waarmee ze een goed salaris verdienen? Eén ding heb ik wel geleerd in de afgelopen jaren van al die mensen die ik heb gesproken die het roer wél hebben omgegooid: het is vaak een combinatie van factoren. Dat begint al met het nest waar ze uit komen. Deze mensen hadden vaak al enigszins avontuurlijke ouders die hun kinderen nooit in een bepaalde richting geduwd hadden. Hierdoor konden ze veel makkelijker de stap zetten om hun eigen leven een nieuwe richting te geven. Ook is het enorm belangrijk of iemand flexibel is, en in staat om snel te schakelen en met creatieve oplossingen te komen. Juist de mensen die enorm hangen aan regelmaat, ritme en voorspelbaarheid zul je niet snel het roer drastisch zien omgooien.

Nog een andere belangrijke indicatie of iemand in staat is om zijn leven om te gooien, is in hoeverre diegene waarde aan bezit hecht. Mensen die al hun hele leven niet al te veel om geld en eigendommen geven, blijken namelijk het meest geschikt om het roer om te gooien. Want je moet het maar durven: de veiligheid van een (goedbetaalde) baan opgeven om aan een heel nieuw en vaak financieel onzeker avontuur te beginnen.

Een mooi voorbeeld daarvan was de Duitse Ingmar, die met zijn enorm grote gezin in een boerderij in Chili woont. Zijn leven was er eentje volgens de boekjes: een mooi huis in een grote stad in Duitsland, al tijden getrouwd met zijn jeugdliefde, in dienst bij IBM en elke maand een enorm salaris. Zijn leven was vooral comfortabel: er stonden twee auto's voor de deur, zijn klerenkast hing vol met Italiaanse maatpakken en hij maakte regelmatig samen met zijn vrouw verre reizen.

Maar toch knaagde het: het was niet waar hij écht gelukkig van werd. Een toevallige ontmoeting met ene Veronika bij een bushalte zette zijn hele leven op zijn kop. Het was liefde op het eerste gezicht en ondanks al het verdriet dat het met zich meebracht, verliet hij zijn vrouw en twee kinderen om aan een nieuw leven met Veronika te beginnen. Niet alleen zijn huwelijk moest eraan geloven, zijn hele leven moest op de schop. Hij had altijd al stiekem gedroomd van een leven veel dichter bij de natuur, waarbij het niet meer draaide om targets halen en bonussen scoren. Niet meer elke morgen in de auto stappen om er minstens twaalf uur later voor dezelfde deur weer uit te stappen. Omdat Veronika nog veel avontuurlijk was ingesteld en redelijk vrij in een klein huisje in een bos woonde, begonnen ze al snel plannen te smeden om Duitsland te verlaten en voor de vrijheid te kiezen.

Na de geboorte van hun eerste vier kinderen zetten ze de grote stap: Ingmar zegde zijn baan op, verkocht zijn auto's, maatpakken en meubels, en met het spaargeld dat hij had kochten ze samen een boerderij in een afgelegen streek midden in Chili. En daarmee was het gedaan met alle luxe die hij altijd had gehad in zijn leven. Vanaf dat moment reden ze rond in een afgetrapte terreinwagen, die al snel werd ingeruild voor een busje naarmate er steeds meer kinderen werden geboren. Ook het huis dat ze gekocht hadden, bleek al snel te klein voor de hoeveelheid kinderen, want die bleven maar komen. Uiteindelijk werden het er maar liefst tien!

Met die enorme kinderschare wonen ze nu op de steile berghelling in hun knusse boerderij, waarbij ze leven van de veeteelt, zelf hun kinderen lesgeven en zo veel mogelijk hun eigen eten verbouwen. Een gelukkig leven dat in alle opzichten het tegenovergestelde is van het comfortabele leven dat Ingmar altijd had gekend.

Dit alles heeft wel een prijs, want het leven in Chili is niet makkelijk door het ruige klimaat en het feit dat er maar mondjesmaat geld binnenkomt met de boerderij die ze runnen. Het woord 'luxe' kent hij niet meer, voedsel is iets om zuinig op te zijn en kleding moet vooral praktisch en warm zijn, en lang meegaan. Om nog maar te zwijgen van alle luxe qua wonen die hij heeft moeten inleveren: niet meer lang warm douchen met zachte handdoeken, geen goede keuken met alle denkbare apparatuur, niet meer altijd stroom of warm water onder handbereik, en ga zo maar door. Ook vakanties behoren tot het verleden, want met tien kinderen is het ondenkbaar om ergens heen te gaan. Ze houden het nu bij uitjes met het minibusje richting de nabijgelegen rivier, waar ze gaan picknicken en kamperen. Ook zijn ze nooit meer teruggekeerd naar Duitsland voor vakantie of om ouders en vrienden te zien, omdat het eenvoudigweg niet te betalen is om twaalf vliegtickets te kopen.

Hun nieuwe leven heeft ook heel veel goeds gebracht. Hij bepaalt nu zelf hoe hij zijn dag indeelt, hij heeft zelf kaas leren maken en zijn eigen stallen kunnen bouwen. Het is een leven dat hem oprecht gelukkig maakt, omdat hij veel meer tijd heeft om bij zijn kinderen te zijn, en hij kan er nog steeds van genieten om 's morgens de zon te zien opgaan, terwijl zijn kippen voor de deur scharrelen, de appels aan zijn eigen bomen hangen en hij niet meer hoeft na te denken over hypotheken, inflatie, files of meetings met klanten waar hij eigenlijk geen zin in heeft. Een leven zonder geld, maar met veel meer elementaire dingen die hem daadwerkelijk gelukkig maken en voldoening geven.

Zo drastisch als Ingmar zijn leven heeft omgegooid, gebeurt het niet heel vaak. Het blijft bijzonder als ik dit soort mensen ontmoet, omdat zulke extreme uitersten zo fascinerend zijn. Helemaal als het zich afspeelt in een decor zoals in dit geval de wildernis van Chili. Dat zijn verhalen waarbij ik vooral verbaasd ben over hoeveel lef sommige mensen hebben, en hoe ze in staat zijn om van een uiterst luxe leven zomaar om te schakelen naar een leven in de natuur, bijna zonder luxe.

Bijna alle mensen die ik interview, en die financieel enorm hebben moeten inleveren, zeggen wel dat ze eraan hebben kunnen wennen omdat ze er zo veel immateriële zaken voor terugkrijgen. Het is en blijft een cliché, maar de meesten zeggen dat het echt onbetaalbaar is om alle tijd met je kinderen te hebben of om de rust te hebben om zelf je eten te verbouwen. Dat zijn zaken waar ze vroeger alleen maar van droomden, maar die in de praktijk enorm veel geluk geven. Daardoor is de praktische kant van het financieel inleveren veel beter te doen. Want het is echt niet zo dat mensen het makkelijk vinden om de financiële zekerheid achter zich te laten. Vooral de wetenschap dat je geen buffer meer hebt in geval van nood is vaak best een zware opgave, helemaal als er iemand ziek wordt, dingen kapotgaan of er tegenslag is in de vorm van natuurgeweld. Maar door het leven dicht bij de natuur zien deze mensen ook dat dat onderdeel is van het leven, en kunnen ze daar veel meer vrede mee hebben.

Misschien wel een geruststellende gedachte voor mensen die zichzelf niet 'dapper' genoeg vinden om zomaar het roer om te gooien: het hoeft allemaal niet meteen zo drastisch. Veel van de mensen die ik voor *Floortje naar het einde van de wereld* interview zijn ook niet zomaar van de ene op de andere dag aan 'een nieuw leven' begonnen. Vaak ging het gewoon in stapjes. Na het vele dromen en plannen maken dat eraan vooraf was gegaan, was de eerste grote stap meestal dat ze hun baan durfden op te zeggen, voordat ze goed en wel wisten wat ze dan wel wilden gaan doen. Juist hun oude vertrouwde werkomgeving durven loslaten is voor veel van deze mensen het begin van een heel ander leven. Door die stap te zetten kunnen ze als het ware al aan een ander leven ruiken, een leven waarin de dingen niet meer zo vanzelfsprekend zijn. Het blijkt voor hen vaak heel bevrijdend te zijn geweest om iets los te laten waarmee ze zichzelf altijd hadden vereenzelvigd.

Helemaal een prettige gedachte vind ik: je kunt het roer ook gewoon een tikkie omgooien. Bijvoorbeeld je baan opzeggen en gaan nadenken over wat je in je werkende leven wél echt gelukkig maakt, maar zonder meteen te verhuizen naar een joert in Mongolië, een modderhuis in Nicaragua of een vuurtoren in Alaska. Daarbij helpt het om verhalen te horen van mensen die je daarin zijn voorgegaan. Daar zijn natuurlijk ook talloze boeken over geschreven en podcasts over gemaakt, die je enorm kunnen inspireren.

Een voorbeeld is de interessante podcast *De grote ommezwaai*, waarin filmmaker Silvia Bromet mensen interviewt die een overstap hebben gemaakt naar een totaal ander beroep. In een interview met *de Volkskrant* uit maart 2020 vertelt ze eerst over haar eigen leven. Als dochter van de beroemde filmmaker Frans Bromet werkte ze jarenlang in zijn bedrijf, en maakte ze tientallen documentaires en series.

Nadat ze constateerde dat ze oververmoeid was, besloot ze een aantal maanden thuis te blijven. In die periode maakte ze de podcastserie en het onderwerp bleek een schot in de roos. Niet alleen sprak ze talloze mensen die een nieuw pad in waren geslagen met hun carrière, ook kwam ze erachter dat ze zelf haar leven ook een andere richting wilde geven. Dus ging ze zich op het vak 'podcastmaker' richten, waarvoor ze diverse cursussen volgde en nieuwe dingen leerde. Ondertussen liet ze zich inspireren door de mensen die ze sprak voor de serie. Ze had verwacht dat de meeste mensen een andere richting op waren gegaan omdat ze wel moesten, doordat ze bijvoorbeeld ontslagen waren. Maar het bleek dat de meesten vooral gehoor gaven aan een sluimerend verlangen, iets wat ze zelf ook had. Ze hadden nog jaren op dezelfde manier kunnen doorgaan, maar ze wilden zichzelf serieus nemen. Ook opvallend was dat niemand echt spijt had van de ommezwaai. Kennelijk is het een diepe menselijke behoefte om beslissingen te nemen en de regie weer in eigen hand te nemen, ongeacht de consequenties.

Als beginnende podcastmaker knijpt ze 'm zelf nu ook soms. 'Geld verdienen met podcasts is lastig. Maar ik heb niet veel nodig. Toen ik nog in het familiebedrijf werkte, troostte ik mezelf soms met dure aankopen, maar dat hoeft nu niet meer. En als het allemaal tegenzit, dan verkopen we ons huis. Ik wil me in de keuze voor mijn werk niet meer laten leiden door angst voor het onzekere.'

Hoe doe je dat nou echt, dat roer omgooien? Wat moet er gebeuren om aan een nieuw hoofdstuk in je leven te beginnen? Eén ding is zeker: het begint allemaal in je hoofd. Want daar, in je eigen hersenpan, wordt de basis gelegd voor dat nieuwe begin. Mentaal gezien moet je er klaar voor zijn en beseffen dat je echt een andere kant op wilt.

In de jaren dat ik nu *Floortje naar het einde van de wereld* maak, heb ik eindeloze gesprekken met mensen gevoerd die die stap daadwerkelijk gezet hadden, vaak tot laat in de avond, en vaak ook als de camera uit stond, om te achterhalen hoe ze dat mentaal hebben aangepakt. Zo kwam ik erachter dat het bij de meeste mensen vaak begon met een sluimerend verlangen dat ze al jaren voelden.

Dat sluimerende verlangen kent bijna iedereen wel: een huisje in de natuur kopen waarvan je weet dat het rust gaat geven, of een tijdje in de vreemde stad wonen waar je als kind al van droomde. Vaak zijn het ook verlangens die veel dieper gaan: echt betekenis aan je leven willen geven bijvoorbeeld. Niet meer die baan blijven doen waar je per ongeluk na je studie in bent blijven hangen, maar iets gaan doen wat daadwerkelijk zinvol is.

Het tweede element dat er vervolgens bij kwam, was een soort sluimerende pijn. Meestal was die niet scherp of heftig, maar meer een soort steentje in je schoen waar je prima mee kon blijven rondlopen, maar waarvan je je altijd bewust was. Die pijn werd veroorzaakt doordat mensen niet langer energie kregen van hun werk of er zelfs stress van kregen. Het kon ook dat ze niet langer voldoening haalden uit het leven dat ze leidden door de plek waar ze woonden of uit de relatie die ze hadden. Daardoor voelden ze altijd een zekere leegte. Maar soms kwam die pijn ook heftiger opzetten, bijvoorbeeld als mensen te maken kregen met een heftige gebeurtenis zoals een relatiebreuk, of een verandering van baan. Of zoals recentelijk tijdens de COVID-crisis, waarbij alle vaste waarden ineens veranderden en heel veel onzeker werd.

Die pijn, of die nu sluimerde of ineens heftig werd, bleek de katalysator te zijn voor de verandering. Want hoe kun je die pijn beter bestrijden dan door de oorzaak ervan aan te pakken en te luisteren naar het sluimerende verlangen? Dat kostte vaak veel moeite, en vergde zeker opofferingen, maar het gaf deze mensen uiteindelijk een uiterst goed gevoel. Eindelijk luisteren naar die stem die zegt dat je iets moet gaan doen waar je altijd van gedroomd hebt. Geen spijt meer hebben van de dingen die je niet hebt gedaan.

Zelf voel ik dat verlangen ook al tijden, ondanks het feit dat ik voor mijn gevoel zo'n unieke baan heb waar ik ongelofelijk dankbaar voor ben. Toch is dat steentje in mijn schoen er altijd, al is het er dan eentje waar je prima mee kunt doorlopen. Het is een sluimerend verlangen naar een leven met meer vrijheid en meer natuur om me heen. En meer zingeving: het gevoel hebben dat wat je doet écht de wereld een tikkie beter maakt. Een beweging starten die daadwerkelijk verandering op gang brengt. Of mensen die het nodig hebben echt vooruithelpen. Dat klinkt allemaal heel wollig, en het zijn van die verlangens waar je niet alleen over moet praten, maar waar je gewoon gehoor aan zou moeten geven. Toch is het ook bij mij tot nu toe alleen maar bij een sterke wens gebleven. Dat vind ik echt jammer, want het is ook niet zo dat ik nog eindeloos jong ben en zomaar alle keuzes kan maken die ik maar wil.

Ik heb deels naar dat verlangen geluisterd en een huisje gekocht buiten de stad, ben een camping in Drenthe gestart met vrienden, dus er zit wel beweging in, maar het échte werk moet ik nog doen: daadwerkelijk de boel eens goed omgooien en dingen achter me laten om ruimte te maken voor iets nieuws. Juist dat 'dingen achter me laten' vind ik heel moeilijk, want er is hier in Nederland ook veel wat wél heel goed is.

Het geheim is natuurlijk dat je van dingen afscheid moet durven nemen, omdat er anders niets nieuws gebeurt. Dat deden al die mensen aan het einde van de wereld die ik sprak voor mijn programma ook. Die durfden dingen af te sluiten om vervolgens aan een nieuw hoofdstuk te beginnen. Die simpele wetenschap is eigenlijk de sleutel naar verandering. Zo dapper ben ik zelf helaas nog niet. Maar het is wel een mooi idee dat je er (bijna) nooit te oud voor bent: ook op latere leeftijd kun je nog heel veel dingen veranderen en gehoor geven aan oude verlangens. Aan die wetenschap hou ik me in ieder geval stevig vast…

9 ALLEEN OP REIS MAAKT JE STERKER

Schrijven doe ik het liefst als ik op reis ben. Pas dan kan ik de concentratie opbrengen die nodig is om mijn gedachten naar woorden te vertalen, zonder me talloze malen te laten afleiden door allerlei telefoontjes, bezoekjes aan vrienden, en websites die nog bekeken moeten worden.

Ook deze woorden schrijf ik in afzondering: in een klein, wonderschoon wit huisje dat tegen een berg geplakt ligt in het kleine plaatsje Frigiliana, op een uurtje rijden van Malaga. El Capricho heet het, en het was ooit in het bezit van een Spaanse familie die er tientallen jaren woonde met een schare kinderen. Maar nu zijn vrienden van mijn zusje de trotse eigenaren, en die hebben er een klein rustgevend paleisje van gemaakt. Inclusief een ruim dakterras dat zo hoog boven alle andere huizen uittorent dat je je de burgemeester van het dorp waant.

Na een rustige periode in Nederland, door de maatregelen rondom de pandemie, moest ik concluderen dat het qua schrijfproductiviteit nog niet erg opschoot. Dus toen de eigenaren me dit huisje aanboden om daar te kunnen schrijven, zei ik meteen ja. Niet lang daarna was ik onderweg naar mijn drie weken 'eenzame opsluiting', met op zijn tijd een wandeling in de bergen om het bloed te laten stromen en een gezonde maaltijd.

Ik ben hier alleen, zoals ik zo vaak alleen ben op reis. Tenminste, als ik niet aan het werk ben. Dan ben ik natuurlijk sowieso in gezelschap van een cameravrouw of -man, met af en toe een producer erbij als het een ingewikkelde reis met veel verplaatsingen is. En dat zijn gelukkig altijd mensen met wie ik kan lezen en schrijven.

Al heel snel na het begin van mijn carrière als reisprogrammamaker had ik door hoe belangrijk het is om met mensen op reis te zijn met wie je het goed kunt vinden. Dat zo'n goede samenwerking niet altijd vanzelfsprekend is, ondervond ik tijdens een van mijn eerste trips naar IJsland, een land waar ik zielsveel van hou. Eenmaal daar wilde ik echter niets liever dan weer naar huis. De regisseur en ik waren namelijk een bijzonder slechte combinatie. Alles wat hij wilde, wilde ik niet en andersom.

Ik herinner me nog goed dat het hem een leuk idee leek dat we een korte scène zouden opnemen waarin ik voor de spiegel stond en zogenaamd niet wist wat ik moest aantrekken, en dus steeds van outfit veranderde. Alsof ik dat ooit gedaan heb! En al helemaal niet op reis.

Toen ik thuiskwam wist ik één ding zeker: ik moest een eigen productiemaatschappij beginnen, zodat ik zelf mijn reisprogramma's kon produceren en niet alleen zelf de bestemmingen kon bepalen, maar ook met wie ik daarheen zou gaan. En dat is gelukt: sinds die tijd reis ik alleen nog maar met mensen met wie ik op dezelfde golflengte zit en van wie ik weet dat we aan elkaar gewaagd zijn.

Als ik in mijn vrije tijd op reis ga, is dat echter meestal alleen. En dat is al zo lang als ik me kan herinneren: mijn hele leven ben ik al een onrustige ziel die het liefst met muziek op haar hoofd over de wereld zwerft en die haar eigen koers wil varen. Dat is veel te vermoeiend voor medereizigers. Ik hou ook oprecht van in mijn eentje reizen. De mix van opwinding en weemoed die je al voelt als je opstijgt van Schiphol en langzaam de groene weilanden en de Vinex-wijken onder je ziet verdwijnen. Op een vreemde luchthaven arriveren en eerst een espresso halen in de aankomsthal, zodat je meteen weet dat je er bent. Wakker worden in een vreemd bed en zelf uitstippelen wat je die dag gaat zien en doen. Dat maakt alleen reizen voor mij iets waar ik echt oprecht gelukkig van kan worden.

'Solo reizen' is niet heel populair in Nederland: in 2017 trok nog geen 8 procent van alle reizigers er alleen opuit. Bijna driekwart van hen ging met een speciale georganiseerde singlesreis mee. Eigenlijk is dat gewoon samen reizen, want tijdens zo'n reis doe je veel dingen in groepsverband. Daar is helemaal niets mis mee, maar het is iets wezenlijk anders dan er echt in je eentje opuit trekken zonder het vangnet van een grote groep die in de buurt is.

Het is trouwens niet alleen Nederland waar het solo reizen niet heel populair is; er zijn landen waar dat nog veel minder gebeurt. Ik zie het ook hier in Spanje; alles gebeurt in groepsverband of met zijn tweeën. Als ik op een terras zit te eten, ben ik zonder uitzondering de enige die alleen zit. Spanjaarden zijn sociaal, hebben een sterke familieband en er zijn maar weinig mensen die daarvan afwijken, zelfs als ze single zijn, want dan gaan ze meestal met vrienden of familie op pad.

Als door de wol geverfde soloreiziger voel ik me altijd een uitzondering op de regel als ik op pad ben, waar ook ter wereld. Want overal waar je kijkt zie je stellen of gezinnen. Bij de balie van het autoverhuurbedrijf op de luchthavens van populaire bestemmingen bijvoorbeeld. Met uitzondering van de (meestal mannelijke) zakenreizigers, zijn het bijna altijd stellen die in de rij staan te wachten, met een geprinte voucher in een plastic mapje in de hand, waarna meestal de man de papieren ondertekent en de sleutels in ontvangst neemt. Of in de vele Nederlandse auto's die over de Duitse Autobahn naar het zuiden razen, waar wederom meestal de man achter het stuur zit, de vrouw ernaast en op de achterbank een paar kinderen vastgeplakt aan hun tablets.

Een vrouw alleen met een caravan in Duitsland, bijvoorbeeld: ik zie het zelden. Zoals de meeste mensen snel gaan samenwonen als ze in een serieuze relatie belanden, zo gaan de meeste mensen ook gezamenlijk op vakantie. Leuker, goedkoper, gezelliger en socialer, dus waarom zou je daar moeilijk over doen?

Ik kan me vergissen, maar ik denk dat er maar weinig mensen zijn die het gegeven van 'altijd samen' wel eens tegen het licht houden en zich serieus afvragen of ze niet eens alleen op pad zouden moeten gaan. Dat klinkt voor het grootste deel van de vakantiegangers als een volslagen onzinnig plan: natuurlijk wil je je kinderen en je wederhelft om je heen hebben! Maar geloof me: een reis of vakantie in je eentje, zonder de vertrouwde gezichten om je heen, kan je heel veel brengen! Dat geldt ook voor stellen die al dertig jaar naast elkaar wakker worden en elkaar door en door kennen. Voor studenten die vastlopen in hun ambities. En ja, ook voor moeders die het hele jaar door zorg en werk combineren en zeker weten dat ze absoluut geen tijd en geen mogelijkheid hebben voor een trip alleen. Het kan altijd en voor iedereen, en het hoeft ook helemaal niet groots en meeslepend te zijn. Drie dagen alleen in een boshuisje in Twente doet al wonderen voor je geest. Of een eenpersoonsbed in een Airbnb in het Geuldal in Limburg: instant rust. En het geeft je ongelofelijk veel terug. Zelfvertrouwen bijvoorbeeld, als je onderweg een probleem in je eentje weet te tackelen of een ingewikkelde reis tot een goed einde brengt. Maar ook meer contact met de mensen met wie je in aanraking komt, want als soloreiziger raak je sneller in gesprek met anderen. En omdat je veel minder praat dan je zou doen in gezelschap van een medereiziger, heb je zeeën van tijd om gedegen na te denken over levenskwesties die ertoe doen.

Natuurlijk zijn er hobbels die je voor lief moet nemen, elk voordeel heeft immers zijn nadeel. In sommige landen kijken ze je wat verwonderd en soms zelf medelijdend aan als je alleen op reis bent, zeker als vrouw. Daar moet je even aan wennen, maar het hoort erbij. Ik herinner me dat ik tijdens een reis door Guatemala in een klein dorpje arriveerde, waar ik bij een familie een kamer had gehuurd. Ik kreeg meteen een uitnodiging om met het gezin mee te eten, waarna ik de hele avond bezig was met uitleggen waarom ik als vrouw alleen rondreisde, hoe ik er dan voor zorgde dat me niets gebeurde, en of ik überhaupt wel een man had. Toen ik, om ervanaf te zijn, een verhaal verzon dat die wel degelijk bestond, maar dat hij in Nederland aan het werk was, schudden ze meewarig het hoofd en besloten dat ze er niets van konden en wilden begrijpen.

Nog een nadeel: je zit – zeker aan het begin van je trip – elke avond in je eentje aan tafel. Dus je moet altijd weer uitleggen dat er echt niemand bij komt en dat ze het andere bord mogen weghalen. En dan heb je niemand om enthousiast ervaringen mee uit te wisselen over al het moois dat je die dag gezien hebt. Je kunt ook nooit het toetje van de ander half opeten dat je niet besteld had maar toch eigenlijk heel lekker bleek te vinden.

Daar staat tegenover dat je met je dierbaren thuis kunt (video) bellen, dat je niet per ongeluk te veel drinkt omdat je toch maar een fles wijn besteld hebt, en dat er nooit iemand jouw eten waar je zo veel zin in hebt van je bord jat.

Als je even zoekt, vind je wel degelijk voorbeelden van culturen waar men er alleen opuit trekt. Meestal heeft dat dan een religieuze of spirituele achtergrond. In Japan bijvoorbeeld heb je de beroemde tempelroute, die elke Japanner een keer in zijn leven afgelegd wil hebben. De meesten doen dat te voet, maar het kan ook per fiets of per auto. Deze tocht maakt men in navolging van de legendarische zenmeester Kobo Daishi, de stichter van het Shingon-zenboeddhisme, die in de negende eeuw de 1400 kilometer lange tocht langs achtentachtig tempels liep om verlichting te zoeken. Dus trekken veel Japanners er tegenwoordig nog steeds opuit om deze tocht te volbrengen, vaak geheel in het wit gekleed en onderweg mediterend in de vele tempels. Ook onder westerlingen die een moment van bezinning nodig hebben is de route steeds populairder, want iedereen is welkom. Het maakt niet uit of je boeddhist, christen of moslim bent; als je de route maar gebruikt om stil te worden en naar binnen te keren. Zelf heb ik een klein deel van de route afgelegd en het is zeker een aanrader, omdat je geïnspireerd raakt door de prachtige natuur om je heen. Het was alleen al een bijzondere ervaring om in dit fascinerende land te wandelen met enkel een rugzakje en alle tijd om tot rust te komen.

De Masai in Kenia en Tanzania kennen ook hun eigen ritueel waarbij een zware tocht moet worden volbracht. Als jongens achttien jaar worden, moeten zij de *moran*-proef doorstaan om uiteindelijk een krijger te worden. Samen met een volwassen krijger gaan ze een aantal maanden de wildernis in. Met enkel wat kleding, een mes en een stok worden ze op de proef gesteld, met als uiteindelijke doel een leeuw doden om hun moed te tonen. Dat laatste gedeelte wordt niet meer gedaan, omdat er bijna geen leeuwen meer zijn en ze beschermd worden, maar de jongens trekken er wel nog steeds opuit.

Een stuk minder extreem, maar wel passend bij mijn eigen westerse cultuur, was het feit dat ik op m'n eenentwintigste de grote sprong waagde en aan mijn allereerste lange reis alleen begon. Ik wilde niets liever dan de wijde wereld in. Het idee om er alleen opuit te trekken, zonder iemand om je ervaringen mee te delen, en zonder een back-up voor als je in de problemen zou komen, vond ik best spannend. Maar het moest er toch maar eens van komen: daar had ik zo ongeveer mijn hele puberteit al naar uitgekeken.

Ik kon een goedkoop ticket naar Los Angeles boeken, dus zonder er al te veel over na te denken leegde ik mijn spaarrekening, kocht het ticket en pakte mijn rugzak in. Een week later vertrok ik, zonder een duidelijk reisplan, hoewel ik er nog niet helemaal gerust op was dat het goed zou komen. Maar ik wist ook dat ik maar gewoon in het diepe moest springen, anders zou ik nooit leren zwemmen.

Het is bijna niet meer voor te stellen, maar begin jaren negentig moest je je reizen altijd wel enigszins voorbereiden, wilde je op een goede plek terechtkomen. Het fenomeen smartphone moest nog uitgevonden worden, en informatie op internet opzoeken was ook nog geen optie. Je informatie haalde je uit papieren gidsen, waarna je vooraf of bij aankomst een hotel of hostel opbelde om een plekje te reserveren. En als ze geen telefoon hadden, ging je er maar op de bonnefooi heen.

In het vliegtuig had ik aandachtig de *Lonely Planet*-gids doorgelezen en bedacht dat ik een reis langs de hele westkust omhoog wilde gaan maken. Maar om te acclimatiseren leek het me een goed idee om de eerste dagen in Los Angeles te blijven, en daarom had ik een wijk dicht bij zee uitgekozen waar veel hostels te vinden waren. Eenmaal op het vliegveld aangekomen pakte ik de bus naar de stad, waarna ik met mijn rugzak op zoek ging naar een slaapplaats voor de nacht.

Ik ging langs bij minstens vier adressen, maar alle bedden waren bezet; er bleek een groot muziekfestival net buiten de stad te zijn en dus was alles volgeboekt. Ik liep terug naar het treinstation; wie weet kon ik naar een kleinere stad in de buurt gaan waar ik meer geluk zou hebben. Het was ondertussen al laat geworden en net buiten het station ging ik enigszins besluiteloos op een bankje zitten om een plan te bedenken. Ik zat maar net toen er een grote witte politieauto stopte. Een blonde breedgeschouderde jonge agent stapte uit en vroeg me vriendelijk of hij me kon helpen, omdat hij het idee had dat ik niet wist waar ik heen moest. Ik vertelde hem dat alle hostels vol zaten en vroeg of hij een suggestie had voor een plek om te overnachten. Hij dacht even na, pakte een opschrijfboekje uit zijn borstzakje en krabbelde er een paar namen op. Hij gaf me het papiertje: 'Probeer deze adressen eens, wie weet hebben die plek.' En hij draaide zich om en stapte in. Maar voordat hij wegreed, draaide hij het raampje aan mijn kant open. 'Mocht je niks vinden, dan heb ik mijn eigen telefoonnummer eronder gezet; ik heb altijd wel een bed voor je. En maak je geen zorgen: ik ben gewoon getrouwd! Mijn vrouw komt vanavond laat thuis van haar werk, dus ik ben sowieso nog wel even wakker.' Ik keek naar het papiertje, bedankte hem enigszins beduusd en we zeiden elkaar gedag, waarna hij met gierende banden wegreed omdat hij ondertussen via de mobilofoon was opgeroepen.

Twee uur later zonk ik met mijn rugzak weer op het bankje neer. Ik had alle adressen geprobeerd en was nog een wijk verderop in gewandeld, maar alles zat vol. Ik haalde het papiertje weer uit het voorvakje van mijn tas en keek ernaar. Hoe gevaarlijk kon het zijn om deze man te bellen? Hij was politieagent, dan moest hij toch wel enigszins te vertrouwen zijn?

Ik liep naar de telefooncel die niet ver van het bankje stond en belde met trillende vingers het nummer. 'Leuk!' zei hij. 'Ik ben met drie kwartier bij je, dan is mijn dienst afgelopen. En o ja: ik heet Anthony.'

Een uurtje later reden we in zijn eigen auto over de snelweg richting het oosten. Terwijl we een gesprekje voerden met wat basisinformatie over onszelf, keek ik hem van opzij aan en bedacht me dat helemaal niemand wist dat ik bij deze man was ingestapt. Wat nou als ik me in hem had vergist? Terwijl Anthony me uitgebreid aan het vertellen was wat hij die dag meegemaakt had, keek ik naar buiten en zag de stad aan me voorbijtrekken. Even voelde ik een moment van paniek, maar toen ik me bedacht dat ik zonder risico's te nemen nooit échte avonturen zou beleven, besloot ik me er maar aan over te geven. Dit wilde ik toch altijd al als kind? Dit was toch waar ik zo naar uitgekeken had? Dan moest ik er nu ook voor gaan.

Ik had geen idee in welke buurt ik was beland toen we na een half uur de kleine oprit op draaiden. Het huisje van Anthony en zijn vrouw was simpel en precies wat ik me erbij had voorgesteld: een veranda met een schommelstoel, en binnen een grote bank en een nog grotere televisie. Hij trok een koud biertje voor me open en we installeerden ons buiten voor het huis. De hele avond bleven we daar zitten en praatten we honderduit over onze beide levens. Af en toe keek ik even verwonderd om me heen: een week geleden zat ik nog gewoon thuis op de bank in Heemstede en had ik er geen idee van dat ik deze reis zou maken, en nu zat ik daar op de veranda van een agent van de LAPD.

Rond een uur of twee 's nachts kwam zijn vrouw Nathalie thuis. Ze droeg een joggingpak met sneakers en had een grote weekendtas bij zich. Een beetje alsof ze net uit de gym kwam, alleen was ze heel stevig opgemaakt en waren haar donkere krullen netjes gestyled. Ze stelde zich voor en kennelijk had Anthony haar al laten weten dat hij mij had uitgenodigd, want ze was niet verbaasd dat er een vreemde vrouw op haar bank zat. Ze plofte naast ons neer en schudde meteen haar weekendtas leeg op de grond, op zoek naar sigaretten. Die vond ze uiteindelijk, tussen de hoge stilettohakken en de kanten bodystockings. Verwonderd keek ik naar de inhoud van haar tas. 'Dat is mijn bedrijfsoutfit. Nou ja, een deel ervan,' zei ze en ze lachte. 'Mijn baan is nét even wat anders dan die van mijn man. Ik werk in een nachtclub als stripper en paaldanseres.' Tot diep in de nacht vertelde ze over het leven in de club en over het leven in LA. Ik luisterde vooral veel, en moest af en toe in stilte glimlachen dat ik het lef had gehad om het nummer op het briefje te bellen.

De volgende dag gingen we met zijn drieën naar het strand, waar we tot laat bleven. We dronken bier, rookten stiekem jointjes en gingen tegen de avond eten in de stad. Na een paar drankjes in een café belandden we in een club waar Nathalie had afgesproken met een aantal van haar collega's die ook vrij waren, de een nog indrukwekkender dan de ander. Het werd alweer bijna ochtend toen ze me meenamen naar een feestje bij weer een andere vriendin; een Playboy-model en actrice die in een penthouse op de twintigste verdieping van een flat woonde met uitzicht over downtown LA. En daar stond ik dan als piepjonge soloreiziger, Floortje uit Heemstede met in haar hand een wodka lime. Op een feest met pornosterren en paaldanseressen en imposante, een tikkie foute mannen. En een behulpzame LAPD-agent. Ik keek mijn ogen uit.

Dat ene nachtje slapen werd uiteindelijk drie weken en het dak ging er volledig vanaf. We sliepen bijna niet, ik feestte tot ik bijna niet meer kon en liet alle remmen los. Dit was het echte leven. Op de laatste avond had ik met mijn dronken hoofd een navelpiercing laten zetten, en toen ik de volgende morgen wakker werd wist ik dat het nu echt tijd was om te gaan. Mijn studie in Nederland begon bijna en ik moest terug het 'normale' leven in duiken. Met tranen in onze ogen zeiden we elkaar op het vliegveld gedag, hielden elkaar nog één keer stevig vast, waarna ik snel wegliep om niet in tranen uit te barsten.

Deze reis had me iets gebracht wat ik niet voor mogelijk had gehouden. Ik had mijn angsten opzijgezet en was in een grote achtbaan gestapt, waar ik pas na drie weken weer uit rolde. Ik had gemerkt dat ik me op wonderlijke plekken en met de meest uiteenlopende types prima had weten te redden, en had zelfs vrienden gemaakt. Ik had mijn grenzen opgezocht en er soms een klein beetje overheen durven kruipen. Ik had keihard geleefd, liefgehad en me beter gevoeld dan ooit. Het was tijd voor nog meer avonturen, de wereld lag aan mijn voeten.

10 DICHTER AAN DE RAND WORDT HET LEVEN INTENSER

Als kind was ik enorm gefascineerd door Remi uit het boek *Alleen op de wereld* van Hector Malot. En als ik er wat beter over nadenk, zat er ook een component van afgunst in. Best gek om jaloers te zijn op een kind dat te vondeling is gelegd en vanaf zijn achtste getroffen wordt door de ene na de andere vorm van rampspoed. Maar de avonturen die hij onderweg meemaakt, die wilde ik óók. En het waren juist de ontberingen die een onweerstaanbare aantrekkingskracht op me uitoefenden.

Voor veel mensen is vanuit hun luie stoel lezen over ontberingen genoeg. Voor mij niet. Ik wilde het – en wil het nog steeds – zélf meemaken. Hoe meer ontberingen tijdens een reis, hoe beter. Zolang ik min of meer de garantie heb dat ik het kan navertellen. Daarom ben ik nooit gaan bergbeklimmen, al hou ik intens veel van de bergen. Het heeft me nooit getrokken om een expeditie te ondernemen waarbij het nog maar valt te bezien of je het overleeft.

Toch zijn er ook juist mensen die dat risico wél durven te nemen en die het echte gevaar niet schuwen. Mensen die er alles voor overhebben om de hoogste bergen te bedwingen, ondanks de ongelukken die op de loer liggen. Die mensen fascineren mij mateloos, want waarom hebben zij wel dat lef om het avontuur achterna te gaan als ze weten dat er zo veel risico's aan kleven? En waarom peins ik er niet over om aan zo'n expeditie te beginnen (nog los van het feit dat ik dat fysiek totaal niet zou kunnen)? Hoe anders kijken zij aan tegen het leven en tegen de gevaren die op je pad komen?

Op internet vond ik de website van Eric Arnold, een Nederlandse bergbeklimmer die me inzicht gaf in de beweegredenen van iemand die voor zijn passie de gevaren niet uit de weg ging. Hij had al heel wat hoge bergen bedwongen en was door zijn ervaringen een succesvolle *motivational speaker* geworden die regelmatig te gast was bij talkshows en radioprogramma's. In een interview uit 2016 bij *De Nieuws BV* op NPO Radio 1, dat ging over de gevaren die de bergsport met zich meebracht, zei hij: 'Het is geen doodsverlangen, maar wel een soort levensdrift. Voor mij ligt dat in de bergen. En blijkbaar iets dichter naar de rand van het leven toe, wordt voor mij het leven ook steeds mooier.' Eric noemde in datzelfde interview het gevaar bij het bergbeklimmen 'peper en zout dat het leven op smaak brengt. Want gevaren zoek je op door de Mount Everest te beklimmen, dat kan ik niet ontkennen.'

Hij werkte aanvankelijk bij de gemeente Rotterdam, maar zegde uiteindelijk zijn baan op voor zijn grote droom: professioneel bergsportexpedities ondernemen en de Mount Everest bedwingen. Al vier keer eerder probeerde hij het: de eerste pogingen mislukten door onder meer blessures en een ijzige temperatuur van -65 graden, en ook de vierde poging overleefde hij maar ternauwernood: door een zware aardbeving die Nepal teisterde, raasde er een enorme lawine over het kamp waar de bergbeklimmers verbleven en hij had het geluk dat zijn tent niet in het pad van de lawine stond. De vijfde poging om de top te halen was wél succesvol, want in 2016 lukte het hem om op de 8849 meter hoge piek over de wereld uit te kijken.

Maar op de terugweg sloeg het noodlot toe: een dag na de succesvolle poging de berg te bedwingen, overleed Eric op vijfendertigjarige leeftijd in kamp vier op 7900 meter aan de gevreesde hoogteziekte. Na de uitvaart publiceerde de familie de blog die hij voor zijn reis schreef en die na zijn succesvolle poging geplaatst zou worden: 'Bergen,' zo schrijft hij daarin, 'laten zien wat écht belangrijk is in het leven. Zeker het verloop van mijn expedities doet mij beseffen hoe dichtbij sterfelijkheid kan zijn. Dichtbij genoeg om te beseffen dat er weinig tijd te verliezen is.' Zijn werk lukte niet meer, zo schreef hij. 'Ik zie er meer tegen op dan uitgedroogd beginnen aan de tweeëntwintig uur durende topbeklimming van de Mount Everest. […] Geluk vind je denk ik alleen als je iets met plezier doet.' Hij vervolgt: 'Ik vind bergen het mooiste wat er maar bestaat. Alles vind ik er: sportieve uitdaging, diepe emoties, fantastische natuur, antwoorden op al mijn vragen. Wat dichter naar de rand wordt het leven intenser, sprankelender en kleurrijker. Maar daarmee wordt de rest van de wereld automatisch een grijstint. Ben ik verslaafd?'

Die vraag waarom mensen naar de top willen, hield ook de befaamde Engelse natuur- en landschapsschrijver Robert Macfarlane bezig. Deze professor aan het Emmanuel College in Cambridge schreef er een boek over: *Mountains of the Mind*, dat in het Nederlands verscheen als *Hoogtekoorts, het raadselachtige verlangen naar de hoogste top*. In zijn boek probeert hij ons niet-bergbeklimmers iets te laten begrijpen van de reden dat mensen zo graag omhoog willen.

Hij beschrijft dat de mensheid tot maar enkele eeuwen geleden heel anders naar bergen keek dan wij nu. De woeste wildernis en immens hoge bergen waren lange tijd beangstigend. Alleen als een landschap eenmaal getemd was, konden mensen het waarderen. Pas in de achttiende eeuw ging men de schoonheid van bergen inzien en met de opkomst van de geologie als wetenschap zag men bergen niet langer als door god geschapen, onverzettelijk en onbedwingbaar. Nieuwsgierigheid en zucht naar avontuur wonnen het van angst en eerbied. Degenen die het berglandschap in gingen, ontdekten een nieuwe dimensie, die de geologische vraagstukken oversteeg. Het was het gevoel 'van fysieke vreugde en verrukking', als gevolg van risico's nemen. 'Genietbare angst' noemt Macfarlane dat. Op de grens van het gevaar probeerde de mens zich te meten met de natuur.

Alpinisten zijn niet de enigen die zich willens en wetens aan gevaar blootstellen, want ook talloze andere avonturiers en reizigers begeven zich vaak 'op glad ijs'. En als ik eerlijk ben, zijn mijn reizen door mijn hang naar ontberingen ook niet altijd zonder gevaar geweest. Maar gek genoeg heb ik mezelf altijd als 'anders' gezien dan de echte waaghalzen. Ik ken dat gevoel, zeker tijdens een relatief gevaarlijke reis, dat je heel intens leeft. Je waarneming is scherper, je reuk is beter en je bent alerter op allerlei signalen die kunnen wijzen op onraad. Het gevoel dat je dichter bij 'de uitgang' bent, is iets waar je op zo'n reis mee opstaat en mee gaat slapen. En waar je 's nachts zelfs over droomt.

Dat proces begint zelfs al vóór vertrek. In 2018 reisde ik naar de Afghaanse hoofdstad Kabul, om voor *Floortje naar het einde van de wereld* een boeiend verhaal te maken over David Mason, een Deen met Iraanse roots, die daar al jaren een circusschool voor kinderen runt. Vooraf kreeg ik een training om te leren anticiperen op een eventuele ontvoering, en de dagen erna kon ik al bijna niet meer slapen van de spanning die zich in mijn lichaam opbouwde.

Toen we eenmaal geland waren, en we eindeloos moesten wachten op de benodigde stempels en veiligheidscontroles, was ik doodop van het slaapgebrek en de spanning, maar omdat tegelijkertijd ook de adrenaline door mijn lijf joeg, was ik vooral heel scherp. Alles hield ik in de gaten: de drentelende soldaten die door de aankomsthal heen en weer liepen, mijn medepassagiers gekleed in een *salwar kameez* (die lijkt op een jurk met eronder een broek), een *lungee* (tulband) of een *kufie* (mutsje) of een *pakol* (traditionele wollen pet). Ik hoorde ook haarscherp alle geluiden: een fluitje waar iemand buiten de aankomsthal op blies, de krakende speaker in de verte waaruit overduidelijk religieus gezang klonk en de geluiden van het vliegtuig waarmee ik gekomen was, waarvan de piloten de motoren lieten draaien om weer te kunnen vertrekken. Even overviel me een gevoel van paniek: dat ik hier niet meer weg zou kunnen als het toestel eenmaal vertrokken was. Razendsnel ging mijn brein echter aan het werk: het somde in stilte op waarom ik hiernaartoe was gegaan. Om een mooi verhaal te maken over David, die zijn veilige leven in Denemarken had verruild voor een leven in Kabul om daar straatkinderen een betere toekomst te geven. Een man die hier al bijna twintig jaar woonde en elke dag weer gevaren trotseerde om iets zinvols te doen. En het werkte. Ik werd kalm en zag op dat moment de douanier mijn paspoort stempelen. Niet veel later reed ik in een Toyota Land Cruiser door de binnenstad en keek verwonderd naar de nieuwe wereld die zojuist voor me was opengegaan. Een wereld die ik nog nooit met eigen ogen gezien had, vol nieuwe indrukken en gezichten. Regelmatig passeerden we een wegafzetting, of een konvooi met zwaar gepantserde wagens van hulporganisaties of hoogwaardigheidsbekleders. Ook stonden er grote tanks langs de weg, en niet zelden liep er een Afghaan met een kalasjnikov langs. Maar als ik opzijkeek, zag ik het rustige gezicht van mijn producer Ton, die lang in deze stad gewoond had, mijn cameraman die regelmatig naar oorlogsgebieden werd uitgezonden, en de chauffeur met een vriendelijke blik in zijn ogen. En dan relativeerde ik mijn eigen bezoek: ik was hier nu voor een paar dagen, maar deze mannen déden niet anders, dit was de zoveelste keer dat ze hier door Kabul reden.

Dat relativeren is eigenlijk altijd mijn mantra geweest bij al mijn 'moeilijke' reizen, zoals ik ze gemakshalve maar even noem. Me realiseren dat ik hier maar kort ben, dat er natuurlijk iets mis kan gaan, maar dat die kans heel klein is.

Ik realiseer me ook dat heel veel mensen er niet aan zouden moeten dénken om onder die omstandigheden überhaupt naar Afghanistan te gaan, maar ik ben niet significant moediger dan anderen. Als je al veel ingewikkelde en relatief moeilijke reizen gemaakt hebt, ligt de lat alleen wel steeds lager en wordt het steeds makkelijk om 'gevaarlijkere' bestemmingen te bezoeken. Je raakt gewend aan de spanning die je voelt, en herkent die ook op een gegeven moment. Die kun je dan te lijf gaan, door bijvoorbeeld ademhalingsoefeningen te doen, maar ook door te relativeren, zoals ik al eerder beschreef.

Toch is het interessant om iets dieper te graven in de achterliggende emoties van ons 'avonturiers'. Heeft die hang naar het 'het randje opzoeken' ook te maken met het gemis van een bepaalde emotie in je eigen vertrouwde omgeving? En dat je tijdens zo'n trip veel meer het gevoel krijgt écht te leven?

Het antwoord op die vraag wordt mooi verwoord door de Britse Roz Savage. Voordat ze in 2005 fanatiek begon met oceaanroeien, had ze een comfortabel maar ook wat lusteloos bestaan als managementconsultant in Londen. Toen ze besefte dat ze zo tot haar pensionering zou doorsukkelen, koos ze voor een leven dat, zo zei ze tijdens een TED Talk, zou resulteren in een necrologie die zij graag zou lezen. En dat was spannender en avontuurlijker dan het leven dat ze tot dan toe had geleid. Sinds die beslissing heeft ze meer dan 15.000 kilometer geroeid en meer dan driehonderdtwaalf dagen alleen op de wereldzeeën doorgebracht. 'Hoe groter de uitdaging, hoe groter het gevoel van voldoening als je bij het eind komt.' Kortom, het is een gevecht tegen je eigen niet al te inspirerende leven, en daarmee vooral een gevecht tegen je zelfbeeld.

Als ik eerlijk ben, speelt dat element zeker mee bij de keuzes die ik gemaakt heb in mijn leven. Ik kan nou eenmaal niet zeggen dat ik ergens in een minuscuul dorpje in Alaska geboren ben en samen met mijn ouders en broertjes en zusje vijftien jaar de wereld over gezworven heb in een oldtimer, zoals de kinderen van de Argentijnse familie Zapp (zie ook hoofdstuk 2). Ze zwierven al maanden over het Afrikaanse continent toen ik ze interviewde in een wildpark in Tanzania terwijl ze les kregen van hun moeder, met op de achtergrond een kudde olifanten.

Als dit je referentiekader is, dan is het leven sowieso één groot avontuur. Dan zou het me niets verbazen als die kinderen als ze volwassen zijn gewoon in een huisje gaan wonen, met een hond en een kat en een koelkast vol eten en een gezellig gezinnetje. Dan heb je je portie avontuur wel gehad.

Mijn jeugd in Heemstede was reuzefijn en beschermd, maar verre van avontuurlijk. Ik stond dan ook als een renpaard in de stal te steigeren om naar buiten te kunnen, de wijde wereld in. Geen rustig leventje in een klein huisje voor mij: ik wilde voelen dat ik leefde! Die gedachte heeft me altijd gedreven in alle keuzes die ik gemaakt heb. Ik wilde zeker weten dat ik niet vast kwam te zitten in iets wat niet bij me past. En dus ging ik op zoek naar een baan die garant zou staan voor avontuur, en dat dit af en toe een risico met zich meebracht, daar was ik niet eens mee bezig.

Het leven dat ik de afgelopen dertig jaar heb geleid, was het leven waar ik zo naar uitgekeken had: altijd actie, steeds nieuwe plaatjes en genoeg verdieping om het interessant te maken. Een leven dat heel afwisselend was, maar ook zijn eigen ritme had. Er was altijd een periode waarin ik thuis was en op adem kon komen, maar dan was ik tegelijkertijd heel druk met alle werkzaamheden hier en mijn sociale leven, dat ook aandacht nodig had. Eenmaal op reis begon mijn écht intensieve leven, waarin ik al mijn energie gebruikte en al mijn zintuigen overuren draaiden. Ik rook nieuwe geuren, zag taferelen die ik niet kende en proefde van een leven dat ik alleen maar uit boeken kende. Kortom: tot in mijn vezels voelen dat ik leef!

De keerzijde hiervan was dat ik meestal wel volledig gesloopt was.

Fysiek was het vaak heel zwaar en ik moest mijn hoofd er goed bij houden om ervoor te zorgen dat ik met het juiste materiaal voor een goede tv-serie thuiskwam. Ook verdiepte ik me grondig in de mensen bij wie ik terechtgekomen was; dat vrat ook energie. Alles wilde ik van ze weten, echt relaxen en slapen deed ik wel weer als ik thuis was. En thuis begon het andere leven weer. Daar probeerde ik alle plaatjes in mijn hoofd te ordenen. En niet alleen de plaatjes in mijn hoofd, in mijn telefoon staan intussen al vijfendertigduizend foto's opgeslagen die ik alleen al in de afgelopen zeven jaar heb gemaakt van mijn reizen.

Ik kijk absoluut met intense blijdschap terug op de afgelopen decennia en heb ook echt het gevoel dat ik op de juiste plek terecht ben gekomen. Dat het leven me tot nu toe gebracht heeft waar ik als kind van droomde. Toch knaagt er iets bij me de laatste tijd. Want hoe nu verder? De COVID-crisis is net voorbij, maar een nieuwe crisis zou zomaar weer kunnen beginnen. Er is een wrede oorlog uitgebroken aan de randen van Europa. De wereld warmt steeds verder op en biodiversiteit neemt steeds verder af. We weten niet wat de toekomst gaat brengen, en dat geldt ook zeker voor mij.

De tijden waarin ik redelijk onbezorgd de wereld over kon zwerven, lijken achter me te liggen. Het is mijn vurige wens om zo lang mogelijk boeiende verhalen te blijven vertellen van over de hele wereld: verhalen waar we allemaal wat van op kunnen steken, die ons een spiegel voorhouden en ons kunnen inspireren. Maar het zou ook zomaar kunnen dat dat op een gegeven moment niet meer mogelijk is.

Ik weet zeker dat ik ook in Nederland een prachtig en inhoudelijk betekenisvol leven kan leiden, met heel veel waardevolle mensen om me heen en genoeg nieuwe verhalen waar ik programma's over kan maken. Maar één ding zal ik echt gaan missen, en dat is het échte avontuur. Hier kun je niet met een klein gammel bootje door een bos varen terwijl je de krokodillen aan de kant ziet liggen en stilletjes schietgebedjes doet dat de motor niet afslaat. Nederland is geen land waar je je moet afvragen of het vliegtuigje dat je van A naar B brengt, en waarvan de deur niet dichtgaat en de stoelen loszitten, ooit veilig zal kunnen landen. Er zijn geen taxichauffeurs die je rit eindeloos veel langer maken en je door een achterbuurt loodsen waardoor je je afvraagt of je je hotel wel levend gaat halen. Niets van dat al. Natuurlijk kennen we hier ook criminaliteit, ongelukken, branden en andere rampspoed, maar we zijn ook een klein, uitermate effectief georganiseerd landje waar we vooral ons best doen om veilig in leven te blijven. We leggen schuimtegels onder de speeltoestellen op speelplaatsen, we verplichten iedereen om de auto of wat voor voertuig dan ook jaarlijks te laten controleren, en nergens op de wereld hebben mensen zo veel verzekeringen als bij ons. Dat is heerlijk, en rustgevend, en geeft mij altijd het gevoel dat ik in Nederland echt kan uithijgen en op adem komen. Maar op de lange termijn voel ik me daardoor zoals vroeger, als ik achter in de auto zat op een lange trip door Nederland. Door de beelden van het vlakke landschap die aan me voorbijtrokken en het monotone brommen van de auto voelde ik langzaam mijn ogen zwaar worden. En voordat ik het wist, lag ik met mijn hoofd achterover zachtjes te snurken, om vlak voor aankomst wakker te schrikken en te beseffen dat ik bijna de hele reis had liggen slapen.

Het is de kunst om in je leven op een gegeven moment de rust te vinden om te vertragen, zonder daarbij het gevoel te krijgen dat je het leven niet meer echt voelt. Voor mij is dat een behoorlijke opdracht, omdat ik zo intensief geleefd hebt. Maar ik weet dat het kan; ik voel aan alles dat dit een nieuwe uitdaging voor me is, die er misschien voor gaat zorgen dat ik iets minder de hele wereld over stuiter, maar die me net zo goed kan laten voelen dat ik leef! Godzijdank is het menselijk brein zo geprogrammeerd dat je op een gegeven moment die verdieping gaat opzoeken, en dat je daarbij vertraagt is voor mij een mooie bijkomstigheid.

Ik weet ook dat ik daarvoor mijn gewoonten daadwerkelijk langzaam moet gaan veranderen, dat hoort bij dat vertragen. Niet meer standaard bij het wakker worden de telefoon grijpen en me meteen onderdompelen in het nieuws. Tijd nemen om elke dag yogaoefeningen te doen omdat mijn zwakke rug daardoor sterker wordt. Toch is het belangrijk om je leven altijd ten volle te blijven leven. Maar het is de kunst om een goede balans te vinden. En wat dat betreft kun je veel leren van andere mensen die daar ook tegenaan zijn gelopen.

Gisteravond las ik de laatste pagina van een van de meest fascinerende boeken die ik de afgelopen tijd gelezen heb: *In Extremis. The Life and Death of the War Correspondent Marie Colvin,* van Lindsey Hilsum. Als er iemand haar best deed om te voelen dat ze leefde, was het Colvin wel, een van de meest gerenommeerde oorlogsverslaggeefsters ooit. Het boek beschrijft haar jeugd in de vs, haar studietijd en haar zeer indrukwekkende carrière. Ze reisde onverschrokken naar de grootste brandhaarden van de wereld in onder meer Tsjetsjenië, Kosovo, Sierra Leone en Zimbabwe, om er verslag te doen van alle wreedheden zodat de wereld niet de ogen zou sluiten. Ze interviewde Khadaffi, verloor haar linkeroog bij een raketaanval in Sri Lanka, en redde de levens van vijftienhonderd mensen in Oost-Timor door verslag te blijven doen in een belegerde compound omdat ze weigerde de mensen aan hun lot over te laten. 'We moeten onszelf altijd afvragen of de mate van risico het verhaal waard is,' zei ze. 'Wat is moed en wat is overmoed?' Het is een indrukwekkend verslag van een leven dat heel intens geleefd werd en waarin zo veel gebeurde dat thuis de balans niet meer te vinden was. Ze kon in Londen, waar ze na haar studie naartoe was verhuisd en tussen de reizen door bivakkeerde, niet meer aarden en raakte verslaafd aan de alcohol, bleef ongelukkig in de liefde en leed aan PTSS. Totdat ze in 2012 net na het begin van de burgeroorlog in Syrië met heel veel moeite een belegerde rebellenwijk in de stad Homs wist binnen te dringen om verslag te doen van het geweld. Ze belde naar haar opdrachtgevers, maar haar telefoon werd gelokaliseerd en met een voltreffer van een raket van het Syrische regeringsleger kwam er een einde aan haar turbulente leven.

Nadat ik de laatste pagina ademloos had uitgelezen legde ik het boek weg, kroop diep onder de warme dekens en voelde me minuscuul vergeleken bij deze immens wilde en moedige vrouw. Was ze uiteindelijk overmoedig? Ze leefde intens, heftig, woelig, maar met de intentie om iets zinnigs met het leven te doen, het ten volle te leven en de keerzijde van de medaille daarmee te accepteren. En ook met de wetenschap dat dit blijkbaar het pad was dat zij moest bewandelen.

11 DRAAG GEEN ZWARTE BROEKEN IN DE BUSH

Van iemand die nogal veel reist, zou je kunnen verwachten dat ze precies weet wat ze uit de kast trekt als ze haar tas inpakt. Dat ik precies weet wat de beste spullen zijn voor de bestemming waar ik heen ga. De waarheid is dat ik in al die jaren ongelofelijk vaak de plank heb misgeslagen, en dat ik oprecht kan zeggen dat ik pas de laatste jaren qua bagage enigszins goed zit. Door schade en schande wijs geworden, zal ik maar zeggen.

Het lijkt me daarom niet verkeerd om eens een overzicht van mijn grootste uitglijders te maken, in de hoop dat jullie daar profijt van hebben. Het is ook voor mezelf wel eens goed om al die missers achter elkaar te zetten. Bij ouder worden hoort een zeker voortschrijdend inzicht, en daarbij helpt het als je jezelf eens flink confronteert met je eigen onvolkomenheden. (En dat zijn er nogal wat, kan ik je zeggen. Dat zal je wel zijn opgevallen als je dit boek eenmaal uit hebt.)

Terug naar mijn bagage, en dan vooral: wat ik allemaal níét mee heb genomen. De problemen op dat vlak hebben vrijwel altijd dezelfde reden: ik begin te laat met inpakken, meestal omdat ik voor vertrek weer eens duizend andere dingen aan het doen ben die ik belangrijker vind. Waarna ik er eenmaal op reis achter kom dat verkeerde kleding je reis behoorlijk kan verpesten.

Zo liet ik ooit mijn wandelschoenen thuis staan, terwijl ik van plan was een driedaagse voettocht door de jungle van Indonesië te gaan maken. Een paar nieuwe schoenen kon ik daar nog wel vinden, maar ze waren net iets te klein en niet ingelopen, dus strompelend haalde ik uiteindelijk de eindstreep.

Het klinkt cliché, maar het is onontbeerlijk voor een geslaagde reis: begin op tijd met inpakken, minstens een week van tevoren als je een lange en ingewikkelde reis gaat maken. Maak nog eerder al een paklijst, zodat je eventueel nog iets kunt aanschaffen en niets vergeet. En beter nog: als je terugkomt van een reis, schrijf dan bij het uitpakken alles op wat je bij je had en wat nuttig was. En maak vooral ook een lijst van alles wat je níét nodig had; dat scheelt bij de volgende trip een hoop onnodige bagage.

Waar ik ook een ster in ben: onderweg dingen laten liggen in het vliegtuig, de taxi, de trein of waar dan ook. Zo liet ik ooit op de Falkland-eilanden een regenjas achter in een klein vliegtuigje dat ons naar een afgelegen eilandje met maar één huis erop bracht. Ik ontdekte dat pas toen het begon te regenen, terwijl op dat moment het toestelletje net opsteeg voor de terugreis. De rest van de week heb ik regelmatig zachtjes gevloekt als ik weer eens doorweekt was. (Het regent daar nogal veel.)

Mocht je ook zo verstrooid zijn als ik, maak er dan een gewoonte van om álles wat je af- of uitdoet aan je handbagage te knopen. Of koop voor vertrek bij de outdoorwinkel een aantal van die musketonhaken die je gemakkelijk aan je tassen klikt, zodat je je belangrijke spullen kunt vastmaken. Simpel maar doeltreffend. Ook handig: maak je tassen met op het vliegveld aangeschafte taxfree spullen vast aan je handbagage. Hoe vaak laat je die niet liggen, omdat je bij het gehaaste uitstappen vergeet dat je er nog een extra tas bij had gekregen.

Nog zo'n dooddoener, maar wederom eentje die je reisvreugde echt aanzienlijk kan verhogen: verdiep je voor vertrek écht even goed in de weersomstandigheden ter plekke. Haal je informatie niet uit boeken of van websites, want – hoe treurig dat ook is – die kloppen vaak niet meer. De afgelopen jaren heb ik zo vaak de zin gehoord: 'Vroeger was het weer echt heel anders rond deze tijd van het jaar!' Regenseizoenen zijn verschoven, koude plekken warmen op en warme plekken koelen af. Het weer over de hele wereld verandert in rap tempo en daar kun je maar beter op voorbereid zijn. Bel of mail vooraf met het hotel of pension waar je gaat slapen en vraag wat je kunt verwachten. Dat scheelt je veel ellende.

Dan hebben we natuurlijk nog de categorie 'goede raad in de wind slaan'. Daar ben ik ook heel goed in geweest, meestal veroorzaakt doordat ik er bij het inpakken – zoals ik net al zei – met mijn hoofd niet helemaal bij was. Dan drukte mijn producer me vooraf op het hart om écht genoeg warme kleding in te pakken voor Noord-Canada, omdat het nóg kouder zou worden dan normaal en we het eerste stuk van de reis achter op een sneeuwscooter zouden zitten. Helaas had ik toch weer die net iets dunnere jas meegenomen, omdat-ie zo lekker zat, een lekkere felle kleur had en praktischer was om mee te nemen. Zodat ik vervolgens zowat onderkoeld van de sneeuwscooter klom, want mijn god wat krijg je het koud als je de verkeerde kleding aanhebt.

Nog een leermoment: je moet niet alleen nadenken over wat je meeneemt, maar er ook voor zorgen dat je het juiste moment kiest om het aan te trekken. Die les leerde ik in het Russische Krasnojarsk. Deze stad aan de grootste rivier van Siberië bezochten we in februari, als de temperatuur gemiddeld tussen de -15 en -20 graden schommelt. Deze keer had ik wel mijn allerdikste pooloutfit meegenomen: een gigantisch dikke jas, gewatteerde broek en sneeuwschoenen. Ik was klaar voor de kou. Maar omdat ik het zo onhandig vond om alles tijdens de lange vlucht erheen al te dragen, had ik een grote duffelbag gevuld met al deze warme spullen, en stapte ik met een dunne jas, mijn jeans en mijn sportschoenen in de taxi die mij en mijn cameraman naar het hotel in de stad zou brengen. Helaas bleek de taxi zijn beste tijd te hebben gehad, en dus stonden we even later stil omdat de motor was afgeslagen. En dat betekende ook dat de kachel ermee ophield. Dan is het nog wel een paar minuten te doen, maar met een buitentemperatuur van -20 graden koelt een auto razendsnel af. Toen ik naar buiten stapte, was het alsof ik een vriescel in wandelde. De kou sneed me de adem af.

De chauffeur pakte zijn telefoon om om hulp te vragen, en omdat wij wel doorhadden dat we daar even zouden staan, sprong ik zelf de auto uit om mijn tas te pakken die in de vergrendelde achterbak zat. Maar helaas: het slot blokkeerde, en dus stond ik minutenlang als een gek aan de achterklep te trekken, voordat de chauffeur me kwam helpen. Die gaf een fikse trap tegen de oude achterklep en godzijdank sprong hij open. Helaas had ik vóór vertrek een aantal tiewraps aan de slotjes van mijn tassen gehangen, zodat er onderweg niets uit gehaald zou worden. En probeer die bij -20 graden, zonder schaar, maar eens los te krijgen. Uiteindelijk trok de chauffeur zijn aansteker tevoorschijn en brandde hij de dingen open. Het zal een minuut of vijf zijn geweest dat ik daar stond, maar het had niet veel langer moeten duren, want dan was het gevaarlijk geworden. Na zo'n korte tijd begon ik namelijk al bevriezingsverschijnselen te vertonen en voelde ik mijn handen en voeten niet meer. Sindsdien heb ik altijd mijn warme schoenen en jas aan als ik uit Nederland vertrek. Dan maar even afzien qua hitte en met het meeslepen van al die zware spullen.

Nog iets om niet te vergeten: pak altijd één set kleding voor je bestemming in je handbagage. Zodat je dus, behalve de kleding die je in het vliegtuig aanhebt, altijd iets bij je hebt waar je op je bestemming echt wat aan hebt. Dat heb ik *the hard way* geleerd nadat mijn reistas op het vliegveld van Lima niet op de bagageband stond. Die is me twee weken lang 'achternagereisd' zonder me ooit in te halen. In geen van de Peruaanse bergdorpjes die ik onderweg passeerde, vond ik ook maar iets in mijn maat, waardoor ik dus de hele trip rondliep in wat ik op de reisdag zelf aanhad, afgewisseld met een net iets te klein truitje dat ik op het vliegveld had gekocht en een geleende trui van mijn cameraman.

Vergeet niet om naar tropische bestemmingen genoeg kleding met lange mouwen en broekspijpen mee te nemen. Op de meeste van dit soort bestemmingen zijn muggen tegen het vallen van de avond actief, en dan moet je goed beschermd zijn, ondanks de hitte. Diezelfde lange kleding kan je goed beschermen tegen een ander gevaar: de zonnekracht, die op heel veel plekken vele malen krachtiger is dan in Nederland. De vuistregel is: hoe dichter bij de evenaar, hoe intenser de zon. In Nederland ligt de uv-index, waarmee de hoeveelheid uv-straling wordt uitgedrukt, gemiddeld tussen de 0 en 8 maar in de landen dicht bij de evenaar kan die zonkracht makkelijk een waarde van 15 of meer halen. Datzelfde geldt trouwens ook voor de bergen: let daar goed op dat je je huid bedekt. En natuurlijk altijd genoeg zonnebrandcrème met een factor van 30 of meer smeren, want veel kleding laat uv-straling door.

Er is nog iets waar je bij het inpakken niet zo snel aan zou denken, maar wat wel degelijk je reis behoorlijk in de war kan schoppen: de kleur van je kleding. Begin 2016 bezocht ik de Australiërs Rob en Alix Crapper, op een van de eilandjes van Vanuatu, gelegen in de Stille Oceaan ten noorden van Australië. Ze woonden daar in een prachtig zelfgebouwd huis aan hun eigen baai; een bijna onwerkelijk mooie plek. Heel goed voor te stellen dat ze na hun avontuurlijke en reislustige leven hier graag wilden neerstrijken.

Op dag twee van mijn verblijf bij dit fijne stel vertrokken we naar het midden van het eiland om de hogergelegen grot te bekijken, waar ze een keer een tijd hadden moeten schuilen voor een verwoestende cycloon. Om daar te komen moesten we een paar uur door het heuvelige binnenland lopen, over een kronkelig pad, begroeid met prachtige tropische bomen en planten.

Om een of andere onduidelijke reden had ik die ochtend besloten een nauwsluitende, zwarte broek aan te trekken. Totaal niet praktisch want veel te warm, maar ik had waarschijnlijk weer eens haast gehad voor vertrek, waardoor ik mijn sneldrogende, luchtige reisbroek was vergeten in te pakken.

Na een kleine twee uur kwamen we bij een vlakte die begroeid was met lage struiken en taaie hoge grassen. Niet lang nadat we het kronkelende pad waren ingeslagen dat dwars over de vlakte liep, vlogen er opeens vanuit het niets duizenden wespen om ons heen. We schrokken allemaal en draaiden ons meteen om, om zo snel mogelijk weg te komen bij de zwerm woedende insecten.

Alix en de cameraman leken de dans te ontspringen, en dat kwam vooral doordat de wespen maar één doel hadden: mijn zwarte broek. Ik probeerde ze van mijn benen af te slaan, maar de meeste prikten dwars door mijn broek heen en ik gilde het uit van de pijn. Ik ging nog harder rennen, terwijl ik met mijn tas om me heen maaide, maar ze bleven maar achter me aan komen. Uiteindelijk wist Alix me van ze te bevrijden door ze met een lange lap die ze bij zich had weg te meppen, waarna ze de lap snel om mij heen sloeg.

Eenmaal uit het hoge gras trok ik mijn broek uit en zag dat mijn benen overal bedekt waren met wespensteken; de pijn was bijna ondraaglijk. Alix smeerde ze in met het sap van een plant die naast het pad groeide, waarna ze mijn benen inpakte met de lap die ze doormidden had gescheurd. Met de grootste moeite wist ik terug naar hun huis te strompelen, waar ik meteen mijn bed in dook.

Ondanks de sterke pijnstillers die ik meteen genomen had, was de pijn urenlang vlijmscherp, en in no time lag ik doodziek te rillen, gevloerd door het gif dat de wespen in mijn benen achter hadden gelaten. Redelijk beangstigend ook, omdat ik zo veel geprikt was dat ik een allergische reactie kreeg en razendsnel de lymfklieren in mijn liezen en oksels zag opzwellen. En omdat het dichtstbijzijnde ziekenhuisje minstens twee uur bij ons vandaan was, zat er niets anders op dan te hopen dat mijn lichaam niet nog heftiger zou gaan reageren. Vierentwintig uur was ik compleet van de wereld en lag ik te ijlen van de koorts. Al die uren was mijn lichaam als een gek bezig om het gif uit mijn systeem te krijgen.

Niemand van ons begreep waarom ze het alleen op mij hadden gemunt, maar toen ik een beetje opgekrabbeld was, zei Alix me dat haar buurman haar had verteld dat deze wespen gek werden als ze iets groots en zwarts zagen, waarschijnlijk een of ander killerinstinct. Maar omdat bijna nooit iemand daar op het eiland een zwarte broek droeg, en al helemaal niet als ze een tocht over het eiland gingen maken, had niemand me gewaarschuwd dat mijn kledingkeuze die ochtend op zijn zachtst gezegd nogal onhandig was.

Tot op de dag van vandaag word ik eraan herinnerd, want ik krijg nog steeds een allergische reactie als ik gestoken word door een wesp. De schrik slaat me elke keer weer om het hart. Maar het is in ieder geval wel een goede reminder dat je op reis altijd goed moet nadenken over je kledingkeuze. Omdat het letterlijk van levensbelang kan zijn.

12 OOK AAN HET EINDE VAN DE WERELD IS HET LEVEN NIET PERFECT

Het blijft heerlijk om een verhaal te vertellen over mensen die het ergens 'aan het einde van de wereld' helemaal goed voor elkaar hebben. Een stel dat onverwoestbaar lijkt, kinderen die nooit jengelen of op hun iPad zitten, en een leven in de natuur zonder deadlines, files en hufters in het verkeer. Bij sommige mensen moet ik echt even slikken: zo ideaal had ik het ook wel gewild. Tenminste, dat lijkt soms zo als je ergens net aankomt. Maar er komen na een paar dagen bijna altijd wel kleine scheurtjes in die ideale wereld en dan blijkt hun leven toch iets minder ideaal dan het op het eerste gezicht lijkt.

Zo herinner ik me een klein eilandje op het noordelijk halfrond waar alles perfect leek, tot ik op dag twee opeens een woedeaanval van het oudste kind meemaakte. Het bleek dat hij daar regelmatig last van had. Of dat volmaakt gelukkige stel in de wildernis waarvan de man toch wel heel dol leek te zijn op zijn zelfgestookte alcohol. En natuurlijk de houthakker in het bos die mij de ideale man leek, maar die in werkelijkheid heel druk was en geen moment zijn mond kon houden; ik werd er gestoord van en kon niet wachten om te vertrekken.

Dus ook aan het einde van de wereld is het leven nooit helemaal perfect. En aan de reacties die ik regelmatig krijg, merk ik dat kijkers van mijn programma het verfrissend vinden om te zien dat het niet altijd rozengeur en maneschijn is. Ik doe ook mijn best om dat, als het kan, te laten zien. Wel vraag ik altijd toestemming om dingen te filmen die misschien wat ongemakkelijk kunnen zijn; ik vind het heel belangrijk dat we niet over iemands grenzen heen gaan, en wil niet dat mensen achteraf spijt krijgen van het feit dat ze ons hebben toegelaten in hun wereld. Daar zou ik me echt heel erg ongelukkig bij voelen. Maar soms laat ik zelf dingen weg, omdat ik weet dat het alleen maar ellende zou veroorzaken als we het wel laten zien. Zo hebben we een keer een prachtig item gemaakt bij een gezin met drie kleine kinderen dat in een zeer afgelegen natuurgebied in the middle of nowhere woonde, en ogenschijnlijk heel gelukkig leek. Maar op de laatste avond, toen de man van het stel naar het nabijgelegen dorp was vertrokken om een busje op te halen dat kapot was gegaan, bleven we tot laat op met de vrouw en ging er heel wat wijn doorheen. In beschonken toestand biechtte ze ons op dat het niet heel goed met hun huwelijk ging. Ze was erachter gekomen dat haar man een verhouding was begonnen met een van hun buren die een aantal kilometer verderop woonde; dat had iemand uit het dorp haar verteld. Daarop was ze haar man gevolgd, en het bleek tot haar grote verdriet te kloppen. Nadat ze hem ermee geconfronteerd had, verbrak hij de verhouding, maar het leed was al geschied want de échte liefde was langzaam uit hun relatie verdwenen. Maar met drie jonge kinderen, plus een groot natuurbeschermingsprogramma dat ze samen hadden opgezet, was het eenvoudigweg niet mogelijk om uit elkaar te gaan. Daarom berustte ze in haar lot en maakte ze er het beste van.

De volgende morgen sprak ik haar nog even onder vier ogen, want wat doe je met die informatie als je je item al gefilmd hebt? Ze gaf aan er in verband met de kinderen niets over te willen vertellen en dat begreep ik helemaal. Dit soort dingen wil je niet aan de grote klok hangen, en al helemaal niet als er kinderen in het spel zijn. En dus hebben we het item maar zo gelaten. Het deed verder niet heel veel af aan het verhaal zelf, want dat ging vooral over het geweldige werk dat ze samen deden en de manier waarop ze hun kinderen in de natuur grootbrachten. Daar was niets aan gelogen en dat verhaal stond nog steeds als een huis.

Het oeroude gegeven van yin en yang dus; het positieve heeft altijd een negatieve kant en andersom. Toch is het lang niet altijd zo makkelijk om die keerzijde te ontdekken, omdat mensen aardig bedreven zijn in een iets te rooskleurig beeld van zichzelf schetsen.

Die neiging heb ik zelf ook, al probeer ik op televisie zo veel mogelijk mezelf te zijn, en zo 'naturel' mogelijk over te komen, bijvoorbeeld door gewoon 's morgens vroeg zonder make-up al te gaan filmen of me niet druk te maken over de kleding die ik draag.

Toch poets ik mezelf in de montage altijd een beetje op: ik haal de (ver)taalfouten uit mijn interviews en soms laat ik een gesprek dat stroef loopt helemaal weg. En dat geldt net zo goed voor shots van mezelf waar ik wel heel onaantrekkelijk overkom. Ook ik ben een ijdel mens dat een bepaald beeld van zichzelf wil neerzetten, al zou ik willen dat het niet zo was. En waarom zou iemand die ik interview dat dan niet doen? Zo iemand kent mij meestal nog maar net. Waarom zouden ze mij ineens al hun zwakke punten en tekortkomingen laten zien? Helemaal met een camera erbij. Toch doen mensen dat wel, en dat verbaast me keer op keer.

Zo herinner ik me een van de eerste afleveringen van *Floortje naar het einde van de wereld*, waarin ik naar Nieuw-Zeeland ging om Robert en Catherine Long op te zoeken. Ze woonden al meer dan twintig jaar in een totaal geïsoleerd natuurreservaat op het Zuidereiland, een plek die je als bezoeker alleen kunt bereiken door twee dagen langs de kust te wandelen. Het leek allemaal zo idyllisch: hij was een gesjeesde student geneeskunde die er al sinds 1980 woonde, en zij een toerist die niet lang daarna langs was komen lopen en nooit meer weg was gegaan. Hun huisje was klein maar fijn, met een grote moestuin en prachtig uitzicht op de oceaan. Een bijzondere plek, waar ze ook twee kinderen hadden grootgebracht. Maar al na een dag kwam ik erachter dat de twee een wonderlijke energie hadden: ze maakten geen ruzie, maar ik voelde een verborgen onderhuidse spanning. Robert was ook degene die het meest praatte, terwijl Catherine veel meer op de achtergrond bleef en weinig zin leek te hebben om met mij in gesprek te gaan.

Totdat ik op dag drie met haar aan het werk ging in de moestuin. Daar vertelde ze me hoe eenzaam het leven daar was voor haar en hoeveel energie het kostte om alles überhaupt te laten functioneren. Hoe ingewikkeld simpele zaken waren, zoals boodschappen doen, en hoeveel moeite het kostte om hun kinderen thuisonderwijs te geven. Hoe intens het was om hier samen met haar man Robert te leven. En dat verbaasde me niets, want hij leek me nogal een 'bepalende' echtgenoot, als ik zo naar hem luisterde en keek.

Uiteindelijk stemde Catherine in met een interview in diezelfde moestuin, waarbij ze over haar leven op deze geïsoleerde plek vertelde, en hoewel ze lang niet alles herhaalde wat ze me eerder verteld had, verwoordde ze wel heel eerlijk wat het leven voor haar op deze afgelegen plek, met deze ingewikkelde man, zo moeilijk maakte.

'Het moeilijkste is samen zijn in een klein hutje. Je hebt niemand anders om mee te praten. Niemand die tegen je kan zeggen: het ligt niet aan jou, hij zit fout. Ik had het altijd gedaan.' Toen ik daarop antwoordde dat dat ook wel heel ingewikkeld is, vertelde ze: 'Als je eenmaal kinderen hebt, is weggaan het ergste wat je kunt doen. Al is er een grens. Hij sloeg me in ieder geval niet, want hij dronk niet. Gelukkig maar.'

Ik heb een lang gesprek met mijn eindredacteur gevoerd over de vraag of we deze zin wel in de uitzending moesten monteren; zij vond het een heel kwetsbare opmerking die niet echt recht deed aan wie Catherine was en hoe ze samen waren. Maar omdat ik het stel zo intens had meegemaakt en het gevoel had dat er heel veel niet uitgesproken was, wilde ik het er toch graag in laten. Het gaf namelijk wel een realistisch beeld van haar visie op haar leven op die plek, hoe

wonderlijk die redenering ook was.
 Nog jaren ben ik aangesproken op die opmerking van Catherine door mensen die de aflevering gezien hadden. De kijkers waren gefascineerd door het levensverhaal van dat stel, dat ogenschijnlijk zo idyllisch was, maar dat door die opmerking ook liet zien dat het veel ingewikkelder was dan het leek.

Toch blijft voor mij een van de grootste problemen bij het maken van mijn programma dat televisie nooit helemaal de realiteit kan weergeven. Al doe je nog zo je best, een aflevering van een serie zoals ik die maak, blijft altijd een momentopname. Je hebt dus niet alleen te maken met mensen die zelf bepalen wat ze je wel en niet vertellen, maar ook met de tijd die je ter plekke hebt en de keuzes die je daarin maakt. Al heb je nog zulke ruime budgetten, je kunt voor een televisieserie nooit ergens maandenlang filmen en op die manier een compleet en uitgebalanceerd beeld schetsen. Sterker nog: vanwege de hoge productiekosten kunnen we nooit langer dan een week ergens blijven. En dus moet je maar net het geluk hebben dat die week representatief is voor de situatie waarin iemand woont, werkt en leeft.
 Er zijn programma's die de realiteit een stuk vollediger kunnen benaderen, bijvoorbeeld het immens populaire *Ik vertrek*. Dat heeft alles te maken met het feit dat ze de hoofdpersonen een eigen kleine camera meegeven, waarmee ze zo veel mogelijk vastleggen in een langere periode. En dan heb je dus wél het moment op camera als iemand een woede-uitbarsting heeft, er een orkaan over trekt of een pas gemetselde muur in elkaar stort. Bovendien kun je de belevenissen en ontwikkelingen van de hoofdpersonen voor langere tijd vastleggen, wat vaak heel goed werkt. Wij hebben ervoor gekozen om dat niet te doen en alleen ons eigen materiaal te gebruiken: niet alleen om de stijl van het camerawerk gelijk te houden, maar ook uit praktisch

en financieel oogpunt. Vaak wonen mensen zo ver van de bewoonde wereld, en kost het ons al zo veel moeite om ze te bereiken, dat we daar niet nog een tweede keer heen kunnen om het zelf gefilmde materiaal op te halen.

We moeten het dus doen met de periode dat wij er zijn, en dat is niet altijd even makkelijk, want er kan werkelijk van alles misgaan. Zo heb je soms de pech dat het dagenlang regent, waardoor je gedwongen bent om je reis een paar dagen te verlengen om buitenopnamen te kunnen maken. Filmen in de regen is namelijk niet te doen. Of iemand wordt ter plekke ziek; ook een geval van overmacht. Dan zijn er natuurlijk nog andere externe factoren, zoals kapotte apparatuur. Zo is onze eigen camera wel eens kapotgevroren in Groenland bij -40 graden, waarna we drie dagen bezig waren om bij de lokale omroep in een dorp verderop een andere camera te lenen. Of kregen we in Jemen onze eigen camera niet mee het land in, waardoor we de hele uitzending uiteindelijk op een digitale fotocamera en mijn eigen telefoon hebben gefilmd.

Maar ook bij de reis erheen of ervandaan kan het nodige misgaan, en dat is eigenlijk altijd een van mijn grootste zorgen. Mijn reis naar het einde van de wereld is namelijk bijna altijd behoorlijk ingewikkeld en het is altijd maar de vraag of, en zo ja wanneer, je ergens aankomt. Niet zelden hebben vliegtuigen vertraging, waardoor we net een boot missen of een trein al vertrokken is. Of de bus waarin we zitten krijgt pech, waardoor we eindeloos moeten wachten. (De 'wegenwacht' bestaat meestal niet aan het einde van de wereld.) En natuurlijk is er altijd de kans op noodweer, waardoor wegen ineens niet meer begaanbaar zijn, havens dichtgegooid worden, of aan land gaan te gevaarlijk is vanwege hoge golven, terwijl wij net na een lange zeereis eindelijk arriveren.

Een van de meest memorabele voorbeelden daarvan maakten we

mee tijdens onze reis naar South Georgia. Deze eilandengroep ligt onvoorstelbaar afgelegen: om er te komen moet je eerst een vlucht van meer dan twaalf uur naar de Chileense hoofdstad Santiago maken, en daarvandaan in meer dan vier uur naar Stanley vliegen, de hoofdstad van de Britse Falkland-eilanden. (Als alternatief kun je met een militair toestel van een Engelse legerbasis via het eiland Ascension reizen, dat is iets sneller maar wel een stuk prijziger.) Eenmaal daar aangekomen wacht je een lange zeereis van meerdere dagen naar deze eilanden, die deel uitmaken van de Britse overzeese gebiedsdelen en niet al te ver van Antarctica liggen. Het schip zelf is prima, maar de zee kan aardig ruig zijn dus zo'n scheepsreis kan voor passagiers een uitdaging zijn; en ook tijdens onze reis ging het er soms aardig wild aan toe.

Een verhaal op South Georgia maken stond al heel lang heel hoog op mijn verlanglijst, omdat de eilanden echt oogverblindend mooi zijn. Het hele gebied is beschermd natuurgebied, en je vindt er de meest uiteenlopende (antarctische) dieren- en plantensoorten die al tientallen jaren lang niet gestoord worden door de mens. Het is een van de weinige plekken op aarde waar je je als bezoeker bijna een indringer in de dierenwereld voelt. Als je een strand bezoekt, liggen er ontelbare pelsrobben, afgewisseld door tienduizenden koningspinguïns, met regelmatig grote groepen zeeolifanten ertussen. En het mooie is: als je daar voorzichtig rondloopt en genoeg afstand houdt, kijken ze niet op of om. Mensen zijn bijna geen onderdeel van hun leefwereld, en omdat er niet (meer) op ze gejaagd mag worden, kennen ze geen angst voor de mens. En ook heel bijzonder: voor de kust zwemmen regelmatig walvissen en orka's voorbij, als je in het juiste seizoen bent. In deze overweldigende dierenwereld is bijna geen plaats voor de mens om te wonen, met uitzondering van een kleine nederzetting aan de noordoostkant van het eiland: Grytviken. Ooit werden de dieren hier massaal afgeslacht om onder meer de huiden, het vlees en de olie naar het Westen te importeren, en de restanten van deze slachtpartijen staan nog naast de handvol moderne barakken, zoals grote verroeste kookvaten waar het vet van de dieren werd gekookt, en enorme loodsen waar de karkassen werden gevild. De 'nieuwe' nederzetting bestaat uit niet meer dan een stuk of tien barakken, waar nu zo'n stuk of dertig mensen wonen en werken. Dit zijn vooral Britse biologen die zich bezighouden met de flora en fauna, en klimaatwetenschappers. Maar ik had mijn oog laten vallen op een andere bewoonster van het eiland: de enige medewerkster van het kleine museum over de geschiedenis van deze plek, dat is ingericht voor de paar honderd bezoekers die dit eiland jaarlijks trekt.

Het had heel wat voeten in de aarde gehad om Sarah te pakken te krijgen en om überhaupt toestemming te krijgen om hier te filmen, maar na een aantal jaar was het ons eindelijk gelukt.

Vol goede moed waren we aan onze lange reis naar South Georgia begonnen, maar wel in de wetenschap dat we maar één dag hadden om ons verhaal met Sarah te maken: het schip, met aan boord een stuk of veertig toeristen, zou slechts een uur of twaalf in de baai voor anker gaan en dan doorvaren richting andere natuurgebieden op de eilanden. Na twee weken onderweg te zijn geweest kwamen eindelijk de contouren van Grytviken in zicht. Tijdens de scheepsreis had ik een strak draaischema opgesteld om precies genoeg materiaal te kunnen verzamelen voor de uitzending: een stuk of drie interviews met Sarah, een wandeling met haar in de omgeving, plus een aantal uur voor de broodnodige algemene shots.

Net op het moment dat we onze tassen en camera's wilden pakken om van boord te gaan, kwam er een mededeling van de kapitein door de speakers. Door het slechte weer was het helaas niet mogelijk om van boord te gaan. En als het weer slecht bleef, zou het kunnen dat we überhaupt niet aan land zouden gaan, omdat we niet konden wachten op weersverbetering aangezien we dan te veel achterop zouden raken op het vaarschema.

Vertwijfeld staarde ik naar de kust, waar ik de gebouwen al kon ontwaren en zelfs de verroeste restanten van een walvisvaarder kon zien. Het ging me toch niet gebeuren dat ik dit allemaal ging missen, en we met lege handen terug zouden keren?

Urenlang lagen we daar voor de kust, terwijl ik over het dek ijsbeerde en schietgebedjes deed. De tien uur die we eigenlijk op het eiland hadden, werd korter en korter, en uiteindelijk was er nog maar vijfenhalf uur van over. Totdat de kapitein met het verlossende bericht kwam: we mochten aan land. Gelukkig had ik via de satelliettelefoon al contact met Sarah en konden we haar inseinen dat we eraan kwamen en meteen aan de slag zouden gaan. Eenmaal aan land zeiden we haar gedag en speldden we haar vliegensvlug een microfoon op, waarna we meteen met interviews begonnen. Terwijl het zweet op mijn rug stond, probeerde ik zo nonchalant mogelijk met haar rond te wandelen en in een relaxte setting op een bankje buiten voor de deur met een interview te beginnen. Dat lukte aardig, waarna we als een gek naar de volgende locatie holden en nog een gesprek voerden. Ik deed mijn uiterste best om zo ontspannen mogelijk vragen te stellen.

En terwijl de passagiers al in groepjes met rubberboten teruggingen naar het schip, ging ik met Sarah naar de barak waarin ze haar woonvertrek had. Ik wilde alleen nog iets meer weten over haar jeugd in Engeland en vroeg terloops of ze vroeger veel op vakantie gingen. 'Nou, eigenlijk wel,' antwoordde ze, 'totdat mijn moeder erachter kwam dat haar man er al jaren een dubbelleven op na hield, en een tweede gezin had met vrouw en kinderen. Toen was het wel gedaan met onze gezamenlijke vakanties en überhaupt mijn gelukkige jeugd.' Ik staarde haar aan en moest even naar woorden zoeken. Terwijl de scheepshoorn al klonk, probeerde ik koortsachtig te bedenken hoe we in godsnaam dit grote verhaal hadden kunnen missen in de research vooraf. Maar heel verwonderlijk is dat niet, want vaak kunnen we iemand vooraf maar moeilijk spreken door alle problemen qua communicatie, en dat gold al helemaal voor Sarah.

Ik probeerde rustig te blijven en me niet te veel te laten afleiden door de wetenschap dat er een heel schip op ons lag te wachten, terwijl ik hier nog een enorm verhaal hoorde. Zo rustig mogelijk vervolgde ik mijn vragen om haar verhaal compleet te krijgen. Maar toen de scheepshoorn nogmaals ging, maakte zich wederom een lichte paniek van mij meester. Ze zouden toch niet zonder ons vertrekken? Het volgende schip zou nog wekenlang op zich laten wachten; en stel dat dat schip ook niet aan land kon komen?

Niet veel later holden we met al onze zware spullen terug naar de rubberboot die ons naar het schip zou brengen. We omhelsden Sarah en sprongen aan boord. En terwijl ik bijna mijn rugzak die me werd aangegeven overboord liet vallen, duwde de bemanning ons af van de kant en voeren we met een noodvaart terug naar ons schip.

Niet veel later voeren we de baai uit en verdween de nederzetting langzaam aan de horizon. Met een diepe zucht zakte ik op een bankje aan het dek, met het zweet op mijn voorhoofd. De cameraman en ik keken elkaar aan en we barstten allebei in lachen uit. Geen idee hoe we het hadden geflikt, maar de uitzending was gered. En nu in twee weken weer het hele eind terug naar huis reizen.

Zo gestrest als het filmen op die ene dag in South Georgia gaat het gelukkig meestal niet. Ik bedenk me in zo'n geval ook dat er altijd wel een oplossing is voor de problemen waar we tegenaan lopen. En dat is vaak ook de levenshouding van de meeste mensen in het programma. Er kan altijd van alles gebeuren, het is nooit zo eenvoudig als het lijkt, maar tegelijkertijd is er met improvisatievermogen, flexibiliteit en een gezonde dosis optimisme voor alle problemen een oplossing.

13 DOCHTERS ALS HOOP VOOR DE TOEKOMST

Een van de allermooiste fenomenen die een mens op aarde kan ervaren is wat mij betreft een complete zonsverduistering. Het moment dat de zon achter de maan schuift, er een ring van licht om de zon verschijnt, de zogenoemde corona, en de aarde opeens in een compleet onwerkelijke schaduw wordt gehuld, is buitenaards mooi en met niets te vergelijken. De vogels stoppen meteen met zingen, de bloemen vouwen zich dicht en de aarde is in verwarring omdat het opeens nacht lijkt te zijn. Mensen die het meemaken gaan spontaan klappen, en niet zelden rollen de tranen over hun wangen van ontroering. Zo ook die keer dat ik het fenomeen meemaakte in maart 2006, in de eindeloze woestijn van Egypte.

Nadat langzaam het licht terugkeerde, zaten wij nog lang na te praten en te genieten op onze stoeltjes in de uitgestrekte zandvlakte, aan de rand van het kleine dorpje waar we een paar dagen verbleven. Samen met redactrice Heleen verwonderde ik me erover dat we dit mochten meemaken, en dat we überhaupt dit werk konden doen: wat een voorrecht was dit toch. En dat gevoel van je een 'bevoorrecht mens' te voelen, hielden we de hele reis. Want in een land als Egypte ben je je daar de hele tijd van bewust, helemaal als vrouw. Je weet dat je, doordat je bent geboren in Nederland, veel meer kansen hebt dan heel veel vrouwen in dat land, vooral buiten de grote steden. Wij kunnen kiezen wat we willen gaan doen qua werk, kunnen verre reizen maken, hebben financiële middelen om onszelf en onze naasten te onderhouden, kunnen kiezen met wie we ons leven willen delen. Natuurlijk is dat omdat we in een vrij, uiterst welvarend en democratisch land zijn opgegroeid, maar dat komt ook doordat we niet vanaf onze geboorte zijn beperkt door strenge religieuze regels, zoals dat in zo veel andere landen wel het geval is. Daardoor hebben we ons veel vrijer kunnen ontwikkelen en onze eigen keuzes kunnen maken. En juist als ik door een land met veel religieuze regels reis, ervaar ik dat gevoel van 'bevoorrecht zijn' heel sterk.

Dat is overigens niet iets waar ik voldoening uit haal, en zeker niet een gevoel in de trant van: 'Wat fijn toch dat ik het zo goed heb.' Het is meer een gevoel van saamhorigheid naar de vrouwen die ik op reis ontmoet. Je gunt ze ook zo intens de vrijheden die wij hebben.

Een ontmoeting die me altijd is bijgebleven tijdens onze reis door Egypte, was die met een meisje van een jaar of vijftien dat meehielp in het guesthouse waar wij verbleven. Na een lange warme dag zat ik buiten op het dakterras, en ze bracht me een kan koude limonade waarna we in gebrekkig Engels met elkaar aan de praat kwamen. Nadat we het even hadden gehad over hoe mooi het was geweest om de zonsverduistering te zien, kwam het gesprek op haar leven hier.

Ze vertelde me dat dit het bedrijf van haar oom was en ze hier bijna de hele week meehielp. Maar binnenkort zou ze gaan trouwen met haar neef van vierentwintig, en dan was het gedaan met het meehelpen: vanaf dat moment zou haar leven zich vooral binnenshuis afspelen, en als ze buiten kwam dan was dat volledig gesluierd. Haar hele leven was al voor haar uitgestippeld, in de lijn met strenge regels van de islam waar haar ouders zich aan hielden. Na het huwelijk zouden er snel kinderen moeten komen, en werd ze verantwoordelijk voor alles in en om het huis. Een kans op een opleiding was er niet, en haar dorp zou ze nooit zou verlaten. Omdat ze toegang had tot internet en soms met toeristen sprak, wist ze dat er ook ándere levens mogelijk waren. Een leven waarin ze naar school zou kunnen gaan, een baan zou kunnen zoeken en zélf zou kiezen voor een man; eentje die geen familie was, die lekker zou ruiken, die mooie ogen en zachte handen had. Toch wist ze ook dat dat leven voor haar een droom zou blijven. Want áls ze al weg zou kunnen gaan, zou ze uit geldgebrek geen kansen hebben, en bovendien een heel hoge prijs betalen: haar hele familie zou haar verstoten en ze zou nooit meer kunnen terugkeren naar haar dorp. Haar hoop waren haar kinderen, al moesten die nog geboren worden. Want één ding wist ze heel zeker: haar dochters zouden net ietsje meer vrijheid krijgen dan haar eigen generatie.

Hoe anders was mijn jeugd. Als jongste meisje van een gezin van vier kinderen was er altijd ruimte om te kunnen zijn wie ik wilde zijn. Ik kon spelen met wie ik wilde, eindeloos plaatjes draaien op mijn kamer, en ik voelde me nooit achtergesteld op wie dan ook. Eenmaal oud genoeg kon ik een bijbaantje gaan zoeken (krantenwijk, afwassen in een restaurantkeuken), maar ook het nachtleven van Haarlem gaan ontdekken. Er waren geen strenge regels, geen kledingvoorschriften en het belangrijkst: geen verwachtingspatroon vanuit mijn ouders, of mijn omgeving, als het om mijn toekomst ging. Als ik maar gelukkig werd.

Religie speelde ook bijna geen rol in mijn opvoeding. Mijn ouders zijn allebei katholiek opgevoed (ze hebben elkaar zelfs op de Bijbelschool ontmoet), maar vanaf de jaren zeventig werden ze steeds minder actief in hun geloof, omdat ze teleurgesteld waren in de manier waarop de katholieke Kerk destijds vasthield aan oude normen en waarden en niet mee wilde gaan met de moderne tijd. Ik kan me alleen nog vaag herinneren dat we, toen ik heel klein was, af en toe een kerk in mijn geboorteplaats Heemstede bezochten. Toen ik een jaar of zeven was, stopten die zondagse bezoekjes. Vanaf dat moment omarmden mijn ouders, in de geest van de jaren zeventig waarin ik opgroeide, een veel vrijere en creatievere manier van opvoeden. Er waren zeker wel regels, maar vooropstond dat je je als kind creatief en sociaal kon ontwikkelen zonder de invloed van religieuze regels en geboden.

Mede door deze vrijheid in mijn opvoeding ben ik geworden wie ik nu ben, en heb ik me kunnen ontwikkelen op een manier die helemaal bij me past. Ik heb een baan gevonden waarin ik mijn eigen route bepaal, mijn eigen beslissingen neem en mijn eigen geld verdien. Ik word niet tegengehouden door afkeurende blikken van ouders of familieleden die bepaalde verwachtingen van me hebben. Juist eerder het tegenovergestelde: ze steunen me en zijn blij voor me dat ik iets kan doen wat me gelukkig maakt. Daarnaast heb ik nooit hoeven trouwen of kinderen baren 'omdat dat van me verwacht werd'. Mijn vrijheidsdrang zorgde ervoor dat ik een andere route heb gekozen, en niemand die me dat voor de voeten heeft geworpen, of zich ermee heeft bemoeid. (Behalve dan dat het in werkelijk elk interview dat ik de afgelopen vijfentwintig jaar gedaan heb ter sprake kwam, omdat mensen toch altijd nieuwsgierig zijn naar je beweegredenen.)

Ik ben zeker geen uitzondering, want alle vrouwen die ik om me heen heb in mijn familie en vriendenkring hebben net zo'n verhaal. Het zijn de verworvenheden die we als vrouw hebben in ons land: de meesten kunnen zelf hun pad in het leven kiezen. Die vrijheid is iets waar we in Nederland helemaal aan gewend zijn geraakt, maar na al die jaren over de wereld te hebben gezworven, kan ik me er nog steeds over verbazen. Heel veel vrouwen leven een leven dat ze niet zelf hebben uitgezocht, maar dat voor ze bepaald is. Door hun families, door hun afkomst of religie: ze hebben véél minder te kiezen dan iemand zoals ik die in Nederland geboren is. En elke keer ben ik me daar weer bewust van, of het nou in de buitenwijken van Delhi is, op de vlakten van Mongolië of in de favela's van Brazilië.

Ik merk ook dat ik op reis mezelf altijd vergelijk met vrouwen die ik tegenkom. In 2022 nog, op reis door het onrustige Irak. We bezochten de moeras-Arabieren, een volk dat in het zuiden van het land op traditionele wijze leeft in rieten huizen op kleine eilandjes die op het water drijven, waar ze leven van het fokken van waterbuffels. Op zo'n eilandje, waar twee broers met hun zeven kinderen woonden, werden we hartelijk ontvangen met zoete thee en versgebakken broden. In eerste instantie zag ik alleen mannen en kinderen, maar toen ik even rond ging kijken, zag ik algauw dat in een tweede huis, dat dienstdeed als open keuken, een vrouw bezig was met brood bakken in een open oven. Via mijn tolk kwam ik met haar aan de praat en ze vertelde me dat ze hier als enige vrouw verantwoordelijk was voor beide gezinnen. De vrouw van haar zwager was ziek geworden en had het huis verlaten om het ziekenhuis te bezoeken, maar was nooit teruggekeerd. Het bleef onduidelijk of ze was overleden, of dat ze met de noorderzon was vertrokken, maar feit was wel dat zij nu alleen de zorg had voor beide gezinnen: ze gaf de kalfjes eten, voedde de kinderen op en kookte elke dag voor iedereen. Ik vroeg haar of ze wel eens een moment voor zichzelf had, maar ze keek me bevreemd aan. Dit leven ging zeven dagen per week door, elke maand weer, jaar in jaar uit.

Ik probeerde me te verplaatsen in haar situatie, maar ik kon me er werkelijk niets bij voorstellen. Nooit een moment voor jezelf, alleen maar zorgen, eten koken, schoonmaken, wassen, voeden... En dat in een eindeloze *loop* die jaren en jaren voortduurt. Nooit van je eiland af kunnen, nooit met gelijkgestemden avonden doorhalen, nooit ontdekken waar je zelf goed in bent. Niets van dat alles. Alleen maar in dienst staan van de ander.

En zoals zij zijn er zovelen in de wereld. Ontelbare vrouwen zoals de vrouw in het moeras in Irak ben ik tegengekomen op mijn reizen. Maar ook veel vrouwen bij wie het minder zichtbaar is dat ze beperkt worden in de keuzes die ze zelf kunnen maken als het gaat om hoe ze hun leven inrichten. In een land als Groenland bijvoorbeeld hebben vrouwen weer met heel andere omstandigheden en restricties te maken. In dit immense en uitgestrekte bevroren land, het grootste eiland ter wereld, wonen niet meer dan zo'n zestigduizend mensen. Vooral in de kleine dorpjes, die bijna allemaal aan de kust liggen, is het leven nog heel traditioneel ingericht, waarbij het vooral draait om mannenzaken: jagen en vissen. Daar is de verdeling vaak heel traditioneel: de vrouw zorgt voor het huishouden, voedt de kinderen op en helpt met het verwerken van de dieren die bij de jacht zijn geschoten. Ik heb het land aardig wat keren bezocht, en elke keer was ik onder de indruk van de vrouwen die er leven. Taaie vrouwen die hun werk thuis doen, maar ook hun best doen om hun kinderen een betere toekomst te geven, en vooral de dochters. Want het leven is vaak niet gemakkelijk, alleen al door de extreme omstandigheden. De winters zijn ontzettend lang en ijskoud, en alleen in de zomermaanden is er daglicht en zijn de temperaturen boven het vriespunt.

En er is meer dat het leven in Groenland zwaar maakt: veel mensen kampen met een alcoholverslaving, er is een hoge werkloosheid, en de cijfers van huiselijk geweld, tienerzwangerschappen en zelfmoord onder jongeren zijn schrikbarend. Probeer dan als vrouw maar eens je eigen route uit te stippelen. Veel vrouwen verlaten het land dan ook om in Denemarken – waar Groenland onder valt – te gaan studeren en vervolgens niet meer terug te keren. Met als gevolg dat er steeds minder vrouwen in de samenleving zijn om alles draaiende te houden. Weer een andere problematiek, maar net zo ingewikkeld voor de vrouwen die er geboren zijn.

Ook als ik een land als Groenland bezoek, probeer ik me altijd weer te verplaatsen in de vrouwen die ik er ontmoet, en me te bedenken hoe het moet zijn om op zo'n plek te zijn geboren. Een land met zo veel restricties en onmogelijkheden, waarbij je wel meer keuzes kunt maken, maar ook veel verliest door voor je vrijheid te kiezen en naar een ander land te vertrekken. De plek waar je geboren bent bijvoorbeeld, maar ook de vanzelfsprekendheid om je eigen familie om je heen te hebben, of de mensen die je taal spreken en je gewoonten kennen. Wat zou het me ongelukkig maken als ik zulke keuzes moest maken, bedenk ik me dan.

Laat ik vooral niet de indruk wekken dat ik denk te weten hoe vrouwen die ik ontmoet zich voelen, en of ze wel of niet tevreden zijn met het leven dat ze leiden. Daar kan ik geen enkel waardeoordeel over vellen. En natuurlijk redeneer ik ook altijd vanuit mijn vrije westerse perspectief.

Soms word ik bevestigd in een beeld dat ik van een bepaald land heb, maar soms juist verrast. 'We kunnen hier meer dan je denkt,' vertrouwde de bedrijfsleidster van het eerste *women only*-hotel van Saoedi-Arabië me toe op dag twee van mijn verblijf in dat land. Ik maakte er een rondreis van twee weken, en was heel nieuwsgierig om de verhalen van de vrouwen ter plekke te horen. Voor vertrek had ik vooral een beeld dat vrouwen er op alle mogelijke manieren beperkt werden, alleen al omdat ze zich verplicht op een bepaalde manier moeten kleden. Toen ik het land in 2008 bezocht, moesten alle vrouwen een abaya dragen – een lange overjas die al hun vormen bedekte – plus een hoofddoek om het hoofd en de haren te bedekken. Ook ik droeg deze verplichte kleding, waar ik vooraf nogal tegen opgezien had. Maar nadat ik eenmaal geheel in het zwart gekleed het vliegtuig uit stapte en richting de douane wandelde, merkte ik dat het eigenlijk ook wel heel prettig was dat ik meteen opging in de mensenmassa om me heen.

De abaya waarmee ik de dag ervoor het land binnen was gekomen, was een eenvoudig exemplaar dat ik snel op de kop had getikt in een winkel in Amsterdam-Oost. In mijn perceptie was een abaya gewoon een simpele zwarte jas waar je weinig variatie in had, dus ik had niet eens de moeite genomen een beter exemplaar te vinden. Maar toen ik de volgende morgen een kledingzaak in een winkelcentrum niet ver van mijn hotel bezocht, ging er een wereld voor me open, want er bleek wel degelijk heel veel variatie te zijn. De enige overeenkomst bij de abaya was de kleur en de vorm, namelijk zwart en lang en bedekkend, maar qua uitvoering was alles mogelijk. Eindeloze rijen jassen hingen er, in prachtige zachte stoffen, met minutieus geborduurde patronen in alle mogelijke kleuren, maar ook exemplaren die versierd waren met duizenden kraaltjes en steentjes. Ik kocht meteen een prachtig geborduurde abaya met een bijpassende hijab (hoofddoek) waardoor ik, eenmaal weer op straat, van een gewone 'praktisch' geklede reiziger opeens transformeerde tot een stijlvol geklede passant op straat. Hoewel mijn blauwe ogen en plukken blond haar mij natuurlijk meteen verraadden.

Bovendien hoefde ik me niet meer druk te maken om wat ik zou dragen; ook een bevrijding, zo bleek. Door deze abaya zag ik er altijd goedgekleed uit, en het was helemaal niet vreemd dat dat elke dag dezelfde was. Eronder hoefde ik alleen maar een zwart T-shirt en een legging aan te doen en klaar was ik. Ook mijn haar, dat in de warmte altijd enorm sluik wordt, was geen probleem meer, want dat was toch bijna niet meer te zien.

Het belangrijkste was nog wel dat ik me door de abaya beschermd voelde tegen de blikken van vreemdelingen, iets wat ik totaal niet had verwacht. Ik kon over straat gaan zonder het idee te hebben dat ik vreemd bekeken werd, helemaal met een cameraman naast me. Natuurlijk hadden we bekijks, maar wel op een manier die heel goed te doen was, omdat ik voelde dat ik met mijn kledingkeuze voldeed aan de religieuze en culturele kledingvoorschriften, en daarmee dus de cultuur respecteerde.

Die middag bezocht ik het vrouwenhotel om meer te weten te komen over de positie van de vrouw in het streng religieuze land. De bedrijfsleidster had me uitgenodigd om het hotel te komen bekijken, dat enkel toegankelijk is voor vrouwelijke gasten, en waar alleen vrouwen werkzaam zijn. Vrouwen kunnen er daardoor zonder problemen naartoe, om elkaar te ontmoeten tijdens de lunch of diner, of om gebruik te maken van de hamam, of een schoonheidsbehandeling te krijgen in de spa, en natuurlijk om te overnachten.

Samen met de bedrijfsleidster, die Amal heette, ging ik op het dakterras zitten en we bestelden ijsthee, die geserveerd werd met mierzoete koekjes. Omdat hier alleen vrouwen kunnen komen, hoefde niemand de abaya te dragen. En dus zat het terras vol met kleurig geklede vrouwen met prachtige sieraden, perfecte kapsels en dure handtassen. Alsof je op een willekeurig terras in bijvoorbeeld Jordanië of Griekenland was, behalve dan dat er geen man te bekennen was.

We hadden een lang gesprek over het feit dat zo veel Saoedische vrouwen nu studeren en meer vrijheid hebben dan voorheen. Maar Amal erkende ook meteen dat er nog een lange weg te gaan was. Ik vertelde over mijn tot nu toe positieve ervaringen met het dragen van de verplichte kleding. 'Dat horen we vaker van westerlingen,' zei ze. En ook zij was blij dat de kleding bescherming bood tegen blikken van vreemden. 'Maar jij hebt wel de vrijheid om, eenmaal in je eigen land, weer gewoon te dragen wat je zélf wilt. En die vrijheid hebben wij niet. We moeten ons conformeren aan de geldende regels, en als we dat niet doen heeft dat ernstige consequenties. Dat moet je je altijd blijven realiseren.'

Hoe was het voor haar om in deze samenleving te functioneren? Na enige aarzeling vertrouwde ze me toe dat het haar soms naar de keel vloog, zo veel regels, en dat ze ervan droomde om zelf een auto te kunnen besturen en zelf te kunnen bepalen waar ze heen ging en met wie. Ze vertelde ook dat ze er enorm veel moeite mee had dat ze niet zelf kon uitmaken hoe ze de straat op ging. 'Hoewel, ook als het niet verplicht was geweest had ik de abaya en de hoofddoek gedragen,' aldus Amal. 'Het past bij mijn geloof en mijn identiteit. Ik wil alleen niet dat mannen dat voor mij bepalen.'

We zijn nu zo'n tien jaar verder en voor haar en al die andere vrouwen is er wel wat veranderd aan de positie van de vrouw in Saoedi-Arabië. Nog steeds hanteert het land een systeem van mannelijke 'voogden'. Dat kan een vader, broer, echtgenoot of zoon zijn, die voor een groot aantal zaken officieel toestemming moet geven (iets wat voor ons westerse vrouwen heel moeilijk voor te stellen is). Maar sinds kroonprins Mohammed bin Salman aan de macht is, zijn er de afgelopen jaren diverse hervormingen doorgevoerd waar vrouwen van profiteren, bijvoorbeeld regels die ervoor zorgen dat ze minder afhankelijk zijn van een voogd. Zo mogen ze sinds 2017 zonder toestemming van deze persoon gebruikmaken van verschillende overheidsdiensten, zoals ziekenhuizen en universiteiten. Ook mogen ze een paspoort aanvragen en zelf hun kinderen aangeven bij de burgerlijke stand. In 2015 mochten vrouwen voor het eerst stemmen bij de lokale verkiezingen en zitting nemen in raadgevende vergaderingen. Nog een belangrijke wijziging in de wet is dat vrouwen sinds 2018 zelf een auto mogen besturen. Dat is een recht waar grote groepen vrouwen jarenlang voor gestreden hebben en zelfs lange gevangenisstraffen voor over hebben gehad, door op YouTube filmpjes van zichzelf te plaatsen waarop ze te zien waren achter het stuur. Ook mogen ze nu zelfstandig een verzoek indienen voor een huwelijk of een echtscheiding. In de praktijk zijn al die zaken nog steeds niet heel gebruikelijk, maar het begin is er. Vrouwen hoeven niet meer verplicht de hoofddoek en de abaya op straat te dragen (hoewel dit nog wel veel gebeurt), als ze zich maar bedekkend en conservatief kleden.

Saoedi-Arabië werkt hard om zijn imago op te vijzelen, ook om de economie minder afhankelijk te maken van olie, en om het land aantrekkelijker te maken voor buitenlandse investeerders. Een van de doelstellingen is dus ook om de kansen van jonge vrouwen (maar ook jonge mannen) in de maatschappij te verbeteren. Veel mensen zien in deze koerswijziging vooral een poging om de grotere problemen te verbergen, maar de vrouwen profiteren er wel van. Volgens mensenrechtenorganisatie Amnesty International zijn de hervormingen voor vrouwen belangrijke, maar veel te late stappen. Ze stellen tevens dat het helaas met de mensenrechten in het algemeen in het land nog steeds slecht gesteld is. Mensenrechtenactivisten worden nog steeds opgepakt en vastgezet, ook vrouwen die strijden voor hun rechten. Het lijkt erop dat dit proces van verandering in het conservatieve land tijd nodig heeft, maar dat uiteindelijk ook de vrouwen in Saoedi-Arabië gelijkwaardiger kunnen meedoen in de samenleving.

Dat lijkt voor ons Nederlandse vrouwen allemaal onvoorstelbaar maar ook in Nederland zijn de rechten van vrouwen relatief gezien nog helemaal niet zo lang ingeburgerd. Tot halverwege de twintigste eeuw was de situatie hier namelijk nog een heel stuk conservatiever. De meeste vrouwen werkten bijvoorbeeld niet buitenshuis; ze waren huisvrouw en verantwoordelijk voor de zorg van de vaak grote gezinnen. Ook hadden ze formeel geen recht op het gezinsinkomen en waren ze officieel handelingsonbekwaam als ze gehuwd waren, een wet die pas in 1956 veranderde. Het is bijna niet meer voor te stellen, maar tot een jaar nadat ik geboren was (ik ben van 1970), stond er in de wet dat de man 'het hoofd van de echtvereniging' was en de vrouw hem moest gehoorzamen. Tot in de jaren zestig was het heel normaal dat de vrouw haar baan verloor als ze zwanger werd. Zo moest mijn moeder ontslag nemen als lerares kinderopvoeding en handvaardigheid toen ze zwanger was van mijn broer in 1965. Ik heb haar laatst nog eens gevraagd of ze dat niet heel vervelend vond. 'Daar dacht je toen niet echt over na, het was gewoon een feit en iedereen deed het.'

Anno nu is de vrouw officieel gelijk aan de man, maar in de praktijk is er nog wel een aardige weg te gaan. Vrouwen nemen bijvoorbeeld nog steeds de meeste zorgtaken op zich en meer dan 50 procent is economisch afhankelijk van de man. Ook krijgen vrouwen minder salaris en zijn er veel minder vrouwen dan mannen op topposities in het bedrijfsleven. Toch heb ik nooit een enorme achterstand gevoeld omdat ik vrouw ben. Het bijzondere is dat ik uit een van de eerste generaties kom die volop heeft kunnen profiteren van wat de vrouwenrechtenbeweging in de jaren zestig voor elkaar heeft gekregen.

Ook in mijn loopbaan heb ik nooit het gevoel gehad dat ik extra mijn best heb hoeven doen vanwege het feit dat ik vrouw ben. Ik kon mijn eigen productiemaatschappij beginnen, mocht mijn eigen programma's regisseren en zelf programma's ontwikkelen en maken. Op reis heb ik bijna altijd mijn werk kunnen doen en behandelden de meeste mannen me met respect. De enige uitzondering was tijdens een reis naar het Syrië van voor de burgeroorlog, waar onze begeleider mij compleet negeerde, simpelweg omdat ik een vrouw ben. En dat was behoorlijk lastig omdat ik als regisseur en presentatrice me intensief bezighield met het programma. Zelfs een flinke ruzie loste niets op, waarna ik hem uiteindelijk de rest van de reis genegeerd heb, en we niets meer tegen elkaar gezegd hebben.

In al die jaren dat ik over de wereld heb gereisd ben ik, behalve bij deze ervaring in Syrië, nooit belaagd, uitgescholden of vernederd. Ik ben over het algemeen altijd met respect behandeld, en heb me als vrouw welkom gevoeld in de diverse landen waar we waren. Maar ik ben en blijf een vrouw, en blijf me bewust van het feit dat er zo'n groot verschil is tussen mij als bezoeker en de vrouwen die er wonen. En het blijft schrijnend om te zien dat er anno 2023 nog steeds zo veel landen zijn waar voor vrouwen het leven een strijd is, simpel en alleen omdat ze vrouw zijn.

Die strijd kost soms zelfs heel veel waardevolle levens, zoals bijvoorbeeld nu in Iran het geval is. Nadat de tweeëntwintigjarige Iraanse Jina Masha Amini in september 2022 in de hoofdstad Teheran door de religieuze politie werd opgepakt omdat ze haar hoofddoek niet fatsoenlijk zou hebben gedragen, werd ze zo zwaar mishandeld dat ze uiteindelijk aan haar verwondingen overleed. Een golf van protest overspoelde het land en overal gingen vooral jongeren de straat op om te protesteren tegen deze grove misdaad. Deze protesten werden hardhandig neergeslagen door de politie, waardoor er nog veel meer slachtoffers vielen. Ook werden demonstranten massaal opgepakt en in schijnprocessen veroordeeld, soms zelfs met de doodstraf tot gevolg. Ondertussen zijn er honderden Iraniërs om het leven gekomen en wordt de bevolking nog steeds zwaar onderdrukt door de overheid. Maar de onrust blijft, niet alleen omdat veel vrouwen niet langer de verplichte hoofddoek willen dragen, maar ook als protest tegen de wijdverbreide corruptie, de armoede en de discriminatie van religieuze en culturele minderheden.

De Iraans-Koerdische filmmaker en journalist Beri Shalmashi vertelt meer over de achtergronden van de opstand in een boeiend interview in *De Correspondent*.* Zelf is ze geboren in 1983, een paar jaar na de revolutie van 1979, toen de sjah werd verdreven uit Iran en de religieuze leider Ayatollah Khomeini de macht overnam.

Ook zij zag hoe de protesten zich als een olievlek over het

land verspreidden, en dat er steeds meer – vooral jonge – mensen in opstand kwamen tegen het wrede bewind van de Iraanse machthebbers. Een opstand die begon met de wrede en volkomen onrechtvaardige dood van een meisje dat volgens de autoriteiten alleen haar hoofddoek niet juist droeg. 'Wat tegelijk verdrietig en goed is, is dat Jina voor veel mensen meteen herkenbaar was. Als jonge vrouw. Als Koerdische jonge vrouw. Uit de middenklasse. Zij werd symbool voor heel veel mensen tegelijk. Die allemaal in haar een zusje herkenden, of zichzelf, of een dochter,' zegt Beri Shalmashi. Hierna vertelt ze over de leus die gebruikt werd tijdens de protesten in Koerdistan, naar aanleiding van haar dood: 'In het Koerdisch is dat begonnen met *"Jin, jiyan, azadi!"* Dat betekent: "Vrouw, leven, vrijheid!" Dat is een leus die ook bij andere revoluties en andere momenten in de Koerdische strijd is gebruikt. Die is gebaseerd op een filosofie: als vrouwen of minderheden niet vrij zijn, dan is niemand vrij. Als Jina hier een plek had gehad om te kunnen leven als wie zij is, dan kunnen wij dat allemaal.'

De strijd van de vrouwen in Iran staat wat mij betreft symbool voor de situatie van zo veel vrouwen wereldwijd. Van de vrouwen die ik bezocht in vluchtelingenkampen in de door burgeroorlog verscheurde Centraal-Afrikaanse Republiek tot de vrouwen die ik in Brunei – een piepklein schatrijk oliestaatje bij Indonesië – zwijgend op straat achter hun man zag lopen. En de vrouwen die op de stranden van Gabon op zoek waren naar klanten om hun lichaam te verkopen, of de vrouwen in Noord-Korea die geen eigen mening mogen hebben en eindeloos de grootsheid van hun leider moeten

*www.decorrespondent.nl/13979/de-opstand-in-iran-maakt-vier-decennia-onderdrukking-zichtbaar-ziet-deze-filmmaker/1192934981392-3dca9bc8)

bezingen. Allemaal moeten ze leven met het feit dat ze als vrouw consequent als 'de mindere' worden gezien. En menen mannen het recht te hebben voor ze te bepalen hoe ze hun leven mogen leiden.

Toch probeer ik altijd vast te houden aan het idee dat er ontwikkeling zit in de positie van de vrouw wereldwijd. Dat we heel langzaam heel kleine stapjes vooruit zetten. Door het feit dat steeds meer meisjes naar school gaan, en er steeds meer vrouwelijke leiders bij komen.

In 2015 hebben de honderdzevenennegentig lidstaten van Verenigde Naties de zeventien *sustainable development goals* (duurzame ontwikkelingsdoelen) geformuleerd, met als doel de wereld een betere plek te maken door het bestrijden van onder meer armoede, klimaatverandering en onrecht. Een van deze doelen is de gendergelijkheid; in 2030 moet iedere vorm van discriminatie tegen vrouwen uitgebannen zijn. Vrouwen en mannen moeten gelijke rechten hebben op zaken als de arbeidsmarkt, het onderwijs en de gezondheidszorg. Ook in politieke en economische besluitvoering zouden ze evenveel invloed moeten hebben. En in 2030 moet een eind zijn gekomen aan geweld tegen vrouwen en meisjes.*

Er is nog een heel lange weg te gaan voor het zover is, en de vraag is hoe realistisch het is om te verwachten dat dit in 2030 allemaal bereikt is. Maar de intentie is er. En feit is dat met elke generatie deze droom weer een heel klein stapje dichterbij komt. Wereldwijd krijgen steeds meer vrouwen toegang tot internet, waardoor ze kunnen zien hoeveel vrijheden andere vrouwen op de wereld hebben. En daarmee geloof ik dat steeds meer vrouwen langzaam – of soms sneller – in beweging gaan komen om zich te bevrijden van de regels die in

---

*www.duurzaamheid.nl/sdg/sdg-5-gendergelijkheid

de generaties voor hen zijn vastgelegd. Daarbij hoeven ze niet hun identiteit, cultuur of religie naast zich neer te leggen, maar ze moeten wel een leven kunnen leiden dat niet bepaald wordt door het feit dat ze vrouw zijn.

14 IK BEN EEN LAFFE REIZIGER

Het blijft interessant dat mensen een bepaald beeld van je kunnen hebben, terwijl je zelfbeeld daar aardig van kan afwijken. Zo schijn ik nogal voortvarend en aardig zeker van mijn zaak over te komen. Als iemand die nergens voor terugdeinst en niet gehinderd door enige twijfel op haar doel afgaat. Dat zal wel iets te maken hebben met mijn manier van praten, mijn motoriek, mijn stem en mijn vaak doelgerichte manier van de dingen aanpakken. In werkelijkheid kan ik alleen maar dromen van zo'n levenshouding. Diep vanbinnen zit ik misschien wel zo in elkaar, maar in het dagelijks leven laat ik me maar al te vaak afremmen door een hinderlijk gevoel van onzekerheid. Al zo lang als ik me kan herinneren, ben ik iemand die weet wat ze wil en die er alles aan doet om dat te bereiken. Maar ik vraag me daarbij ook af of ik het wel goed doe, of ik niemand voor het hoofd stoot en of ik het eigenlijk wel kan. Bijkomend nadeel: ik heb de neiging om het glas halfleeg te zien. Dat klinkt allemaal behoorlijk somber, maar in de praktijk ben ik gelukkig een reuze opgewekt mens dat intens van het leven kan genieten. Ik ken namelijk mijn onzekerheden en mijn soms doordravende geest, en heb er prima mee leren leven.

Eigenlijk is mijn stijl van reizen net zo dubbel. Voor de mensen die me kennen van mijn werk, ben ik de persoon die haar hele bucketlist heeft afgewerkt. Zelf denk ik voortdurend aan de enorme lijst van bestemmingen die ik nog niet heb gezien. Het lijkt misschien alsof ik altijd maar onverschrokken overal op afstap, in elk avontuur duik en nooit met knikkende knieën ergens aan begin. Ook dat is niet juist: er zijn vaak genoeg momenten dat ik ergens aan de grensovergang van een onveilig land sta en me afvraag wat ik in godsnaam aan het doen ben. Maar omdat ik nou eenmaal zelf gekozen heb voor zo'n bestemming, slik ik de angst en de onzekerheden weg en spring ik in het diepe.

Nog iets wat ik best vaak hoor: dat het zo heerlijk moet zijn om altijd maar onderweg te zijn, zonder veel verplichtingen, zonder de zorg voor een gezin, en met alle vrijheid om te doen waar ik zin in heb. De werkelijkheid is een stuk 'gewoner': Nederland is mijn basis, ik heb een sterke familieband en een hechte vriendenclub waar ik veel tijd in steek, en ik heb een aantal bedrijfjes waarvoor ik me enorm verantwoordelijk voel. Daar horen ook veel verplichtingen bij, waardoor ik nooit alles los kan laten als ik onderweg ben. En ik ben wel degelijk iemand met heel veel 'ruis', zoals ik het zelf wel eens noem: een niet-aflatende stroom e-mails in mijn inbox, en elke dag tientallen appjes met vragen, verzoeken, opmerkingen en verplichtingen. Eigenlijk kan ik bijna nooit zorgeloos en vrij onderweg zijn, want mijn wereld thuis is nooit ver weg. Je kunt gerust zeggen dat ik voortdurend met één been in de wereld van het reizen sta en met het andere been in de wereld thuis. Ik probeer altijd mijn mail te checken, naar huis te bellen en ervoor te zorgen dat ik zo snel mogelijk weer bereikbaar ben om vragen te beantwoorden, zaken op te lossen, werk in te leveren of een eventueel brandje te blussen.

Tegelijkertijd kan ik, eenmaal op reis, ongelofelijk genieten van het avontuur en volkomen opgaan in het leven van de mensen die ik portretteer, en tot diep in de nacht met ze praten bij een kampvuur.

Toch heb ik in al die jaren één ding echt geleerd als het om mijn eigen reisgedrag gaat: een echte 'hardcore' reiziger ben ik niet. Want ondanks alle maanden die ik elk jaar van huis ben, ben ik nog nooit écht lang op avontuur gegaan. Ik heb nog nooit de deur achter me dichtgetrokken met mijn rugzak om, in de wetenschap dat ik geen idee had wanneer ik weer thuis zou komen. Al droomde ik ervan als kind, ik heb nog nooit een jaar in een blokhut in Alaska gewoond met de helft van de tijd een dik pak sneeuw voor de deur. Ik heb zelfs niet eens, hoewel ik dat heel graag wilde, na mijn studie een half jaar in een Spaanse stad gewoond om de taal te leren spreken. Sterker nog: ik ben nog nooit langer dan drie maanden aan één stuk van huis geweest! Jarenlang ergens anders wonen en mezelf helemaal onderdompelen in een andere cultuur: dat heb ik nog nooit gedaan. Ik ben altijd met een navelstreng aan Nederland verbonden. Dat vind ik heel erg fijn en het is ook geen toeval, maar daarmee kies ik wel voor de 'veilige weg': ik heb een vast inkomen en hoef me niet druk te maken over basiszaken zoals waar je die nacht slaapt.

Als ik aan échte reizigers denk, denk ik aan sommige van de mensen die ik onderweg ontmoet heb, die al jarenlang zonder vast inkomen de wereld over zwerven op zoek naar de ultieme vrijheid, zonder enige verplichting aan wie dan ook. Het zijn mensen wier bezittingen in één rugzakje passen, waarmee ze een tocht maken naar die ene berghut in Bhutan waar je alleen met een tiendaagse trekking kunt komen, die maandenlang in een hut in de wildernis van Chili wonen of meeliften met een vrachtwagen door het hooggebergte in Tadzjikistan. Met de ultieme vrijheid dat ze zo lang weg kunnen blijven als ze willen.

En ik? Ik kom ergens aan, meestal met een draaiboek in mijn tas en een cameraman of -vrouw naast me, en ga aan het werk. Ik weet altijd wel hoe lang ik ergens zal blijven en waar we die nacht zullen slapen. Ik hoef me niet druk te maken over hoe ik nu weer eens mijn eten bij elkaar zal scharrelen. En ik weet ook al wanneer het vliegtuig naar Nederland vertrekt. Helemaal niet avontuurlijk dus.

Het mooiste voorbeeld van die kloof tussen die twee werelden was voor mij in het kleine plaatsje Yazd, een van de oudste steden van Iran, dat midden in de woestijn ligt, in het centrum van het land.

Om er te komen moesten we eindeloos lang met een fourwheeldrive over stoffige wegen rijden, waarbij we slechts af en toe kleine dorpjes passeerden. Eenmaal daar aangekomen was ik meteen betoverd door de prachtige moddersten huizen en windtorens, waar de wind doorheen blaast en zo voor een natuurlijke airco zorgt. We zouden die avond in een karavanserai slapen, een soort herberg waar vroeger de handelsreizigers neerstreken op hun lange tochten dwars door de woestijn. Om er te komen moesten we door een deurtje in een hoge muur waarna we op een prachtige binnenplaats kwamen, waar overal kleine tafeltjes stonden met ernaast dikke kussens waar mensen op lagen te luieren met een kopje mierzoete thee voor zich.

We zetten onze tassen neer, wasten onze handen op onze kamer en keerden terug naar de binnenplaats om ons ook even uit te strekken voor het eten. We waren moe maar voldaan van de lange reis die we achter de rug hadden, en voelden ons verder weg van de bewoonde wereld dan ooit. Deze bijzondere plek hadden we toch maar mooi weten te vinden.

Er waren maar weinig gasten op de binnenplaats, maar even verderop zaten een paar mensen op kussens op de grond, met voor zich een lage tafel die vol stond met kleine bakjes met specialiteiten van de streek. Ze nodigden ons uit om bij hen te komen zitten en stelden zich voor. De een bleek nog exotischer dan de ander. Er was een ex-model van in de zestig bij, die veertig jaar geleden haar luxeleventje vaarwel had gezegd en nu eindeloos over de wereld zwierf, met niet meer dan een klein rugzakje met wat spulletjes. Er was een Japanse man die overal in de wereld in de leer ging bij lokale vechtsporters om zijn technieken steeds verder te verfijnen. Verder zat er een jonge vent uit Mexico-Stad bij, die drie jaar in Pakistan was geweest en daarna les had gegeven aan de universiteit, waarna hij per motor het halve land had doorkruist met twee Afghaanse vrienden.

En dan was er de Nederlandse eigenaar, die hier jaren geleden als een van de weinige westerlingen was neergestreken, de taal vloeiend sprak en eigenhandig in drie jaar tijd deze karavanserai had verbouwd en nu draaiende hield.

Langzaam voelde ik mezelf steeds verder inkrimpen. Terwijl ik eerder nog dacht 'toch ook wel een beetje reiservaring te hebben', verbleekte dit alles meteen bij het horen van al deze verhalen. Niet dat ik mijn eigen reizende leven ineens niets meer waard vond, maar ik besefte wel dat dit het échte werk was. Deze mensen hadden een manier van leven die veel meer risico's met zich meebracht en die veel meer van je vraagt dan de manier waarop ik reizen maak. Het lef om alles achter je te laten en om niet zeker te weten wat de volgende dag je zal brengen. Een leven in ultieme vrijheid, maar met een totaal gebrek aan zekerheden.

En hoe graag ik dat ook zou willen: zo iemand ben ik niet. Ik kies toch altijd voor een zekere mate van gebondenheid, en ik zoek zeker het avontuur op, maar wel altijd in de wetenschap dat ik terugga naar de plek die ik ken en de mensen die ik liefheb. Eigenlijk dus een laffe manier van reizen, maar wel eentje die bij mij past. Ik ben nou eenmaal niet zo avontuurlijk als ik vroeger altijd zelf wilde geloven...

15 ER ZIJN HEEL WAT BEDDEN BETER DAN MIJN EIGEN BED

Om de laatste hand aan mijn boek te leggen leek het me een goed idee om nog een periode in mijn agenda te blokken. Een periode zonder afleiding: geen etentjes met vrienden, werkafspraken of verplichtingen. En waar kan je beter rust en concentratie vinden dan in het paradijselijke Frans-Polynesië, een van mijn meest favoriete plekken op aarde.

We hadden voor *Floortje naar het einde van de wereld* al een reis gepland naar het piepkleine eiland Pitcairn, gelegen tussen Tahiti en Paaseiland. Het leek me een goed idee om op eigen kosten een week eerder te vertrekken en een klein huisje te huren op Moorea, naast het hoofdeiland Tahiti.

Eenmaal daar aangekomen was het zaak om even bij te slapen, en toen ik me de volgende morgen weer enigszins mens voelde, klapte ik mijn laptop open om verder te werken aan het boek dat nu voor je ligt. Maar het lukte me niet om me te concentreren, want er bleef onophoudelijk een tropische regenbui op het zinken dak beuken. Moorea is een eiland om nooit meer weg te willen, want het heeft zo veel wat het leven aangenaam maakt. Prachtige grillige bergen in het midden van het eiland, veel witte stranden eromheen, een fantastische (deels Franse) keuken, en bewoners die het de normaalste zaak van de wereld vinden om altijd vriendelijk tegen vreemdelingen te zijn. Maar het mooiste zijn de kleuren, vooral het bijna turquoise water en het diepe groen op de heuvels. Die kunnen alleen maar zo groen zijn als het op zijn tijd stevig regent. Terwijl ik op het einde van de bui wachtte en rondkeek in het huisje dat ik had gehuurd, moest ik onwillekeurig denken aan de hotels waar ik de afgelopen maanden had geslapen. Hoeveel waren dat er eigenlijk? Na wat rekenwerk kwam ik uit op zo'n vijftig stuks, in vier maanden tijd. Toch een behoorlijk aantal. En toen ik eenmaal aan het rekenen was, begon ik nog verder terug te tellen. Hoeveel hotelbedden zou ik eigenlijk de afgelopen vijfentwintig jaar hebben gezien? Op hoeveel kussens had ik mijn hoofd gelegd? Na nog wat rekenen kwam ik op een aardig getal: het moesten er rond de drieduizend zijn, maar dat kon ook zomaar iets meer worden als ik ook alle bedden op schepen en in treinen meerekende, en natuurlijk de kampeermatrasjes waarop ik gelegen had: in een tent, op het achterdek van een veerboot, op een strand en meer van dat soort plekken. Met als meest recente slaapplek dit huisje aan de Stille Oceaan, met een groot bamboe bed met een sprei met kleurige exotische bloemenprint. Een uitermate geschikte plek om mijn laatste verhaal in dit boek af te maken.

Toch speelt mijn onrust me niet alleen parten bij het schrijven, het is ook een thema als het om mijn slaapplek gaat. 'Er gaat niets boven je eigen bed,' zullen veel mensen zeggen. Zoals wel vaker ligt dat voor mij anders. Hoe fijn mijn eigen huis ook is: ik hou ervan om ergens anders te slapen, waardoor ik nu al meer dan vijfentwintig jaar met grote regelmaat in een vreemd bed lig. Dat maakt me oprecht gelukkig, hoewel het voor een onrustige ziel als ik een stuk makkelijker zou zijn als ik me gewoon het gelukkigst in mijn eigen huis en mijn eigen bed zou voelen. Het is namelijk aardig vermoeiend als je elke keer weer weg wilt. Nooit eens gewoon maanden achter elkaar thuis zijn en daar volkomen tevreden mee zijn: die onrust blijft een aanslag op lichaam en geest.

Ik schiet soms ook door in die behoefte om weg te zijn. Toen een paar jaar geleden de aannemer die mijn etage verbouwde schoorvoetend kwam melden dat de oplevering van mijn huis was vertraagd, was ik juist blij: nu móést ik wel twee weken extra in een hotel slapen. Zelfs tijdens de periode van de COVID-lockdowns kreeg ik het voor elkaar om in mijn eigen stad bijna elke week een keer een hotelkamer te boeken, om toch even het gevoel te hebben weg te zijn.

Het is dan ook niet zo heel verwonderlijk dat ik altijd heel blij ben als er weer een seizoen *Floortje naar het einde van de wereld* voor de deur staat. Het idee alleen al dat het avontuur weer gaat beginnen, zorgt ervoor dat ik in de weken ervoor rustig thuis kan slapen (terwijl we onderweg vaak een stuk minder comfortabel slapen dan thuis)! Als we op pad gaan met de crew, proberen we de eerste nacht altijd een prettig hotel te vinden om een beetje fris aan de start te verschijnen. Daarna is het namelijk meestal wel gedaan met een goede nachtrust. Veel mensen die 'aan het einde van de wereld' wonen, hebben geen logeerkamer, want hoe vaak komt er iemand langs op zo'n afgelegen plek? Regelmatig liggen we ergens op een speciaal voor ons ingerichte slaapplek, met een haastig geïmproviseerd bed, met een beetje geluk op een echt matras.

We doen altijd ons uiterste best om bij iemand thuis te logeren, als daar tenminste animo voor is bij de mensen die ik ga interviewen. Op die manier leer je iemand namelijk veel sneller kennen en kun je tot een goed gesprek komen. Als je elkaar bij het ontbijt ziet, en de hele dag met iemand meedraait in het 'normale' leven, lukt dat altijd veel beter dan wanneer je elke avond naar je hotel of pension gaat. (Als die er überhaupt zijn.)

Dat betekent wel intensieve draaidagen van zestien uur of langer, omdat we meestal maar een dag of vijf, zes blijven. (Anders wordt het een te dure productie.) Omdat je in die tijd de persoon of personen in kwestie moet leren kennen, en je toch wat diepere gesprekken over hun beweegredenen wilt gaan voeren, maken we altijd heel lange dagen. Elk uur probeer je zo goed mogelijk te gebruiken, want voor je het weet moet je alweer weg. En dus staan we voor dag en dauw op om de zonsopkomst te filmen en om te zien hoe het leven langzaam opstart.

Nadat we een lange dag bezig zijn geweest, 's avonds samen hebben gegeten en niet zelden tot laat zijn blijven praten, moet de cameraman nog wat langer wakker blijven om al het materiaal dat we hebben gedraaid op de computer te zetten. Niet zelden blijf ik ook wakker om dat materiaal terug te kijken. Nachten aan het einde van de wereld zijn dus kort. Dan slaap je sowieso wel, of dat nou in een kinderledikant, op een opblaasmatras of in een krappe scheepskooi is.

Gelukkig treffen we vaak genoeg plekken waar wel een goed bed staat, en waar ik met gemak weken had kunnen blijven. Op het kleine Maatsuyker Island bijvoorbeeld, onderdeel van Tasmanië en officieel het zuidelijkste punt van het Australische continent. We logeerden er bij Dave en Robyn, twee geweldig lieve mensen en de enige twee bewoners van het eiland, die hier een half jaar lang als vrijwilliger de vuurtoren van het eiland beheerden. De hele dag namen ze mijn cameravrouw R. mee op sleeptouw, en we zaten tot laat bij hen aan de keukentafel om naar hun avontuurlijke verhalen te luisteren.

Als het dan tijd was geworden om te gaan slapen, liepen we over een kronkelend pad naar het oude gasthuis naast de vuurtoren, waar de tijd leek te hebben stilgestaan. De kamers hadden een inrichting die minstens honderd jaar oud was, de bedden kraakten en de porseleinen wastafels waren gebarsten, maar alles ademde geschiedenis en avontuur. Er lag zelfs nog een oud gastenboek met reisverhalen uit vervlogen tijden, toen gasten minimaal een half jaar moesten blijven omdat er bijna geen mogelijkheid was om het zeer afgelegen en moeilijk bereikbare eiland te verlaten. En als je 's avonds in je bed lag, gleed het licht van de vuurtoren door je kamer en viel je in slaap door het rustgevende geruis van de branding.

Als je 'aan het einde van de wereld' een tv-programma maakt, moet je er niet vreemd van staan te kijken als het slapen soms een stuk 'uitdagender' is. Bijvoorbeeld in een koude schuur aan een baai in Chileens Patagonië, waar de wind door de kieren blies, en niet alleen de houtkachel niet opgewassen bleek tegen de nachtelijke kou, maar ook mijn contactlenzen bevroren in het lenzendoosje naast mijn bed.

Ook redelijk uitdagend was de slaapplek in het Afrikaanse Guinee, waar we ons kleine koepeltentje hadden neergezet op het terrein in de jungle waar chimpansees werden opgevangen. Elke morgen om vier uur werden we steevast gewekt door de luide kreten van de dieren, die niet konden wachten op hun verzorgers die elke morgen met ze de jungle in trokken, ter vervanging van hun eigen moeders die door stropers waren doodgeschoten. Of de lodge in Belize, waar elke nacht een vogelspin over de vloer kroop en ik mijn muggennet was vergeten. En niet te vergeten die keer dat we met noodweer op een vrachtschip over de Kaspische Zee voeren richting Turkmenistan, en onze hut bijna te vies was om er te slapen: beschimmelde matrassen, kakkerlakken op de vloer en in alle kastjes porno-dvd's.

Voor cameraman T. was vooral onze reis naar het idyllische Palmerston – een eilandengroep die bij de Cook-eilanden in de Stille Oceaan hoort – één groot drama. De reis per vrachtschip duurde drie dagen, wat normaal al pittig is als je last hebt van zeeziekte zoals hij, maar op het aftandse gevaarte waarop wij voeren was het helemaal afzien. Op het hele schip hing een permanente diesellucht, en de hutten waren zo smerig dat je zelfs als je stillag al misselijk werd. Eenmaal onderweg was de zee zo ruig dat we alleen nog maar op het dek konden liggen en bijna niet konden opstaan, omdat het schip voortdurend heen en weer rolde. Uiteindelijk hebben we onszelf moeten vastsnoeren met spanbanden die we toevallig bij ons hadden. Maar omdat hij de hele reis groen zag van misselijkheid, moest hij zichzelf regelmatig losmaken om over de reling te braken, waarbij hij meermaals bijna overboord ging door een plotselinge grote golf.

Wonderwel kreeg hij het voor elkaar om te blijven filmen, hoewel hij regelmatig even zijn camera moest neerzetten om over zijn nek te gaan.

Ik had gelukkig geen last van zeeziekte, maar voor de rest was het ook voor mij geen pretje. Het lukte bijna niet om te slapen, de hitte was ondragelijk en het avondeten bestond uit niet meer dan koude sperziebonen uit blik en dito maïs. Toen we midden op de uitgestrekte en lege oceaan motorpech kregen, konden we niet veel meer doen dan constateren dat dit de allerergste slaapplek ooit was. Maar eenmaal op het paradijselijke atol Palmerston aangekomen, was het leed snel vergeten. Wonderlijk hoe snel je alle ellende kunt vergeten als je eenmaal op een prachtige plek bent aangekomen. En een geluk bij een ongeluk: op de terugweg konden we meevaren met een zeiljacht van twee heel leuke Nederlanders die toevallig in de buurt waren. Zelden ben ik zo blij geweest om aan boord te gaan van een zeiljacht.

Uiteindelijk krijg ik overal toch de rust die ik nodig heb om te kunnen functioneren, want een lijf dat moe is, kan (bijna) overal slapen, al is het een bloedhete tent in de binnenlanden van Australië of in Kenia, of op een houten plank in een half bevroren hut in Siberië, Groenland of Patagonië. Je bent immers op avontuur! En daar hoort altijd een zekere mate van afzien bij, vind ik.

Een groot voordeel wat mij betreft: na zo'n bar en boos avontuur ben ik altijd intens blij om in mijn eigen bed te liggen. Hoewel het altijd weer begint te kriebelen als ik een paar weken thuis ben. Laat het avontuur maar beginnen! En dus begint de hele cyclus weer van voren af aan. En dat al meer dan vijfentwintig jaar.

Ik vond al een tijd dat ik eens moest stilstaan bij het feit dat ik altijd die afwisseling zoek tussen het 'veilige thuis' en het 'avontuurlijke onderweg'. Op jongere leeftijd denk je daar nog niet zo over na. Heel veel leeftijdsgenoten om je heen doen het immers ook zo: ze reizen veel of wonen een tijd in het buitenland. Maar dan komt het moment dat de eerste vrienden gaan samenwonen en de eerste baby's worden geboren. Langzaam gaat iedereen settelen en breekt een periode aan waarin de regelmaat de overhand begint te krijgen. Banen worden vast, promoties komen in zicht en kinderen moeten naar school. Ik heb me er altijd over verbaasd dat de meeste mensen daar helemaal geen moeite mee lijken te hebben. Zelfs de meest verstokte reizigers zag ik rond hun dertigste of begin veertigste langzaam tot rust komen en uiterst tevreden zijn met hun nieuwe, meer regelmatige leven. Waarom kon ik dat niet en bleef me dat toch dwarszitten? Zoals ik al beschreef in hoofdstuk 1 is die rust er bij mij nooit gekomen en bleef die drang naar een afwisselend leven zonder al te veel regelmaat.

Om daar wat meer inzicht in te krijgen, besloot ik een tijdje terug een afspraak te maken bij een therapeut. De COVID-periode was ik wonderwel goed doorgekomen, mede dankzij mijn mini-uitstapjes in eigen land, maar het verbaasde me toch wel dat ik, zo gauw het weer mogelijk was, met het grootste gemak weer in mijn oude 'onrustige maar avontuurlijke' leven stapte.

Via een vriend vond ik een heel fijne dame die me ontving in haar praktijk net buiten Amsterdam. Het voelde de eerste keer wat onwennig om met een wildvreemde het gesprek over mijn onrust aan te gaan. Was dit überhaupt wel iets waarover ik met een deskundige moest gaan praten? Moest ik niet gewoon berusten in het feit dat dit nou eenmaal mijn pad is? Eenmaal bij haar op de bank merkte ik echter dat het goed was dat ik naar haar toe was gegaan. Ze bleek een uiterst wijs mens te zijn, met een heldere visie. Wekenlang spraken we over mijn wonderlijke tocht door het leven en de behoefte om altijd maar weg te willen. Was het een vlucht voor wat ik thuis had?

Of voor wie ik thuis was? Kon ik niet tegen de stilte in mijn hoofd, of moest ik de drukte in mijn hoofd tot zwijgen brengen door weg te gaan?

Ik probeerde me te herinneren of er een tijd was dat ik me niet zo voelde, maar die kon ik me niet voor de geest halen. Ik weet niet anders dan dat ik altijd al een hekel had aan het ritme van elke week naar school gaan, en te moeten wachten op de vakantieperioden zodat ik eindelijk uit die sleur kon breken. Het was daarom ook echt een zegen dat mijn ouders ons regelmatig mee op avontuur namen: kamperen bij de boer of varen met onze houten zeilboot.

We spraken ook over mijn onrustige leven op het relationele vlak. Regelmatig heb ik lange relaties gehad, met fijne en begripvolle mannen die mijn onrust respecteerden. Maar bijna altijd was er van mijn kant uiteindelijk weer de onrust, die ervoor zorgde dat ik de relatie verbrak. En dat terwijl veel van deze mannen uitzonderlijk leuk en heel bijzonder waren. Niet voor niets zijn veel van hen nog steeds heel goede vrienden en collega's met wie ik heel goed kan samenwerken.

Uiteindelijk hebben de gesprekken met de therapeut me zeker iets gebracht: ik heb meer rust gevonden en heb geaccepteerd dat dit mijn pad is. De onrust is voor mijn gevoel een onderdeel van wie ik ben, of ik dat nou wil of niet. Zoals sommige mensen intens tevreden zijn in een kleine leefwereld, of met de hectiek en het ritme van een groot gezin, zo ben ik op mijn best als ik de vrijheid voel om mijn eigen plan te trekken. Misschien ben ik egoïstischer ingesteld en wil ik me niet hoeven bekommeren om anderen. Maar gek genoeg ben ik wel enorm gehecht aan al mijn goede vrienden en mijn familie, doe ik alles voor ze en maak ik zo veel mogelijk tijd vrij om die banden te onderhouden. Ik kán het dus wel. Maar als het om mijn eigen pad in het leven gaat, ben en blijf ik iemand die enorm veel waarde hecht aan haar vrijheid en de mogelijkheid om zelf keuzes te maken. Hoewel ik me door schade en schande – en vooral heel wat gezondheidsperikelen – maar al te bewust ben geworden van het feit dat het leven ook zo zijn eigen plan trekt.

Ik heb eindelijk geleerd om te berusten in de onrust in mijn lijf en geest, die ik in de afgelopen vijfentwintig jaar enorm heb kunnen uitvergroten. Ik heb mijn wildste dromen nagejaagd en de verste plekken aangeraakt. Ik ben eindeloze dagen en nachten onderweg geweest, waarbij ik zelf aan het stuur zat en de richting bepaalde, en mijn eigen herinneringen creëerde. En natuurlijk is dat heel solistisch en heb ik geen stevige familiebasis opgebouwd met kinderen en een langdurige relatie. Er zijn momenten dat ik dat verdrietig vind, maar er is ook de berusting dat dit niet mijn pad was, puur en alleen omdat ik daar niet de rust voor heb. Dat is me heel duidelijk geworden in de gesprekken met mijn therapeut, maar ook met mijn zusje. Zij is een van de dierbaarste mensen in mijn leven en iemand met oneindig veel wijsheid. Zoals zij zegt: 'Dit is jouw rugzak, met daarin het karakter dat jij bij je geboorte hebt meegekregen, en de keuzes die je zelf in het leven gemaakt hebt. Maar ook met zaken waar je eenvoudigweg geen invloed op hebt. Iedereen heeft zijn eigen rugzak en dit is die van jou. En die moet je dragen in volle acceptatie omdat je dat zo veel meer rust in het leven gaat brengen.'

Dat is iets wat me, nu ik wat ouder word, steeds beter lukt. Ik ben en blijf een vreemde eend in de bijt, een rare onrustige vogel die een ander pad heeft gekozen dan de mensen om me heen. Iemand die goed gedijt bij een leven vol uitdagingen en avonturen, die me het gevoel geven dat ik ten volle leef. Al betaal ik daar ook een prijs voor maar het is het een of het ander. Maar wat me echt rust geeft, is het idee dat het leven waar ik als kind al van droomde echt is uitgekomen.

16 JE KUNT EEN BABY BEST IN DE VRIESKOU TE SLAPEN LEGGEN

Ik heb een zwak voor ruige, koude, onherbergzame gebieden. Voor plekken waar alles wát er leeft bestand is tegen de elementen: de vegetatie, de dieren en de mensen. Want juist daar merk je dat de mensen over een soort weerbaarheid beschikken die essentieel is, waardoor ze in mijn ogen veel beter gewapend zijn tegen ontberingen die het leven met zich mee kan brengen.

Ik heb daarom enorm mijn best gedaan zo veel mogelijk ijskoude bestemmingen te bezoeken. Groenland, Siberië, South Georgia, Antarctica, Lapland, IJsland: ik kan er intens gelukkig van worden. Maar we moeten zo'n trip altijd wel veel grondiger voorbereiden. Onze kleding moet écht bestand zijn tegen de kou en de camera moet altijd volledig worden ingepakt met een speciale beschermhoes, waar losse warmte-units in zitten die ervoor zorgen dat de camera niet bevriest. Ook moeten we ervoor zorgen dat we niet de hele tijd van binnen naar buiten lopen, omdat de camera door de grote temperatuurwisselingen meteen bevriest. En we hebben een strak draaischema omdat de dagen in de kou vaak uiterst kort zijn: de zon komt soms amper boven de horizon uit.

Ik moet bekennen dat ik me op een verblijf in een extreem koud gebied niet alleen praktisch maar ook mentaal echt moet voorbereiden. Dat doe ik door mezelf de dagen voor vertrek al langzaam in te stellen op de kou die gaat komen; ik zet thuis de verwarming nog lager dan normaal, draag een zo dun mogelijke jas, en voordat ik ga slapen probeer ik mezelf in te beelden hoe het ook alweer is als het zo koud is dat zelfs ademen pijn doet.

En toch: elke keer dat ik de terminal uit loop van een vliegveld ergens boven de poolcirkel, voelt de kou weer als een klap in het gezicht en merk ik dat mijn lichaam zich kapotschrikt. Niet zo gek als je bedenkt dat ons lichaam gemiddeld 36,5 graden is. Als je dan in een gebied met écht barre koude arriveert, zoals Alaska, Siberië, Spitsbergen of Groenland, en je opeens een verschil voelt van soms wel 60 graden, dan heeft het lichaam daar enorm veel moeite mee. Dat gevoel van 'dit klopt eigenlijk niet' houdt dagenlang aan. Pas dan begin ik er een beetje aan te wennen.

Het helpt wel dat de huizen in koude gebieden vaak bloedheet gestookt worden, zeker in bijvoorbeeld Siberië. Daar is een doorsnee huis vaak zo heet dat je soms kunt verlangen naar de kou buiten. Alsof je in een sauna bent en staat te popelen om het koude dompelbad in te gaan.

Echt een uitdaging zijn de activiteiten die we soms in de kou doen, zoals in een bevroren meer in Finland in een wak springen, of in een bijna bevroren beek in Nova Scotia in Canada. Dan moet ik mijn trukendoos opentrekken om zoiets tegennatuurlijks tóch te doen, door bijvoorbeeld eerst een kwartiertje te gaan hardlopen met dikke kleding aan, in een sauna te gaan zitten, of de makkelijkste manier: door een stevige slok whisky te nemen voordat ik het water in ga.

Lastig wordt het pas echt als je lange perioden buiten moet zijn, zoals die keer in Groenland toen we vijf dagen per slee over het bevroren land trokken. Ik kan me niet herinneren dat ik het ooit kouder heb gehad dan toen. Ik was gekleed in een driedubbele jas, meerdere broeken en dikke sneeuwlaarzen, maar bij min dertig wilde mijn lichaam niet meer op temperatuur komen. Mijn Groenlandse begeleider had nergens last van; hij was gekleed in een jas van zeehondenbont en een broek gemaakt van een ijsbeerpels, en stapte elke dag fluitend het ijs op.

Ik weet nog dat ik na vijf dagen huilend aankwam bij onze eindbestemming: een klein dorp met een paar huizen, een pension en een airstrip. Twee uur lang heb ik in het pension in een gloeiend heet bad gezeten, terwijl de tranen over mijn wangen rolden, en nog had ik het koud: een stil protest van mijn lichaam tegen de dagenlange onmenselijke kou.

Met al die ontberingen is het filmen altijd weer een bijzondere ervaring; juist door de mensen die je tegenkomt en de manier waarop die kou ze gevormd heeft tot wie ze zijn. Want als je geboren wordt in een koud klimaat, ben je echt een ander mens dan wanneer je nooit zulke extreme omstandigheden hebt ervaren. Daar ben ik na al die jaren van overtuigd!

Een mooi voorbeeld daarvan vond ik op het piepkleine eilandje Stóra Dímun, onderdeel van de Faeröer-eilanden, een archipel in de noordelijke Atlantische Oceaan. Het eiland is alleen te bereiken per helikopter en telt slechts acht bewoners: Eva, die als oudste kind van de familie Dímun de schapenboerderij heeft geërfd, haar broer en hun beider gezinnen. Stuk voor stuk mensen met karakteristieke gezichten, sterke lijven, een ijzersterke wil en voor de duvel niet bang. Hun leven bestaat uit schapen scheren, het eiland beheren en kinderen opvoeden. Ze klauteren zonder problemen de rotsen af op zoek naar een verdwaald schaap, onderhouden warme banden met de mensen op de omliggende eilanden, vieren in de zomer uitbundig het feit dat de zon schijnt en kleden zich in de winter stevig aan en gaan zonder morren de kou in om de weg sneeuwvrij te maken of een hek te repareren. Mensen die tegen een stootje kunnen, zeg maar.

Het geheim van die kracht zit hem volgens mij in de manier waarop ze zijn opgegroeid, en de gewoonten die ouders hier hanteren. Een mooi voorbeeld daarvan kreeg ik vlak na aankomst. Toen we net aan onze eerste mok thee zaten in het behaaglijk warme keukentje om op te warmen na de lange reis, bleek het tijd voor het middagdutje van Eva's baby. Het kind werd onder een wollen deken, voorzien van wollen mutsje, in een ouderwetse wandelwagen gelegd. Vervolgens reed Eva de wagen naar buiten en parkeerde hem zo in het weiland, vlak naast de grazende schapen. En dat terwijl de thermometer op dat moment -10 graden aangaf en er een snijdende wind stond. Volgens Eva de normaalste zaak van de wereld om de baby zo buiten te zetten voor zijn middagdutje: dat zorgt voor een goede weerstand waar het kindje zijn hele leven profijt van heeft. Iedereen doet dit al eeuwen zo op de Faeröer-eilanden. En met succes.

Op IJsland heb ik ook buggy's met het kind er nog in buiten in de sneeuw zien staan, voor de deur van een kroeg waar de ouders zich binnen aan een haardvuur warmden. Dat waren echt geen ontaarde ouders; het is gewoon gewenning. Buiten slapen is in IJsland een gekoesterde traditie sinds pedagoog David Thorsteinsson in 1926 de voordelen ervan beschreef. Zijn belangrijkste argument: het versterkt het immuunsysteem. Sowieso zijn mensen daar het hele jaar door vaak buiten: in het weekend gaan de meeste IJslanders met de hele familie langlaufen, hiken en kamperen. Zo groeien kinderen op die tegen een stootje kunnen, en dat is iets waar ik heel erg van hou.

Ook dichter bij huis zien we steeds vaker hoe gezond het is om baby's en peuters buiten te laten slapen. In Groningen is het al meer dan een eeuw een traditie om kinderen in een 'lutjepot' te leggen, een soort konijnenhokje waarin ze beschermd zijn tegen wind en regen. Dat klinkt misschien wat vreemd, maar het is wel degelijk heel gezond voor een kind. De frisse lucht is goed voor de weerstand en de kinderen maken extra vitamine D aan. Ook steeds meer kinderdagverblijven in de rest van Nederland beginnen de voordelen van het buiten slapen in te zien.

Ondanks het feit dat ik gewoon in Nederland ben geboren, heb ik wel iets van dit soort ontberingen in mijn opvoeding meegekregen. De liefde voor het kamperen was bij mijn vader namelijk zo groot dat hij het hele jaar door met ons op pad ging met een tent en warme slaapzakken. Je kon hem geen groter plezier doen dan in de ijzige kou te kamperen, dus hadden we regelmatig winterkampen, waarbij we de tent opzetten bij een boer of ergens op een natuurterrein in het bos, het liefst als er een dik pak sneeuw lag. Tegen de tijd dat de tent stond was je tot op het bot verkleumd, maar dan maakte hij een kampvuur waar we ons aan konden warmen. En als we 's avonds onze slaapzakken in doken, lag ik met mijn broer en zusjes dicht bij elkaar om warm te blijven. Dat klinkt misschien wat spartaans, en ik herinner me ook dat ik het haatte als ik midden in de nacht mijn slaapzak open moest ritsen om te gaan plassen, maar achteraf ben ik mijn vader heel dankbaar dat hij ons altijd meenam. Ik heb er nog vaak profijt van.

Ook in Nederland zien we steeds vaker de voordelen van de kou in, mede dankzij Wim Hof, die daar ook internationaal bekend mee is geworden. Zijn zogenoemde Wim Hof-methode combineert ademhalingsoefeningen met koudetraining en een bepaalde mindset, waardoor je beter bestand raakt tegen extreme kou. Je leert onder meer ademhalingstechnieken waardoor je lange tijd in koud water kunt doorbrengen, maar je gaat ook bijna zonder kleding door de ijskoude natuur wandelen. Wim Hof ontdekte de voordelen van de kou doordat hij jarenlang in de natuur trainde. Daar ontdekte hij dat hij zijn autonome zenuwstelsel (dat de belangrijke functies in je lichaam regelt, zoals je hartslag, bloeddruk, temperatuur en ademhaling) kon beïnvloeden, iets wat eerder door de wetenschap niet voor mogelijk werd gehouden. Maar in 2014 kreeg hij gelijk na een onderzoek van het Nijmeegse Radboud-ziekenhuis met vierentwintig proefpersonen, die ook allemaal in staat bleken hun autonome zenuwstelsel en immuunsysteem te beïnvloeden.

De voordelen zijn volgens Wim Hof gigantisch: je krijgt onder meer een beter immuunsysteem, een gezonder vaatstelsel, het werkt als natuurlijk antidepressivum, zorgt voor een hogere vetverbranding, en ga zo maar door. Er is ook kritiek op deze methode, doordat er mensen zijn overleden die in de vrieskou of in het koude water hun bewustzijn verloren. Maar ondanks deze trieste gebeurtenissen is de methode razend populair. Er worden inmiddels talloze workshops en cursussen gegeven, en speciale koudetrainingreizen georganiseerd in binnen- en buitenland. Wim Hof breekt het ene na het andere record: het langste ijsbad (twee uur), honderden meters onder het ijs zwemmen en bijna bloot een marathon lopen in de vrieskou. Ook grote sterren hebben hem ontdekt: zo coachte hij onder meer Oprah Winfrey, Barbra Streisand en Tom Hanks.

Ik moet zeggen dat ik zelf ook behoorlijk onder de indruk van hem was. Ik zag hem ooit spreken tijdens een TED Talk, waarna hij bij de volgende spreker in een ijsbad op het podium stapte en daar meer dan twintig minuten stoïcijns in bleef zitten.

We zijn als mensen geneigd om de weg van de minste weerstand te zoeken, maar zonder weerstand is er geen groei. Soms is het goed om het ongemak een beetje op te zoeken, omdat je je erna zo veel beter voelt. En omdat het je bewezen gezonder maakt.

In een interessant artikel op de website van RTL Nieuws[*] vertelde Bart Eigenhuis, een andere expert op het gebied van kou- en ademtherapie, daar meer over: '*A cold shower a day keeps the doctor away,*' aldus Eigenhuis. 'Je wordt niet ziek van kou, maar van een virus. Juist door je lichaam bloot te stellen aan kou merk je hoe sterk het is.' Volgens hem moeten we ons lichaam meer uitdagen: we zijn

---

[*] www.rtlnieuws.nl/lifestyle/gezondheid/artikel/5107331/een-ijsbad-maakt-gelukkig-en-nog-meer-voordelen-van-extreme

verwend geworden en daardoor zijn we niet meer in staat om de kracht van ons eigen lichaam te voelen. Hij motiveert mensen dan ook om dagelijks de kou aan te gaan, bijvoorbeeld met een koude douche.

Volgens Eigenhuis kan het ervaren van (extreem) lage temperaturen je immuunsysteem versterken. Je lichaam maakt meer witte bloedlichaampjes aan, waardoor je weerstand verhoogt. En hoe beter je immuunsysteem werkt, hoe minder snel je ziek wordt. 'Ook onderdrukt kou ontstekingseiwitten, waardoor ontstekingsreacties worden verminderd.'

Kou kan ook mentaal goede dingen voor je doen. Door je open te stellen voor kou, treed je uit je comfortzone, aldus Eigenhuis. De kans is groot dat je kou niet leuk vindt omdat je de voordelen er nog niet van hebt ondervonden. Zodra je de voordelen van kou hebt ervaren, merk je algauw dat je lichaam het aankan en dat het niet zo erg is als je dacht. 'Je leert loslaten. Je kunt er van alles van vinden in je hoofd, maar je lichaam weet wat het moet doen, dus vertrouw daarop. Laat spanning los en vertrouw op je eigen lichaam. Na de confrontatie met kou komen er gelukshormonen vrij en voel je je goed. Na een koude douche voel je je heerlijk. De emoties na een ijsbad zijn onbeschrijfelijk.'

Het blijft boeiend om zo'n koude-expert te horen vertellen wat ik zelf al zo vaak heb ervaren. Kou kan me ongelofelijk chagrijnig maken, maar net zo goed daarna heel gelukkig. En het fijne is: je hoeft niet naar Siberië of Groenland om van de voordelen van kou te profiteren, dat weet ik ondertussen ook wel. Ga gewoon zo vaak mogelijk naar buiten, ook als het regent. En juist als je je een beetje lamlendig voelt. Stap eens in een ijsbad. (Doe dat de eerste keer wel onder begeleiding, om een goede ademhaling aan te leren.) Leg je kinderen als ze klein zijn goed in warme doeken en dekens gewikkeld in hun bedje in de kou, of zet op zijn minst de ramen van hun slaapkamer open. Ga naar de sauna, fiets zonder trui, ga in de winter hardlopen met een dun jasje aan en zet elke dag de douche net een tikkie eerder op 'koud'.

Of ga winterkamperen op een van de natuurkampeerterreinen van Staatsbosbeheer die in de winter openblijven. Dat ben ik in ieder geval tot voor kort altijd blijven doen met mijn vader. En het feit dat hij dat tot zijn tweeënnegentigste heeft volgehouden, overtuigt mij wel van het nut ervan…

17 NEUSHOORNS HEBBEN OOK EEN OCHTENDHUMEUR

Mensen zijn eindeloos fascinerend. Portretten maken van intrigerende mensen en hun beweegredenen vind ik het mooiste van *Floortje naar het einde van de wereld*. Het blijft enorm boeiend om me onder te dompelen in iemands leven en te horen wat hem of haar drijft. Maar de combinatie van mens en dier is nóg mooier. Als ik naar een olifantenopvang in Sri Lanka reis, op pad ga met een stel biologen dat in Namibië woestijnleeuwen filmt of met een Nederlandse geitenhoedster over een Amerikaanse prairie zwerf, ben ik helemaal in mijn element.

Wat maakt die combinatie van mens en dier dan zo bijzonder voor mij? Misschien wel het feit dat dieren veel meer op ons lijken dan we vaak denken. Primatoloog Frans de Waal schrijft in zijn boek *Mama's laatste omhelzing* dat mens en dier heel dicht bij elkaar liggen, bijvoorbeeld als het gaat om emoties zoals jaloezie en rechtvaardigheid. De Waal stelt dat we qua DNA voor 99 procent identiek zijn aan mensapen, en dat wij mensen eigenlijk net zo verwant zijn aan de chimpansee als de Aziatische olifant aan de Afrikaanse olifant.

Die verwantschap valt me ook vaak op tijdens het filmen. In 2017 was ik voor *Floortje naar het einde van de wereld* op een geheime locatie in Zuid-Afrika om het fascinerende verhaal te vertellen van Jamie Traynor, ook wel bekend als The Rhino Whisperer. Al jaren werkt de nu negenentwintigjarige Zuid-Afrikaanse in het Rhino Orphanage, een plek waarvan de locatie bewust geheim wordt gehouden om de dieren die er opgevangen worden zo goed mogelijk te beschermen tegen stropers, die het op hun hoorns gemunt hebben. Deze hoorns zijn goud waard in Aziatische landen, waar ze geloven dat gemalen neushoornpoeder helpt tegen impotentie en bij de bestrijding van kanker. Complete nonsens, maar het is helaas een wijdverbreid geloof. En omdat er zo veel geld in omgaat, lopen niet alleen de dieren gevaar, maar ook de verzorgers: in de jacht op neushoorns wordt grof geweld gebruikt en men deinst er niet voor terug om ook de verzorgers aan te vallen.

Dat heeft Jamie er nooit van weerhouden om zich al op zeer jonge leeftijd het lot van deze dieren aan te trekken en ervoor te zorgen dat ze volwassen kunnen worden en uiteindelijk teruggebracht naar de wildernis. Wereldwijd is Jamie ondertussen een bekendheid geworden door haar berichten en foto's op social media, waar ze laat zien hoe bijzonder de dieren zijn. Je hoeft maar een van haar berichten te zien om te begrijpen waarom ze zo dol is op de neushoorns: het zijn net mensen! Ondanks hun prehistorische voorkomen zijn het wel degelijk intelligente dieren met ieder een eigen karakter en typische eigenschappen.

Als er een nieuw jong dier is binnengebracht, zie je hoe hulpeloos en onrustig het is. Verzorgers zoals Jamie doen er vervolgens alles aan om het langzaam rustig te krijgen, door het eindeloos aandacht te geven en zelfs vast te houden. Naarmate de weken en maanden verstrijken, zie je het dier langzaam opbloeien, vooral omdat het snel bij andere (jonge) dieren wordt geplaatst waarmee het zich kan verbinden. Het blijft bijzonder om te zien hoe de neushoorns na een tijd weer letterlijk rondspringen, met andere dieren gaan spelen en in slaap vallen met de onderkant van hun poten tegen elkaar aan om de verbondenheid te blijven voelen.

Als ze eenmaal wat ouder zijn, gaan ze puberaal gedrag vertonen. Dan moeten ze gecorrigeerd worden, zoals die keer toen ik met Jamie en een mannelijke neushoornpuber door de wildernis wandelde. Hij dreigde tijdens het interview steeds tegen mijn benen te beuken. Heel normaal gedrag voor zijn leeftijd, maar hij kreeg van Jamie – alsof ze echt zijn moeder was – (verbaal) op zijn kop omdat hij moest leren dat hij met zijn zware kop niet tegen een mens maar tegen een boom moet rammen. Een echte beuk van hem zou namelijk meteen mijn been breken.

Ook op andere momenten zag ik parallellen tussen mens en dier. Bijvoorbeeld als ik 's morgens naar hun verblijf wandelde en de kleine neushoornkalfjes me nieuwsgierig aankeken met hun kleine oogjes en voorzichtig aan het eten snuffelden dat ik voor ze had meegenomen. Nadat ze even de kat uit de boom hadden gekeken, begonnen ze langzaam aan het eten. Eindeloos kon ik daar zitten om de dieren te bestuderen, zodat ik ze na een paar dagen zelfs uit elkaar begon te houden. Er was een gewiekst mannetje dat iedereen opzijduwde om bij de voederbak te komen, maar ook een wat ouder dier dat nog steeds zo veel mogelijk op de achtergrond bleef en pas als alle andere neushoorns gegeten hadden naar de voederbakken liep om ze tot op het laatste restje leeg te slobberen. Er was een jong vrouwtje dat je 's morgens niet te vroeg moest komen opzoeken; dan keurde ze je geen blik waardig en bleef ze stoïcijns onder de boom liggen. Nooit geweten dat neushoorns ook een ochtendhumeur kunnen hebben.

Na zo veel jaren fascinerende verhalen te hebben verteld over mensen die zich inzetten voor dierenwelzijn in *Floortje naar het einde van de wereld*, kreeg ik steeds meer de behoefte om me eens verder te verdiepen in dit onderwerp. Want elke keer als ik iemand ontmoette die zich inzette voor dierenwelzijn, liep ik tegen hetzelfde aan: hun werk is nodig omdat er een schrijnende situatie is ontstaan die wij zelf gecreëerd hebben. Overal ter wereld zorgen wij mensen ervoor dat dieren lijden, waarna ze vervolgens door ons 'gered' moeten worden. De neushoorns die op de savannes van Zuid-Afrika wees zijn geworden omdat mensen hun moeders gedood hebben voor de hoorn. De chimpansees die in Peru uit bomen worden geschoten om hun baby's te kunnen verkopen als huisdier. Zeldzame witte leeuwen die in Namibië als diersoort dreigen uit te sterven omdat ze gedood worden door de boeren van wie ze het vee aanvallen. Elke keer is het de mens die hoogstpersoonlijk verantwoordelijk is voor het probleem. Hoe is dat toch mogelijk? Waarom zijn wij hier als mens toe in staat en waarom voelen we ons überhaupt superieur aan dieren?

In 2021 werd ik via een bevriende cameraman voorgesteld aan Jasper Doest, een fotograaf die internationale bekendheid heeft verworven met zijn vele fotoseries waarin hij de gecompliceerde verstandhouding tussen mens en dier onderzoekt. Zo heeft hij onder meer een serie prachtige portretten gemaakt van Flamingo Bob, een flamingo die in Curaçao tegen een hotel aan was gevlogen en door een dierenarts, de nicht van Jasper, werd opgelapt. Nu zijn zij en Bob onafscheidelijk en geeft ze zelfs voorlichting aan kinderen met Bob in de klas, over het belang van dierenbescherming. Dat alles heeft Jasper in prachtige en kleurrijke foto's weten te vangen, die ondertussen in heel veel grote kranten en tijdschriften zijn gepubliceerd.

Al pratend met Jasper ontdekte ik dat hij door zijn werk als fotograaf heel veel weet van de verhouding tussen mens en dier, maar ook door zijn achtergrond als bioloog. En langzaam ontstond het idee om met Jasper mee op pad te gaan tijdens het fotograferen en daar een nieuwe televisieserie van te maken. Hoe bijzonder zou het zijn om hem te volgens tijdens een lange reis, om op die manier meer te leren over de vreemde verstandhouding die we als mens met dieren hebben? Neem nou honden: hier knuffelen we ze bijna dood als huisdier, maar tegelijkertijd worden honden in China doodgeknuppeld om ze te eten. Of herten: in Nederland kunnen we dierenleed niet aanzien en als er damherten afgeschoten dreigen te worden komt er massaal protest, maar tegelijkertijd halen we met het grootste gemak een stuk hertenbiefstuk bij de slager. Juist die dubbele moraal blijft me fascineren en aangezien Jasper ook graag aan de slag wilde met dit thema, besloten we gezamenlijk op reis te gaan.

Een half jaar later vertrokken we in een Toyota Land Cruiser, samen met twee cameramannen en een auto vol apparatuur. Meer dan drie maanden zijn we op reis geweest, met enkele langere tussenstops om thuis even op adem te komen. De route voerde ons via Europa naar Roemenië en daarvandaan via Turkije en Iraaks Koerdistan naar Irak. Omdat we geen vergunning kregen om door Iran en Pakistan te rijden, moesten we vervolgens vanuit Koeweit een schip nemen naar Azië, waarna we onze reis dwars door het immense India vervolgden om uiteindelijk in de Nepalese hoofdstad Kathmandu uit te komen.

Onderweg ontmoetten we onder meer Christina, die zich met haar stichting Libearty in Roemenië inzet om verwaarloosde beren te redden. Dat is een missie waar ze zich al meer dan vijfentwintig jaar mee bezighoudt, en waardoor ze enorm veel kennis heeft van de moeilijke verstandhouding tussen mens en dier. Een wild dier als een beer willen we immers niet in onze directe leefomgeving, en daarom worden beren al eeuwenlang uit de bossen verjaagd en gedood als ze te dicht bij ons komen. Beren zijn ook lang gebruikt om mensen te vermaken in het circus; waar ze moesten fietsen of door een hoepel sprongen. Ik vroeg aan Christina hoe het komt dat wij daartoe in staat zijn. 'De mens is egoïstisch en onwetend,' antwoordde ze. 'We zien dieren niet als levende wezens, maar als dingen. Pas de laatste eeuwen realiseren we ons dat dieren ook gevoelens en een bewustzijn hebben. Daarvoor zag men dieren als objecten. Wat weten we nou van dieren? In de supermarkt zien we alleen een stuk vlees liggen.' Dus we zijn vergeten dat ons vlees ooit een dier was met emoties, dat het net als wij blij kan zijn, of angstig.

Ook de Turkse dierenbeschermer Mert, die in zijn huis in de buurt van Istanbul vrijwillig talloze zwerfhonden opvangt die door hun eigenaren zijn gedumpt in de naburige bossen, had een duidelijke mening over onze band met dieren. Ik vroeg hem waarom we als mens zo'n onderscheid maken tussen onszelf en dieren, ondanks het feit dat we zo op ze lijken. 'Veel van de vreselijke dingen die we dieren aandoen, doen we omdat wij sterker zijn. En er werd van oudsher niet over nagedacht: het kon, dus men deed het gewoon. Zo was het tot een paar eeuwen geleden ook heel gewoon dat mensen elkaar tot slaaf maakten; daarover werden ook geen vragen gesteld. Hoe was het mogelijk dat de ene mens dit de andere mens kon aandoen? Gewoon, wederom omdat het kon. De een was sterker dan de ander en daar maakte je gebruik van. Dat geldt ook voor hoe we nu met dieren omgaan. Pas als je ze gaat zien als gelijken, als familie, dan ga je inzien hoe onvoorstelbaar het is wat wij ze allemaal aandoen.'

Ook van Baiju Raj, projectleider van Wildlife sos olifantenopvangcentrum niet ver van miljoenenstad New Delhi, konden we veel leren. In dit centrum worden 26 olifanten permanent opgevangen die hun leven onder erbarmelijke omstandigheden hebben moeten slijten. Zo werden ze bijvoorbeeld op bruiloften ingehuurd om beschilderd en wel ritjes te maken met de gasten, waarna ze vaak vastgebonden in een veel te kleine wagen naar de volgende locatie werden gesleept. Anderen werden zwaar verwaarloosd en uitgehongerd om met hun eigenaren bij tempels te kunnen bedelen. Ik vroeg Baiju hoe het mogeljik is dat de mens zo'n groot en wild dier heeft weten te onderwerpen. 'Dat is inderdaad opmerkelijk. Olifanten zijn namelijk net zo wild als tijgers en leeuwen en in principe heel gevaarlijk. Maar de mens heeft al eeuwen geleden een methode ontwikkeld om ze te laten gehoorzamen zodat we ze kunnen gebruiken als lastdier of voor vermaak: door ze als jong kalf op te sluiten in een klein hok en ze net zo lang met stokken te mishandelen totdat hun wil gebroken is. Dat kan weken duren, maar ook maanden. Elke olifant die je buiten de jungle en dicht bij de mens ziet, (dierentuinen waar ze geboren zijn daargelaten) is op die manier mishandeld.'

'Hoe is het mogelijk dat we zonder wroeging een dier zo veel ellende kunnen aandoen?' vroeg ik hem vervolgens. 'Tja, dat kan alleen maar omdat we als mens sadistisch kunnen zijn, en in staat zijn het leed van een dier niet te zien,' antwoordde hij. Maar waarom vinden wij überhaupt onze levens altijd belangrijker dan dat van een dier? 'Ik weet het niet', zei hij, 'Het gekke is dat wij als mens geen rol hebben in het ecosysteem. Of wij nou wel of niet bestaan, het maakt niets uit voor het ecosysteem. Als een vlinder, of een bij, of een tijger wordt uitgeroeid en dus uit het ecosysteem verdwijnt, dan heeft dat een impact op de directe omgeving in het ecosysteem waar dat dier leeft. Omdat het een voedselketen onderbreekt bijvoorbeeld. Maar dat geldt niet voor ons als mens: wij hebben als enige op aarde geen functie in het ecosysteem. Wij maken alleen dingen kapot. Misschien dat we, omdat we geen rol spelen in het ecosysteem, onszelf wel boven alle anderen dieren hebben gezet om te laten zien dat we toch belangrijk zijn en een functie hebben. Wie weet.'

Al met al hebben ontzettend veel bijzondere mensen en dieren tijdens deze trip ons pad gekruist, en hebben we prachtige verhalen kunnen maken, in woord en beeld. We zagen dromedarissen, die in de wildernis worstelen om een vrouwtje, in een arena waar ze bewust werden opgehitst tijdens het worstelen om het publiek te vermaken. We zagen een slangenvanger in de miljoenenstad Mumbai die zonder een spoortje angst de meest giftige slangen met zijn blote handen onder stapels autobanden vandaan trok om ze in de natuur vrij te laten. We vergaapten ons aan de lome waterbuffels die in de moerassen van Irak verkoeling zochten in het water. In Iraaks Koerdistan filmden we honden die van meters afstand TNT konden ruiken waarmee ze mijnen opspoorden en zo levens spaarden. En in Nepal zagen we hoe Doma als eerste vrouwelijke *wildlife guide* haar mannetje stond en zich met hart en ziel inzette voor het beschermen van bedreigde Aziatische neushoorns.

Het zijn allemaal bijzondere verhalen waar we veel inspiratie en hoop uit haalden, en waar we prachtige uitzendingen van konden maken. Maar aan het einde van deze enorme tocht merkten we ook dat we na al die maanden onderweg te zijn geweest niet al te optimistisch gestemd waren over hoe we ons als mens gedragen ten opzichte van dieren. Tijdens de reis zagen we hoe achteloos de mens met dieren omgaat. Hoe we ze langs de kant van de weg laten creperen, hoe we ze zonder erbij na te denken gebruiken om ons van voedsel en warmte te voorzien, en hoe we diverse soorten in een noodtempo laten verdwijnen door ze te stropen voor de handel.

Natuurlijk gebeuren er wereldwijd ook steeds meer goede dingen op het gebied van dierenwelzijn, maar er is nog een zeer, zeer lange weg te gaan. Er bestaat nog zo onvoorstelbaar veel dierenleed, niet alleen in het buitenland, maar ook in ons eigen Nederland. Bedenk je maar eens dat we in Nederland alleen al meer dan 1,7 miljoen dieren per dag slachten (het grootste gedeelte bestaat uit vleeskuikens). Dat zijn gigantische aantallen! En ondanks het verbod op onverdoofd slachten, gebeurt dat nog steeds op grote schaal, vooral bij geiten en schapen, omdat daar een uitzondering voor gemaakt is: zij mogen uit religieuze overwegingen niet (volledig) verdoofd worden afgemaakt.

Hoe groot is de kans dat we ons in de toekomst wat humaner en gelijkwaardiger gaan opstellen ten opzichte van onze mede-dieren? Die oplossing moet van de moderne technologie komen. Want ik weet één ding zeker: alles komt op zijn kop te staan zo gauw we als mens dieren zouden kunnen verstaan. Als we eindelijk kunnen horen wat dieren voelen, wat hun angsten zijn en hoe ze hun leven ervaren. Want wie kan er een varken doden als dat je vertelt hoe hij zich voelt? En hoe kun je een neushoorn afschieten als ze zegt dat ze haar kalf niet alleen kan laten? Het klinkt misschien wat 'simplistisch', maar het is zo: als we dieren eenmaal kunnen verstaan, kan dat echt een immense verandering teweegbrengen.

Ik las een artikel waarin gesteld wordt dat er steeds meer ontwikkelingen zijn die het mogelijk lijken te gaan maken dat we met dieren kunnen communiceren.* Nog niet zo lang geleden werd er gelachen om de gedachte dat dieren überhaupt een eigen taal zouden hebben, maar langzaam kantelt dat idee. Dat komt vooral doordat we steeds meer gebruik gaan maken van AI-technologie (kunstmatige intelligentie) die de mens steeds beter in staat stelt om de communicatie van dieren onderling vast te leggen en verder te ontcijferen. Eerst worden in een computerprogramma de geluiden van een dier geanalyseerd. Zodra het programma de basisgeluiden van het dier begrijpt, gaat het die vertalen in menselijke woorden en zinnen. Volgens onderzoekers is er technologisch gezien nog een lange weg te gaan, maar zijn de ontwikkelingen zeker hoopvol.

Als het eenmaal zo ver is, kunnen we ons eindelijk realiseren hoeveel ellende we al eeuwenlang veroorzaken. Misschien is het slim hier alvast op voor te sorteren, en dieren met meer respect te gaan behandelen. Dat bespaart ons een hoop schaamte, en het dierenrijk een hele hoop leed...

*www.binformedia.nl/wetenschap-en-technologie/nieuwe-technologie-laat-mensen-communiceren-met-dieren

18 LATEN WE ONS 'VLIEGBEWUSTZIJN' WAT VAKER GEBRUIKEN

Een afstand van 35 kilometer op ongeveer 1,5 meter hoogte. Meer was het niet. Maar het was wel een iconische afstand die het vliegtuigje, de Benoist Type XIV, tussen de Amerikaanse steden Tampa en St. Petersburg aflegde op 1 januari 1914. Het was namelijk de allereerste commerciële vlucht ooit. De twee steden liggen hemelsbreed nog geen 40 kilometer van elkaar, maar zijn van elkaar gescheiden door de Tampa Bay, waardoor men uren onderweg was om van de ene naar de andere stad te komen. Met de introductie van deze eerste lijnvlucht werd die tijd opeens teruggebracht naar drieëntwintig minuten.

Omdat iedereen wist dat dit een grote gebeurtenis was, werd het ticket voor de allereerste en enige passagiersstoel geveild. De hoogste bieder was de oud-burgemeester van Tampa, Abram Pheil, die maar liefst 400 dollar betaalde voor deze primeur. Omgerekend zou dat nu zo'n 6000 euro zijn. De vlucht was groot nieuws en duizenden mensen stonden langs het water om te kijken hoe het vliegtuigje opsteeg en even later weer veilig landde.

Vier maanden later hield de luchtvaartmaatschappij het alweer voor gezien. De kosten voor het vliegen waren te hoog en te weinig mensen hadden er geld voor over om hun reistijd tussen de twee steden te verkorten. Maar zoals Thomas Benoist, de bouwer van het vliegtuigje, verklaarde: 'Er komt een dag dat mensen de grote oceanen oversteken met vliegtuigen, zoals ze dat nu doen met stoomschepen.'

Het is bijna honderdtien jaar later als ik uit de Air France-vlucht AF078 stap. Acht uur ben ik onderweg geweest, van Los Angeles naar Papeete in Frans-Polynesië, in een Boeing 777-200, een toestel dat driehonderdtwaalf passagiers kan vervoeren en bijna 10.000 kilometer kan afleggen. Ik ben redelijk gaar, ook omdat ik er al een andere vlucht van elf uur op heb zitten: van Amsterdam naar Los Angeles. Maar als ik uit het vliegtuig stap, de warmte voel en de zoete geur van de kleine witte tiare-bloemetjes ruik (de nationale trots van het eiland), ben ik intens tevreden.

Bijna 16.000 kilometer heb ik afgelegd, op meer dan 10 kilometer hoogte, weliswaar op een kleine stoel achter in het vliegtuig, maar ik heb onderweg prima gegeten, twee afleveringen van een Netflix-serie gekeken en een paar uurtjes geslapen. Ik ben aan de andere kant van de wereld, in nog geen vierentwintig uur.

Het heeft uiteindelijk zo'n zestig jaar geduurd voordat vliegtuigbouwer Benoist gelijk kreeg, want pas vanaf de jaren zestig werd vliegen door de introductie van de straalmotor voor veel meer mensen bereikbaar. In de jaren zeventig volgde de introductie van de vakantiecharter, in de jaren tachtig de budgetmaatschappijen. Dat alles zorgde ervoor dat er in 2019 meer dan 4,5 miljard mensen in een vliegtuig stapten. (Dit aantal daalde drastisch door de COVID-pandemie maar is intussen alweer flink gestegen.) Dat had Benoist waarschijnlijk nooit voor mogelijk gehouden.

Ik herinner me nog heel goed dat ik voor het eerst een trans-Atlantische vlucht maakte. Ik was twintig en onderweg naar Boston om daar zeilles te gaan geven, met een tussenstop in New York. Ik had het goedkoopste ticket geboekt dat ik had kunnen vinden: 900 gulden voor een vlucht met Pakistan Airlines, een rib uit mijn lijf destijds. Amsterdam was een tussenstop op de route van Karachi naar New York, en ik keek mijn ogen uit. Tijdens de vlucht deed ik geen oog dicht, vooral omdat ik niks wilde missen, maar ook omdat ik het toch behoorlijk spannend vond.

Eenmaal geland in New York was alle stress als sneeuw voor de zon verdwenen, zo bijzonder vond ik het dat ik deze totaal nieuwe wereld kon gaan verkennen, op nog geen zeven uur reizen van Amsterdam. Ik bleef uiteindelijk een half jaar in de vs, waarna ik terug naar huis vloog om te gaan studeren en werken. Met een stevige dosis zelfvertrouwen omdat ik deze reis goed doorstaan had, en de wetenschap dat er nog een hele wereld was om te ontdekken.

Rond die tijd, begin jaren negentig, verschenen ook de eerste reisprogramma's op televisie. Schrijver Boudewijn Büch zette dat fenomeen in Nederland op de kaart met zijn meesterlijke serie *De wereld van Boudewijn Büch*, waarin hij de wereld over zwierf op zoek naar zijn grote en kleinere helden. Goethe bijvoorbeeld, maar ook de dodo, Elvis Presley en eilanden in het algemeen. En daarvoor ging hij naar de meest bizarre uithoeken van deze planeet. Zijn grootste kwaliteit was zijn enorme hoeveelheid kennis over allerhande onderwerpen; het resultaat van een jarenlange fascinatie voor boeken. (Die liefde ging zo ver dat hij in zijn huisbibliotheek aan de Herengracht een verzameling had van zo'n honderdduizend exemplaren.)

Ik vrat zijn programma's, maar ook de columns die hij schreef in de VARA*gids* en de verschillende reisboeken die hij publiceerde. Büch kon als geen ander een plek tot leven laten komen door zijn gigantische kennis van de geschiedenis ervan. Ik herinner me een scène waarin hij op een grauw en somber strand stond aan de oostkust van de vs. Vervolgens kwam hij met een bloemrijk en gedetailleerd verhaal over een gigantische veldslag die daar had plaatsgevonden. Dan keek je opeens met totaal andere ogen naar die plek. Ik was gebiologeerd door elke aflevering: elke keer waren er weer nieuwe verhalen op de meest exotische plekken. Hoe geweldig als je toch zo'n programma zou mogen maken.

Ondertussen was ik aan een studie begonnen: Audiovisuele Media aan de Hogeschool voor de Kunsten in Utrecht. Ik had het enorm naar mijn zin, maakte kennis met alle facetten van televisie en film maken, en leerde nieuwe mensen kennen, van wie sommige tot op de dag van vandaag mijn beste vrienden zijn.

Als bijbaan ging ik in 1992 bij Radio Veronica werken als producer van de toen populaire nachtprogramma's in het weekend. Naast het reizen was radio altijd al een grote liefde van me geweest, en al jarenlang presenteerde ik programma's op lokale radiozenders. Werken bij Veronica was wat dat betreft het walhalla voor mij, want daar werkten grote namen zoals Jeroen van Inkel, Rob Stenders en Adam Curry. En geweldig wás het! Meer dan drie jaar leefde ik twee levens: van maandag tot vrijdag ging ik overdag naar school, maar in het weekend leefde ik 's nachts in de radiostudio, en bracht ik de dj's koffie, of wat sterkers, hield ik lijsten bij van wat er gedraaid werd, verzon ik items en presenteerde ik mee. Uiteindelijk kreeg ik mijn eigen programma, 's nachts tussen vier en zes uur; de moeilijkste uren om wakker te blijven. :-)

Eenmaal binnen bij Veronica, ontdekte ik al snel dat er kansen voor mij lagen bij de televisieafdeling, die in hetzelfde pand aan het Laapersveld in Hilversum was gevestigd. De omroep maakte destijds veel populaire televisieprogramma's waaronder *B.O.O.S.* en *All You Need Is Love*. Ik was vooral gefascineerd door de mensen áchter die programma's, het leek me een wereld waar altijd wat gebeurde en geen dag hetzelfde was. Dat was een stuk beter dan een radiostudio die je eigenlijk nooit verliet.

Vooral het programma *Veronica Reisgids* vond ik mateloos interessant. Dat reisprogramma was een stuk 'lichter' dan de programma's van Büch, en was vooral gericht op de avontuurlijke reiziger, maar ik kon vol ontzag naar de makers ervan kijken en me inbeelden hoe het moest zijn om zo'n baan te hebben. De redactieleden die daar werkten waren vaker weg dan dat ze op kantoor zaten, en als ze weer eens verschenen zagen ze er behoorlijk gezond en tevreden uit. Zo'n baan moest ik ook zien te krijgen!

Langzaam begon ik van een eigen reisprogramma te dromen, vooral gericht op backpackers. Met mijn rugzak op, laagdrempelig, op eigen houtje en niet in grote resorts en van die all-inclusive oorden. Met oog voor de lokale cultuur en met hopelijk genoeg enthousiasme om een grote groep mensen te inspireren zelf ook op ontdekkingsreis te gaan. Daar kon je als mens alleen maar beter van worden!

Het was er ook de tijd voor: eind jaren negentig was backpacken populairder dan ooit. Veel jongeren die net van school kwamen gingen een jaartje de wereld over, en omdat vliegtickets steeds betaalbaarder werden, kon je met een beetje spaargeld makkelijk een jaar naar bijvoorbeeld Australië, Zuid-Amerika of Azië.

Ik werkte ondertussen nog steeds bij de radio, maar toen *Veronica Reisgids* verdween en er geen nieuw reisprogramma voor in de plaats kwam, trok ik de stoute schoenen aan en benaderde mijn toenmalige baas Unico Glorie met het voorstel voor een achtdelige serie waarin ik met een rugzak de wereld over zou trekken. Hij hoefde er niet lang over na te denken, en niet veel later mocht ik het programma gaan maken, en dan ook nog met mijn eigen zojuist opgerichte piepkleine productiemaatschappij Down Under.

Het eerste seizoen van *Arrivals*, zoals het programma uiteindelijk ging heten, was er eentje om qua resultaat snel te vergeten, want we hadden werkelijk geen idee wat we aan het doen waren. Er keek geen hond naar het programma, maar het maken ervan bleek heel leerzaam te zijn. Het was niet gek dat het zo slecht was. Omdat we begonnen waren met een groepje vrienden die allemaal geen ervaring hadden met reisprogramma's maken, stapelden we de ene op de andere fout.

Redactioneel onderwerpen zoeken en uitwerken was bijvoorbeeld niet in ons opgekomen. Het leek ons meer dan genoeg om gewoon een goede reisgids zoals de *Lonely Planet* mee te nemen, want daar zouden vast wel leuke verhalen in te vinden zijn. Een enorme misvatting, zo bleek na de eerste paar reizen. Die aanpak resulteerde in een hele hoop slechte items, en pas aan het eind van de serie begrepen we enigszins hoe je een goed verhaal kon maken. Cruciaal: vooraf maandenlang research doen naar boeiende plekken en interessante mensen die hun verhaal goed konden verwoorden.

Het hielp ook niet dat onze cameraman net als wij nog nooit een reisprogramma had gemaakt en totaal onvoorbereid op pad ging. Hij had niet nagedacht over zijn outfit, wat resulteerde in onderkoelingsverschijnselen in een berghut in Nieuw-Zeeland omdat hij zijn warme jas was vergeten, maar ook een bijna fatale val in een ijsspleet op een gletsjer in Canada omdat hij zijn bergschoenen was vergeten en op zijn Teva-slippers naar boven was gewandeld. Het is een wonder dat hij die reizen überhaupt overleefd heeft.

We hadden niet echt nagedacht over de route, dus reden we met onze huurauto vrolijk door achterbuurten van Kaapstad die later de gevaarlijkste van de hele stad bleken te zijn. Ook reed ik daar in Zuid-Afrika de verkeerde weghelft van een snelweg op, waardoor we op een haar na ontsnapten aan een frontale botsing met een vrachtwagen.

In Nieuw-Zeeland besloten we in een nieuwe attractie te stappen: een soort raket die aan een 250 meter lange verticale staaldraad was bevestigd, die weer aan een horizontale staaldraad hing. Nadat het gevaarte omhoog was getakeld, werd je losgelaten, waarna je minutenlang gigantische cirkels draaide. Doodeng en reuzegevaarlijk, want een paar maanden na ons bezoek stortte het ding neer in het ravijn waar het boven hing, met twee doden als gevolg.

En dan was er nog de olifantensafari in Thailand. Dat was überhaupt al een compleet fout onderwerp, want als je iets niet moet doen in Thailand is het een ritje op een olifant; dat is pure dierenmishandeling. Daar kwam bij dat ik op de avond voor vertrek in Nederland na een gezellige avond in de kroeg van mijn fiets was gevallen en met zwaar gekneusde ribben in het vliegtuig was gestapt. Eenmaal in Thailand had ik bij de apotheek extra pijnstillers gehaald, maar ik had geen idee dat die veel sterker waren dan in Nederland. Dus zat ik drie dagen zwaar stoned op die olifant en viel ik er op dag drie vanaf, waarna ik bijna vertrapt werd door het gigantische dier. Ik kon nog net opzij rollen.

Maar plezier hadden we dat eerste jaar, en niet zo'n beetje ook. De enige reden dat ik daarna nog televisieprogramma's mocht maken was omdat mijn baas het me gunde, maar eigenlijk had ik na die serie meteen van de buis gehaald moeten worden. Maar we mochten door, en vanaf dat moment gingen we los. Elk jaar leerden we nieuwe dingen en genoten we als een gek van het intense leven dat we leefden.

In die eerste tijd dachten we nooit na over de impact die al dat reizen zou hebben. We keken niet naar onze *carbon footprint*, we hielden ons niet bezig met het voorbeeld dat we gaven. Reizen was cool en avontuurlijk, en het verruimde je blik op de wereld en je eigen samenleving. Elke dag een nieuwe ervaring, steeds weer andere mensen op je pad tegenkomen en nooit de sleur voelen. Het bracht inzichten over hoe ongelijk rijkdom verdeeld is in de wereld en hoe goed we het in Nederland hebben. Je ging op pad en voelde je in zekere zin aardig vooruitstrevend: met een minimale hoeveelheid spullen in je rugzak verbleef je in eenvoudige accommodaties, soms bij mensen thuis, en je verdiepte je in hun cultuur, om daar uiteindelijk verrijkt en met materiaal voor een televisieprogramma van terug te keren. Hoe mooi was dat! Er waren geen kritische vragen bij thuiskomst: niet bij mij, niet in mijn omgeving, en ook niet van journalisten met wie ik sprak over het programma. Niemand begon over de impact van het vliegen en ik was er zelf ook zeker niet mee bezig.

Aan het begin van de eenentwintigste eeuw begon het tij te keren. Terwijl we in al die jaren op het gebied van reizen steeds letterlijk een stapje verder hebben gezet – het ging altijd om 'groei' – kwam er nu langzaam verandering. Voor het eerst liepen we namelijk tegen de grenzen aan van wat de planeet aankan; ook als het om reizen gaat.

Die ommekeer kwam natuurlijk niet uit de lucht vallen. Door o.a. de eerdergenoemde ontwikkeling van de luchtvaart, maar ook de toegenomen welvaart, de opkomst van internet en de verbeterde infrastructuur was toerisme niet meer weg te denken uit onze samenleving.

Het toerisme was een immense industrie geworden, die (tot de COVID-crisis) met meer dan 6 procent per jaar groeide. Een industrie die voor veel mensen een belangrijke bron van inkomsten was: wereldwijd maakte in 2018 toerisme 10 procent van de arbeidsmarkt uit.[*] De gevolgen daarvan zag ik heel duidelijk toen ik in 2015 weer op het Thaise eiland Ko Tao was en terugdacht aan mijn eerste bezoek in 1995. Toen waren de wegen onverhard, de mensen spraken geen Engels en je kon voor heel weinig geld een simpel houten hutje aan het strand huren. Nu was het bijna onherkenbaar veranderd: alles was ingesteld op toeristen en de hutjes waar ik destijds sliep waren inmiddels vervangen door grote hotels.

In de ruim vijfentwintig jaar dat ik nu over de wereld zwerf, heb ik altijd met een heel dubbel gevoel naar de groei van dat toerisme gekeken. Ik heb er gigantisch van geprofiteerd, en de kijkers van mijn programma aangemoedigd om de wereld over te gaan om al dat moois met eigen ogen te bewonderen, zodat ze er hopelijk wat van konden opsteken, en soms een steentje konden bijdragen aan het lokale welzijn.

[*] www.solimarinternational.com/10-of-jobs-are-worldwide-connected-to-the-tourism-industry-what-does-that-mean/

Want toerisme brengt ook veel. Het verruimt de geest, verbreedt de horizon, kan ervoor zorgen dat je meer begrip krijgt voor mensen met een andere levensfilosofie of religie. Het kan bijdragen aan meer welvaart op de plek van bestemming en kan meehelpen met de ontwikkeling en bescherming van natuurgebieden. Eenmaal weer thuis kan de nieuwe ervaring ervoor zorgen dat mensen met frisse blik naar hun eigen leven en samenleving kijken.

Menigmaal heb ik gezien dat toeristen een positieve invloed op een bestemming kunnen hebben. Een voorbeeld is het in 1973 opgerichte Chitwan National Park, de grootste attractie van Nepal. Dat was bedoeld als beschermd leefgebied voor de Indische neushoorns, die op dat moment op het punt van uitsterven stonden door grootschalige stroperij van de dieren voor hun hoorns, bestemd voor Chinese handelaren. Door veel geld uit te geven aan de bescherming van de dieren, mede met inzet van het Nepalese leger, leven daar nu meer dan zeshonderd neushoorns, meer dan de helft van de totale populatie op aarde. Toeristen betalen een godsvermogen om de dieren te kunnen bewonderen, en aangezien er op die manier veel geld binnenkomt, is dat een permanente stimulans om de dieren te blijven beschermen.

In Chitwan zie je echter ook een voorbeeld van hoe toeristen tegelijkertijd een negatieve impact op het gebied hebben: in het park is ook het Elephant Breeding Centre gevestigd, om de populatie van gedomesticeerde olifanten toe te laten nemen. Dat is een plek die heel wat toeristen bezoeken, denkend dat ze goed bezig zijn. Maar in werkelijkheid bestaan er geen gedomesticeerde olifanten; die kunnen alleen maar gehoorzaam aan de mens worden gemaakt door ze als jong kalfje eindeloos te mishandelen tot hun geest breekt. En dus steun je deze praktijken door deze plek te bezoeken. Dit geldt voor alle 'tamme' olifanten die je wereldwijd tegenkomt en waar je bijvoorbeeld een ritje op maakt: die zijn altijd in hun jeugd zwaar mishandeld en geslagen om ervoor te zorgen dat jij er als toerist een ritje op kunt maken of ze kunt fotograferen, bijvoorbeeld tijdens een religieus festival.

De situatie in Chitwan vind ik illustratief voor toerisme in het algemeen: het heeft veel goede kanten, maar ook altijd een schaduwkant die steeds moeilijker te negeren is. Die schaduwkant wordt steeds groter. Toerisme vervuilt de wereld in steeds grotere mate: door het transport dat we gebruiken, het afval dat we achterlaten, de hotels die we overal bouwen, de wegen die we aanleggen en het voedsel dat we consumeren. Ook zijn er talloze misstanden, zoals de lage lonen die locals krijgen om onze vakantie zo betaalbaar mogelijk te houden of de omstandigheden waaronder ze moeten werken.

Toerisme is een gigantische *money making machine* geworden waar veel mensen wereldwijd van profiteren: taxichauffeurs, hoteleigenaren, gidsen, piloten, duikinstructeurs, koks, schoonmakers en ga zo maar door. Maar het échte grote geld komt vooral ten goede aan de vele internationale investeerders die in de afgelopen tientallen jaren op het toerisme gedoken zijn, waar de inwoners van veel toeristische gebieden vaak de dupe van zijn geworden.

Neem bijvoorbeeld het trieste lot van de bewoners van de 500 kilometer lange kustlijn van Cambodja. Veel van die mensen waren tijdens het meedogenloze bewind van Pol Pot in de jaren zeventig de grensgebieden met Vietnam ontvlucht en hadden zich gevestigd aan deze kust, die tot dan toe bijna volledig onontgonnen was, op een paar kustplaatsen zoals Sihanoukville en Ream na. Tientallen jaren lang leidden ze hier een rustig leven; veel van deze mensen startten kleine familiebedrijfjes zoals pensions en kleine eettentjes met noodles. De nieuwe regering van Cambodja had de kustlijn en de nabijgelegen eilanden tot officieel staatsgebied verklaard, met een verbod op de verkoop en het bebouwen ervan. Maar aan die idylle kwam een einde toen de overheid een radicale koerswijziging invoerde en die gebieden verkocht aan vermogende buitenlandse investeerders, voornamelijk Russen, Chinezen en Europeanen.

De aanleiding voor deze plotselinge koerswijziging was het feit dat het straatarme Cambodja een prima toevluchtsoord bleek te zijn voor de vele financiers die, getroffen door de financiële crisis, op zoek waren naar nieuwe terreinen waar ze lucratieve investeringen konden doen om zo hun geld veilig te stellen. Daar had de regering van Cambodja wel oren naar. Opeens ging alles in de verkoop: stranden, eilanden, jungle en oeroude tempels. De gevolgen voor de bevolking waren desastreus: in een jaar tijd kwamen bijna de hele kustlijn én de nabijgelegen eilanden in het bezit van buitenlandse investeerders.

En dus moesten de bewoners van de gebieden zonder pardon plaatsmaken voor de nieuwe eigenaren. Hun huizen werden platgegooid en restaurants en winkels met bulldozers vernietigd om plaats te maken voor grote hotelcomplexen, restaurants en villa's, allemaal bestemd voor de vermogende toerist. De bewoners bleven met lege handen achter, want er werd geen compensatie geboden voor het onteigende land. Voor veel mensen restte er niets anders dan onderbetaalde banen in de nieuwe toeristenoorden te accepteren. Degenen die zich tegen deze praktijken verzetten, wachtte een veel zwaarder lot, want velen van hen werden mishandeld en opgepakt en belandden voor langere tijd in de gevangenis.

Tegenwoordig is meer dan 54 procent van het totale grondgebied van Cambodja verkocht aan vooral buitenlandse investeerders. Stranden, koraalriffen, paradijselijke eilanden, gigantische stukken oerbos en eeuwenoude tempelcomplexen zoals het grootste religieuze monument ter wereld: Angkor Wat. Geen cent van de opbrengsten van deze toeristische attracties blijft in Cambodja zelf.

Wij als westerlingen hebben aan de basis gestaan van die gigantische wereldwijde toeristische industrie. Tientallen jaren zijn wij onbekommerd eropuit getrokken om van de zon te genieten in de vele vakantieoorden die ontstonden in heel Europa en later ook in de rest van de wereld. We pakten steeds gemakkelijker het vliegtuig om avontuurlijke rondreizen door Zuid-Amerika, Afrika en Azië te maken, en vonden het steeds normaler worden om een citytrip naar Londen, Athene of New York te boeken, vooral omdat de prijzen voor het vliegen steeds lager werden. We dachten er (bijna) niet over na wat daar de impact van was, en luisterden amper naar degenen die wel begonnen over de schadelijke gevolgen ervan.

Nu, zo'n zestig jaar na de opkomst van het massatoerisme, beginnen we steeds beter in te zien wat – naast alle positieve invloeden – de negatieve gevolgen voor onze wereld zijn. Ik ben me bewust van mijn eigen houding daarin. Terwijl ik in het begin van mijn carrière nog geen seconde nadacht over 'de andere kant' van het reizen, is dat voor mij nu wél een issue geworden. Die transitie heb ik ook doorgemaakt, in diezelfde periode.

Ik voel me verantwoordelijk voor het feit dat ik jarenlang mensen heb geïnspireerd om op pad te gaan. Nederlanders zijn avontuurlijk en relatief welvarend, en reizen is sowieso iets wat we graag doen. Ik heb in mijn programma's altijd uitgestraald hoe bijzonder het reizen is, in de hoop daarmee mensen te stimuleren om ook op pad te gaan. Indirect ben ik dus verantwoordelijk voor de negatieve gevolgen van dat 'extra' toerisme.

Iemand die ook een enorm dubbele rol in dat opzicht heeft, is de vader der reisgidsen, *Lonely Planet*-oprichter Tony Wheeler. In een interview met *de Volkskrant* in augustus 2018 vertelt hij dat hij worstelt met die materie. Journalist Kaya Bouma werpt op dat Wheeler zich zorgen maakt over massatoerisme, maar dat de *Lonely Planet* daar wel een grote rol in heeft gespeeld. Hij antwoordt dat hij inderdaad ziet hoe hard het op sommige plekken gaat. Bali bijvoorbeeld, waar hij in 1972 voor het eerst met zijn vrouw kwam: 'Toen was het heerlijk stil, er was geen elektriciteit in de dorpjes en nauwelijks verkeer.' Hij weet dat hij er nu een compleet andere wereld aantreft. 'Maar dat is niet allemaal gebeurd omdat wij er een boek over hebben geschreven,' zo zegt Wheeler. 'De regering is in die tijd ook veranderd. Nadat Soekarno weg was, werd het rustiger, toeristen durfden erheen te gaan. Vliegmaatschappijen begonnen op Bali te vliegen. Er werden hotels gebouwd. Wij hebben Bali niet verpest, maar we waren er wel een factor in.'

De laatste jaren is er een nieuw begrip toegevoegd aan onze bewustwording als het gaat om de negatieve invloed van het reizen, en dan specifiek het vliegen: het woord 'vliegschaamte'. Die term dook in 2018 op in Zweden *(flygskam)*, waarna het woord ook in de rest van Europa doordrong. In 2019 werd het achtervoegsel -schaamte zelfs door het Genootschap Onze Taal uitgeroepen tot het woord van het jaar: vleesschaamte, babyschaamte en dus ook vliegschaamte. Vanaf dat jaar stond het begrip 'je schamen voor een vlucht' op de kaart.

Er is tegenwoordig geen enkele journalist meer die er tijdens een interview niet naar vraagt, en terecht, want ik lig wat dat betreft onder een vergrootglas en ik heb een voorbeeldfunctie. Mijn antwoord is altijd dat ik mijn verantwoordelijkheid neem, en dat ik weet dat ik me als geen ander bewust moet zijn van de negatieve gevolgen van het vliegen. Want we moeten met z'n allen écht minder gaan vliegen! Dat is een noodzaak en dat zal ik ook altijd blijven benadrukken. Vliegen is en blijft vervuilend (net zo goed als vlees eten, goederen vervoeren per vrachtschip, autorijden, kleding produceren en zelfs kinderen krijgen). We moeten veel kritischer kijken naar ons eigen gedrag als het om dit soort zaken gaat, en dus ook qua vliegen. Maar toch is er een reden dat ik tot nu toe, weloverwogen, op reis blijf gaan.

Tot op de dag van vandaag heb ik nog steeds de hoop dat ik mensen kan inspireren met mijn reizen. Dat ik ze kennis kan laten maken met nieuwe culturen die de blik verruimen en dat ik bewustwording kan creëren als het gaat om natuurbehoud. Bijvoorbeeld met mijn programma *Floortje naar het einde van de wereld*, met verhalen van mensen die bewust afstand hebben genomen van onze westerse consumptiemaatschappij. Daarmee hoop ik dat ik kijkers kan laten nadenken over hun eigen keuzes, en ze kan inspireren om zelf ook een duurzamer leven te gaan leiden.

Met *Floortje gaat mee* is daar een heel nieuwe dimensie bij gekomen. In dit programma reis ik samen met fotograaf Jasper Doest per terreinauto van Nederland naar Nepal, en onderweg vertellen we verhalen over de gecompliceerde verstandhouding tussen mens en dier in de landen die ik bezoek, ook weer in de hoop dat het mensen aan het denken zet over hoe wij met dieren omgaan (zie ook hoofdstuk 9).

Daarnaast denk ik na over hóé we reizen. Dat is ook een van de redenen dat ik meestal met alleen een cameraman op pad ga voor *Floortje naar het einde van de wereld*: zo klein en compact mogelijk reizen. Reizen per openbaar vervoer is voor ons vrij onmogelijk, omdat onze bestemmingen vaak echt ver weg liggen, maar we proberen zo min mogelijk tussenstops te maken (net iets minder uitstoot van CO_2) en compenseren de vluchten door te betalen voor de uitstoot via bijvoorbeeld het Fair Climate Fund. (Daarover later meer.) Ook denken we na over de onderwerpen zelf: we proberen zo veel mogelijk mensen te interviewen die op hun eigen manier een bijdrage leveren aan een betere planeet.

Met al deze overwegingen heb ik het in de afgelopen jaren voor mezelf kunnen verantwoorden dat ik dit werk blijf doen, en dat ik tot op de dag van vandaag nog steeds vlieg. Wat mij betreft is het dus niet zozeer 'vliegschaamte', maar meer 'vliegbewustzijn'. Hoewel er natuurlijk altijd een moment kan komen dat de balans naar de andere kant doorslaat, dat ik het gevoel heb niet meer genoeg te kunnen bijdragen met mijn programma's en ik besluit om helemaal te stoppen met reisprogramma's.

Er zijn natuurlijk veel meer mensen die redenen hebben om het vliegtuig te blijven nemen, bijvoorbeeld voor werk of om familie te zien. Het is altijd goed om na te denken of er alternatieve manieren van vervoer zijn. Daar zit wel een probleem, want wil je naar de vs of Azië, dan is alternatief vervoer vaak niet mogelijk. En als je dichter bij huis blijft, is openbaar vervoer vaak duur of onpraktisch. Wie ooit wel eens een poging heeft gewaagd om per trein naar bijvoorbeeld Barcelona te gaan, weet wat ik bedoel. Eindeloos lang en peperduur. Natuurlijk kun je de reis ook per (schonere elektrische) auto maken, dan ben je zo'n twaalf uur onderweg. Dan is voor de meeste mensen de keuze voor een vliegtuig dat er anderhalf uur over doet snel gemaakt.

Waarom kunnen we nog niet schoner vliegen? Het zou mooi zijn als de ontwikkeling van de schone luchtvaart in net zo'n stroomversnelling komt als die van de auto-industrie. Helaas gaat die transitie heel langzaam. Het probleem met elektrisch vliegen is dat de ontwikkelingen veel later zijn begonnen en we voorlopig dus nog niet veel langer dan een paar uur elektrisch kunnen vliegen, met maar een paar passagiers aan boord.

Om iets meer te weten te komen over hoe ver we nu zijn met elektrisch vliegen, ging ik langs bij Merlijn van Vliet, mede-eigenaar van E-Flight Academy, de eerste elektrische vliegschool in Nederland met inmiddels meer dan veertig studenten die duurzaam hun vliegbrevet halen. Hij vertelde me dat ze met hun kleine elektrische tweezitter met één tussenstop van Texel naar Teuge (bij Apeldoorn) kunnen vliegen, maar dat de ontwikkeling van 'schone' vliegtuigen die veel verder kunnen vliegen nog in de kinderschoenen staat. Merlijn verwacht dat elektrisch vliegen op grotere schaal eerst een oplossing zal zijn voor het verduurzamen van korte vluchten, bijvoorbeeld binnen Europa of tussen de eilanden in het Caribisch gebied.*

Wetenschappers zijn terughoudend over de ontwikkeling van elektrisch vliegen. 'De transitie staat in deze sector echt nog in de kinderschoenen,' luidde ook de conclusie van econoom Mathijs Bouman in een item van *Nieuwsuur* over innovaties in de luchtvaart. Die duren lang, vooral vanwege heel strenge veiligheidseisen.

Terwijl het nog wel even zal duren voordat grote volledig elektrische toestellen ons luchtruim betreden, zijn veel luchtvaartmaatschappijen wel bezig met hybride vliegtuigen, die deels op brandstof en deels op elektriciteit vliegen. De veiligheidscertificering hiervoor verloopt veel vlotter, en het is een goede aanloop naar volledig elektrisch vliegen. Dat er binnen nu en vijf jaar een steeds grotere variëteit aan toestellen de lucht in gaat, is in ieder geval een ding dat zeker is, aldus Maarten Steinbuch, universiteitshoogleraar regeltechniek aan de TU/e.**

Veel wetenschappers zijn het over één ding eens: het grootste probleem is de snelle groei van de luchtvaart. Daar valt niet tegenop te innoveren. Het best kunnen we stappen maken met een combinatie van maatregelen. Als eerste door de korte en middellange vluchten zo goed mogelijk te elektrificeren, en daarnaast door langzamer te vliegen waardoor er minder brandstof wordt verbruikt. Maar het belangrijkste blijft voorlopig toch: minder vliegen.

---

*www.luchtvaartnieuws.nl/nieuws/categorie/3/airports/topman-bonaire-airport-elektrisch-vliegen-oplossing-voor-regionaal-vervoersprobleem
**www.innovationorigins.com/nl/voor-een-elektrische-luchtvaart-moet-het-hele-ecosysteem-mee/

Om dat te bewerkstelligen scheelt het al dat vliegtickets duurder zijn geworden. Na een jarenlange uitverkoop van tickets (voor een tientje naar een Europese stad dankzij de prijsvechters) zijn de ticketprijzen na de COVID-periode en door de gestegen brandstofprijzen weer omhooggegaan, en dat scheelt in het aantal vluchten dat wordt gemaakt. In Nederland is op 1 januari 2023 de vliegbelasting verhoogd om het vliegen verder te ontmoedigen. De vraag is wel of mensen die genoeg geld hebben zich laten weerhouden door die paar tientjes extra.

Verbazingwekkend genoeg is de luchtvaartsector in Nederland vrijgesteld van het betalen van accijns op kerosine. Dat is ooit bedacht om de commerciële luchtvaart te stimuleren, maar sindsdien nooit meer aangepast aan de huidige ontwikkelingen.

Daarnaast ben ik voorstander van de 'progressieve vliegtaks', waardoor mensen die veel vliegen – zoals ik – bij elke vlucht meer belasting betalen. Dit systeem, waar Milieudefensie al in 2020 mee kwam, wordt gesteund door zo'n 70 procent van de Nederlanders, zo blijkt uit onderzoek.* De belasting op een ticket wordt dan steeds verdubbeld naarmate je meer vliegt, tot maximaal vier keer de normale belasting. Ook dat geeft weer praktische problemen (mensen gaan vanaf buitenlandse vliegvelden vliegen zolang het niet op EU-niveau ingevoerd wordt), maar het voorstel is wel eerlijker omdat de vervuiler betaalt.

Daarnaast zijn er zoals eerder genoemd verschillende programma's om je uitstoot te compenseren, zoals Trees for Travel, Greenseat of het Fair Climate Fund. Ook iets wat naar mijn mening standaard

---

*www.milieudefensie.nl/actueel/nederlanders-vinden-hoe-meer-vliegen-hoe-meer-per-ticket-betalen

in de prijs van een ticket moet worden verwerkt. Tot die tijd kun je dat zelf regelen via de website van dit soort organisaties of via de luchtvaartmaatschappij waarbij je boekt. Wel is daar ook nog het nodige op aan te merken, omdat het lijkt alsof je hierdoor 'schoner' vliegt, maar dat is en blijft onmogelijk. Het is een investering in groene initiatieven ter compensatie. Het televisieprogramma *Kassa* heeft hier een goede uitzending over gemaakt.*

Toch denk ik dat we voorlopig gewoon door blijven vliegen, omdat het zo'n compleet geïntegreerd onderdeel van ons leven is geworden. We kunnen nu eenmaal snel lange afstanden overbruggen, en dus blijven we dat doen om bijvoorbeeld onze familie te bezoeken, zaken te doen in verre landen of naar congressen te gaan waar we vakgenoten ontmoeten. We willen kunnen blijven kijken naar voetbalteams die wedstrijden spelen in het buitenland, of coureurs die racen tijdens de Formule 1 in talloze landen wereldwijd. Mensen blijven zich verplaatsen om te werken in andere landen of om goederen in te kopen. We reizen zelfs om vogels te tellen in verre oorden om de populatie in kaart te brengen.

Een samenleving zonder vrachtvluchten is ook niet meer voor te stellen. Want we willen alle mogelijke spullen exporteren, we willen broodnodige onderdelen uit buitenlandse fabrieken bestellen en exportproducten zoals bloemen en groente vanuit Nederland de wereld over sturen. En zo kan ik eindeloos doorgaan.

En dan is er dus nog toerisme, dat ook maar blijft groeien. Alleen al omdat de wereldbevolking ook doorgroeit. Het is zo makkelijk en comfortabel geworden om, als het maar even kan, je gewone

---

*www.bnnvara.nl/kassa/artikelen/alles-wat-je-moet-weten-over-co2-compensatie-van-vluchten

leventje een tijdje achter je te laten en je onder te dompelen in een andere cultuur, op een plek die veel zonniger of avontuurlijker is dan je eigen thuishaven. Het is de afgelopen jaren kinderlijk eenvoudig en betaalbaar geworden om bijvoorbeeld een reisje naar Malaga te boeken begin april, en daar twee weken buiten te leven terwijl het in Nederland regent.

Dat geldt – los van mijn werk – voor mij net zo goed. Zoals een ander moeite heeft om te stoppen met roken, zo heb ik moeite met privé minder gaan vliegen. Alleen al omdat ik het vliegen op zich zo bijzonder vind. Ik kan nog steeds intens genieten van het moment dat het toestel na het opstijgen door de wolken breekt en ik de blauwe lucht om me heen zie. En als ik dan vervolgens verkreukeld en wel van de te krappe stoel opsta en mijn tas pak, het vliegtuig uit loop en niet veel later de verse lucht opsnuif van een ander land en weet dat er weer een nieuw avontuur op me wacht: er is maar weinig op de wereld wat mij gelukkiger maakt dan dat.

Vliegen is een levensstijl geworden die veel mensen moeilijk kunnen opgeven, ook al weten we dat het niet goed is voor het klimaat. Die moeite met gedragsverandering heeft volgens mij te maken met hoe makkelijk alles is geworden. We zijn er in het Westen in de afgelopen tientallen jaren aan gewend geraakt dat we op allerlei vlakken heel veel voor weinig kunnen krijgen. Denk hierbij ook aan de consumptie van vlees of de productie van kleding.

Het is niet alleen dat ticket naar een Europees strand voor vijftig euro, maar ook die tas vol nieuwe kleding voor honderd euro of de kiloknallers in de supermarkt. Veel producten zijn de afgelopen jaren steeds makkelijker verkrijgbaar en veel goedkoper geworden. We produceren alles steeds effectiever, besteden steeds meer werk uit aan lagelonenlanden, schalen de veestapel verder op, knijpen de toeleveranciers verder uit: allemaal om een zo goedkoop mogelijk product of dienst te kunnen leveren aan de consument. Die daar steeds meer aan gewend raakt.

Heel veel dingen zijn alleen al daarom steeds minder waardevol geworden. Denk maar aan die mooie trui die je vroeger voor je verjaardag kreeg, waar je uitzinnig blij van werd. Tegenwoordig wordt kleding veel goedkoper geproduceerd, zeker door de grote kledingketens, waardoor het vaak van mindere kwaliteit is en sneller weggegooid moet worden. Daarmee verdwijnt ook een deel van de waarde die je hecht aan je kledingstuk. Je kan immers heel snel en voor weinig geld een nieuwe kopen.

Het is interessant om dat principe in je achterhoofd te houden als je kijkt naar een verandering van gedrag. Omdat we zo veel hebben, en bijna alles voortdurend beschikbaar is, zijn we daaraan gewend geraakt. We zijn het zelfs als een recht gaan beschouwen: 'Ik heb toch het recht om voor weinig geld veel kleding te kopen?' Of: 'Waarom zou ik opeens heel veel meer voor een stukje kipfilet moeten betalen?' Maar we hébben er eigenlijk geen recht op. We hebben alleen het geluk dat we in precies het goede land geboren zijn om deze ontwikkelingen allemaal mee te maken. Het kan ook zo weer verdwijnen; dat zag je wel bij de covid-crisis. Hoe we consumeren, wat we kopen, waar we wonen en dus ook hoe we op reis gaan: we hebben het in onze schoot geworpen gekregen en we profiteren ervan.

Het is zinvol – en dat geldt ook voor mij – om ons in ieder geval bewust te zijn van ons eigen gedrag en de consequenties ervan. Op die manier kunnen we weloverwogen keuzes maken. Niet zomaar achteloos consumeren: kopen, eten, vliegen. Er iets langer over nadenken of je iets echt nodig hebt of dat je er gewoon prima zonder kan. Als we dat allemaal doen, kunnen we al heel veel winst boeken.

Terwijl wij moeten gaan nadenken over ons consumptiegedrag, en dus ook over hoeveel we vliegen, zijn er wereldwijd steeds meer mensen die ook eindelijk kunnen profiteren van de vooruitgang. Bijvoorbeeld in immense landen zoals India en China, waar de welvaart langzaam stijgt en steeds meer mensen in staat zijn om niet alleen het hoofd boven water te houden, maar ook geld uit te geven aan comfort, vrije tijd en vervoer. Dus wordt de druk op de planeet alleen maar groter. Maar geef ze eens ongelijk: eindelijk kunnen ook zij een wasmachine aanschaffen en speelgoed voor de kinderen kopen. Of een goedkoop vliegticket aanschaffen waardoor ze niet dagenlang in de trein hoeven te zitten om bijvoorbeeld naar familie te reizen. Kortom: eindelijk hebben ook zij toegang tot zaken die voor ons al heel lang normaal zijn.

Ik heb nog geen idee wat daarvan de impact op de wereld zal zijn, maar ik vermoed dat het anders zal gaan dan bij ons, want de planeet is immers al steeds sneller aan het opwarmen en de bronnen raken steeds sneller uitgeput. Voor het grootste deel van de wereldbevolking is er geen wereld meer zoals die waarin wij hebben geleefd. Eentje waarin alles draaide om groei en vooruitgang en waarin alles mogelijk was.

De toekomst zal het uitwijzen. En tot die tijd moeten we proberen om ons eigen steentje bij te dragen…

19 EEN WOONGROEP IS ZO GEK NOG NIET

Niet zo lang geleden zat ik in de vertrekhal van een klein vliegveld op de Gambier-eilanden – een paar stipjes in de Stille Zuidzee – te wachten op mijn vlucht naar het hoofdeiland Tahiti, toen ik vanuit mijn ooghoeken een meisje van een jaar of vijfentwintig op me af zag komen. Beleefd stelde ze zich voor en vertelde me dat ze met haar beste vriend een maand door dit gebied aan het rondreizen was. We raakten aan de praat en op een gegeven moment vertelde ik haar dat ik in Amsterdam woon. Verbaasd keek ze me aan: 'Heb jij een huis in Nederland dan? Jij woont toch permanent ergens ver weg?' Ik keek haar lachend aan en zei: 'Je bent niet de eerste die dat denkt. Sterker nog: veel mensen denken dat ik voorgoed vertrokken ben, en alleen af en toe thuiskom om mijn familie te zien en wat werk af te maken.'

Dat klinkt soms best aanlokkelijk, zeker als ik op zo'n prachtige plek ben, maar in werkelijkheid heb ik gewoon een huis in Nederland, een appartement in Amsterdam-West om precies te zijn. Ik woon pal boven Oscar, een van mijn beste vrienden. Het is een plek waar ik vreselijk veel van hou (vooral omdat ik dol ben op Oscar en zijn gezin), maar om nou te zeggen dat dat écht mijn thuis is: nou nee. Dat komt doordat ik me mijn hele leven al met het grootste gemak werkelijk overal thuis kan voelen; ik hecht me niet aan mijn eigen huis of mijn eigen bed. Het enige wat ik nodig heb is een kleine rugzak met mijn telefoon, een creditcard, schone kleding en wat zaken zoals contactlensvloeistof en een oplader.

Sinds ik op mijn achttiende mijn ouderlijk huis verliet, heb ik heel wat huizen versleten, voornamelijk in en om Amsterdam. Mijn eerste echte eigen huis was een benedenwoning in de Staatsliedenbuurt in Amsterdam, die ik voor driehonderdvijftig gulden per maand kon huren; een heel bedrag voor mijn gevoel. Na een paar jaar verhuisde ik naar een huurappartement in Amsterdam-Zuid dat ik met mijn goede vriend Oscar deelde. De volgende woning was mijn eerste echte aankoop: een appartement in Amsterdam-West, aan de Admiraal de Ruyterweg. Dat ruilde ik al snel in voor een prachtige woonboot in het Flevopark in Amsterdam, waar ik meer dan zeven jaar met ongelofelijk veel plezier heb gewoond. Maar omdat het nogal veel onderhoud vereiste, verkocht ik het wederom om via een huurhuis in de Pijp, in een huisje aan het water in Abcoude te gaan wonen. Maar omdat het daar wel heel rustig was, vertrok ik na twee jaar weer, om via een huurhuis in de Kinkerbuurt uiteindelijk in mijn huidige huis te belanden: een appartement in West, recht boven Oscar en zijn gezin. Een fijne, lichte woning, waar mijn eigen bed staat, en de talloze souvenirs die ik al die jaren van mijn reizen heb meegenomen. Daar kan ik tot rust komen.

Toch blijft er altijd een sluimerende onrust. Met het grootste gemak pak ik mijn tas in om op reis te gaan, nooit is er de wens om eens wat langer in mijn eigen huis te blijven. En daarmee maak ik mijn zusje weer blij: zij woont niet in Amsterdam en vindt het altijd heerlijk om een tijdje op mijn huis te passen en van het leven in de hoofdstad te genieten. Zelf slaap ik net zo makkelijk in een hotel, bij vrienden in de logeerkamer, in mijn kleine huisje op de camping die ik met vrienden ben gestart, of in het strandhuisje van Oscar en zijn vriendin, dat een paar maanden per jaar in IJmuiden staat. Alle spullen die ik nodig heb om te kunnen werken, liggen in de achterbak van mijn auto, en er is eigenlijk bijna niets wat ik mis. Sterker nog: ik word juist blij van zo'n periode zonder ballast. Zonder een huis dat schoongemaakt moet worden en spullen waar je elke dag tegenaan kijkt.

Ook als ik op reis ben kan ik me moeiteloos ergens thuis voelen. Als ik in een andere stad ben, of het nou Tokyo, Halifax of Buenos

Aires is, zie ik al na één nacht mijn hotel als mijn eigen stek en zoek ik een café waar ze goede koffie serveren en wifi hebben. Maar ook tijdens de vele dagen die ik doorbreng op vracht- of passagiersschepen ben ik snel op mijn gemak in de hut, die ik meestal met mijn cameraman deel. Als het een lange zeereis is, plak ik wat foto's aan de muur, zet mijn kleine draagbare speaker neer voor mijn eigen muziek, leg wat kleding in een kast en klaar ben ik. Die plek is dan mijn nieuwe thuis geworden. Vooral het idee dat je daar tijdelijk je eigen plekje hebt, maakt me dan heel gelukkig.

Het moet echter allemaal niet te lang en te vast zijn; dat is een eigenschap waar ik me al heel lang bewust van ben. Ik heb me regelmatig afgevraagd – ook in dit boek – hoe het komt dat ik zo in elkaar steek. Dat is natuurlijk een kwestie van meerdere factoren, maar ik heb wel een sterk vermoeden van een van de hoofdoorzaken: er stroomt zwerversbloed door mijn aderen. Van vaderskant heb ik aardig wat 'eigenzinnig' bloed meegekregen: mijn oma was bijvoorbeeld een enorm vrijgevochten vrouw die als een van de eersten in haar omgeving een fiets had.

Ook van moederskant zit er de nodige onrust in: zo blijkt mijn biologische opa een van de eerste mensen te zijn geweest die destijds op een woonboot woonde, in de buurt van Rotterdam. Daarnaast was hij blijkbaar een creatief type, want volgens een verre nicht heeft hij een avontuurlijk leven gehad door met een variété-act door Duitsland en omstreken te reizen. Waarschijnlijk was hij een man die nooit echt goed kon settelen, al weten we maar weinig van hem omdat mijn moeder meteen na haar geboorte geadopteerd werd en hij uit beeld verdween (zie hoofdstuk 28). Natuurlijk weet ik dat die afkomst niet alles wil zeggen (mijn zussen en broer zijn een stuk minder onrustig), maar bij mij lijkt het erop dat ik er aardig wat van heb meegekregen in mijn DNA.

Daarnaast speelt mee dat ik ben opgegroeid in een tijdperk waarin er veel vrijheid was om te doen wat je gelukkig maakte. Backpacken raakte ingeburgerd, door een heel ruimhartig systeem van studiefinanciering kon je eindeloos lang over je studie doen, en je hoefde als vrouw ook niet meer automatisch te settelen en kinderen te krijgen; die vrijheden hadden de vrouwen in de generaties vóór mij al bevochten.

Als ik terugkijk op de manier waarop ik mijn leven tot nu toe geleid heb, kan ik niet anders dan constateren dat ik nooit goed heb gepast in de manier waarop we hier ons leven inrichten op het gebied van wonen en samenleven. Terwijl het voor veel mensen normaal is om op een gegeven moment te gaan samenwonen met een partner, heb ik dat bewust nooit gedaan (tot nu toe). Voor mij is het belangrijk – ook als ik een partner heb – om mijn eigen vrijheid te behouden, en niet elke dag als vanzelfsprekend bij elkaar te zijn. Dat komt niet doordat ik de ander niet te lang om me heen wil hebben, of de ander niet te lang tot last wil zijn met mijn eigen aanwezigheid, maar vooral doordat ik vind dat het gezond is om ieder een eigen plek te houden. Ik weet dat dat uit praktisch en financieel oogpunt voor veel mensen onhaalbaar is, maar ik heb er altijd voor gezorgd dat ik mijn eigen woonruimte kon betalen, en hoopte dat een eventuele partner dat ook kon. Ik ben en blijf een vrije vogel, ook een reden waarom ik waarschijnlijk nooit aan kinderen begonnen ben. Ik voel intuïtief aan dat ik een te onrustige moeder zou zijn en weet zeker dat kinderen daar niet gelukkig van worden.

Toch ben ik echt wel een gezelschapsdier; zo vind ik het heerlijk om dicht bij Oscar en zijn gezin te zijn. Ik heb mijn eigen huis, mijn eigen privacy en ik zorg ervoor dat ze niet de hele dag met me opgescheept zitten (ik wil voorkomen dat ik 'een plakbandje onder hun schoen' word), maar ik hou ervan dat ik bij hen zomaar kan binnenvallen voor koffie, of 'toevallig rond etenstijd' langs kan komen. Regelmatig neem ik hun kinderen mee naar de speeltuin, haal ik ze uit school of komen ze bij mij boven logeren. Al heb ik dan zelf geen kinderen, ik hou zielsveel van ze en zou niet meer zonder ze kunnen.

Een verjaardag is voor mij ook pas compleet als ik met mijn beste vrienden aan een lange tafel zit die vol staat met goed eten, en we doorgaan tot in de vroege uurtjes. (Mijn vijftigste verjaardag was wat dat betreft ultiem, omdat we een weekend met vijfendertig vrienden in een hotel op Terschelling zaten met eindeloos veel gezelligheid.)

Ook de camping in Drenthe die ik met vier vrienden ben begonnen, is een plek waar ik heel gelukkig van word. Er staat ook een aantal huisjes, zo duurzaam mogelijk gebouwd door een club creatievelingen die zich er thuis voelen en er veel komen. Er brandt altijd wel een kampvuur waar je kunt aanschuiven. Als je hulp nodig hebt bij een klus, is er altijd wel iemand in de buurt. En het personeel is trouw aan ons bedrijf, en zo ontstaat er langzaam een hechte club van fijne mensen, die elkaar regelmatig helpen met klussen en tuinieren, maar die ook met elkaar feesten en aan lange tafels zitten eten. Ideaal, vind ik, omdat ik op deze manier mijn leven in de stad kan combineren met een leven in de natuur. Met genoeg momenten om in mijn eentje tot rust te komen, maar ook met inspirerende mensen om me heen die het leven extra kleur geven. En wie weet een plek om, als we ouder en uitgeraasd zijn, met elkaar eindeloos bij het kampvuur herinneringen op te halen en tevreden terug te kijken op wat het leven ons gebracht heeft.

Eigenlijk hou ik het meest van een andere manier van (samen) leven: eentje die meer gebaseerd is op een vrije samenlevingsvorm, met meer ruimte voor het collectief: het échte samenleven met de mensen om wie je geeft, niet alleen met je partner of gezin. Met zorg en verbondenheid voor en met de ander. Een samenlevingsvorm waar je ongeacht je leeftijd of afkomst aan kunt meedoen. Als je maar met gelijkgestemden bent die op dezelfde golflengte zitten.

Die manier van leven kom je ook tegen in de meest afgelegen gebieden overal op de wereld. Ik zie het in de kleine dorpjes op de pampa's in Argentinië, waar gaucho's met elkaar het vee vangen en samen maté drinken, de nationale drank die op thee lijkt. Je vindt het in het hart van Mongolië, waar de rendierherders om de beurt elkaars kuddes opdrijven en de vrouwen voor elkaars kinderen zorgen. Of in de kleine dorpjes op de talloze eilandjes die samen de Faeröer-eilanden vormen, waar soms niet meer dan drie huizen staan en waar men altijd bij elkaar kan binnenlopen voor vers brood en melk, waar men om de beurt de schapen binnenhaalt en waar kinderen rond etenstijd net zo makkelijk bij de buren als thuis aanschuiven.

Het zijn allemaal woonvormen waarbij mensen in kleine samenstelling met elkaar leven, met ieder zijn eigen plek, waar ze samen zorgen dat de boel draait en er een sociaal vangnet is.

Hoe anders is de situatie in Nederland, vooral in de Randstad. Hier leven we veel individualistischer. We hebben over het algemeen het liefst een eigen huis of appartement, graag met een tuintje inclusief afscheiding in de vorm van een schutting of een heg. (Nederlanders voeren de Europese ranglijst aan met het rijtjeshuis en de twee-onder-een-kapwoning als de meest populaire woonvorm.) Als we het een beetje goed hebben gedaan, hebben we een eigen auto voor de deur en een wasmachine in de berging die we met niemand hoeven delen.

In kleine dorpen woont familie vaak nog wel bij elkaar in de buurt, maar in de stad is dat niet meer gebruikelijk. In tegenstelling tot veel andere landen, waar het de normaalste zaak is om in de buurt van je ouders te blijven wonen, hoewel dat ook vaak is omdat het voor veel mensen simpelweg financieel niet haalbaar is om een eigen huis aan te schaffen of te huren. Het feit dat je kunt kiezen in welk dorp of welke stad je gaat wonen en met wie, is een enorme verworvenheid die wij in Nederland hebben.

Hoe kan het eigenlijk dat er in Nederland, ondanks onze hoge levensstandaard en het feit dat we grotendeels zelf kunnen beslissen hoe we ons leven inrichten, toch zo veel depressie en eenzaamheid is? Maar liefst één miljoen Nederlanders voelt zich regelmatig eenzaam, blijkt uit cijfers van onder meer de Gezondheidsmonitor Volwassenen. Zou dat komen door onze sterk individualistische manier van wonen?

In het najaar van 2020 bezocht ik Jurjen Annen en Rosa van der Kamp, een bijzonder stel dat zich verdiept heeft in de manier waarop we in onze moderne samenleving in Nederland wonen, werken en functioneren. Ik was bij hen voor een van de uitzendingen van *Floortje blijft hier*, het programma waarin ik in Nederland bijzondere en dicht bij de natuur levende mensen interviewde. Jurjen en Rosa wonen met hun kinderen en elf andere gezinnen in een woongemeenschap in een klein pittoresk dorpje in Drenthe, op een steenworp afstand van het bos: een prachtig gebied met eeuwenoude bomen, kronkelende paden en een verzameling meertjes die je het gevoel geven ergens in Scandinavië te zijn.

Veel mensen krijgen de rillingen bij het woord 'woongroep'; het heeft nogal een slechte reputatie in ons land. 'Stoffig', 'geen privacy', 'niet meer van deze tijd' zijn zomaar een paar termen die waarschijnlijk naar boven komen als je een gemiddelde Nederlander vraagt welke associaties hij of zij krijgt bij dat woord. Nog zo eentje: 'Dat was iets uit de jaren zeventig, voor hippies die alles met elkaar deelden, ook hun partners.' Maar als je Jurjen en Rosa bezoekt, weet je dat dat allemaal achterhaald is.

Hun woongroep is gevestigd in een prachtige gerestaureerde oude boerderij die in meerdere woonunits is opgedeeld. Iedereen heeft zijn eigen keuken, woonkamer en slaapkamers, ingericht naar eigen smaak, en de meeste met een eigen tuin erbij. Ze delen wel met meerderen een aantal badkamers. Daar moet je zin in hebben, en dat was een van de weinige dingen waar ik niet meteen enthousiast van werd. Maar er was zo veel wat ik wel aantrekkelijk vond, bijvoorbeeld de gigantische moestuin waar iedereen voor zijn lol in werkte, en die iedereen kon gebruiken om zijn eigen eten uit te halen. En de zwemvijver in de achtertuin, of de houtgestookte pizzaoven en de zelfgebouwde zweethut. Ook waren ze net begonnen met de aanleg van een gigantisch voedselbos, waar ze talloze struiken, bomen en planten hadden geplant om de voedselvoorziening te regelen voor de generatie van nu, maar ook die van hun kinderen en kleinkinderen. Een heel mooie gedachte, en een hoop voorzieningen die je niet snel zult vinden bij een gemiddeld rijtjeshuis in Nederland.

In de woonkamer hadden we met zijn drieën een lang gesprek over hun redenen om zo te willen wonen. Volgens Rosa was het fijn om met meer mensen dan alleen haar eigen gezin samen te zijn: je kunt een wandelingetje maken met een buurvrouw, samen koffiedrinken zonder dat je daarvoor een afspraak moet inplannen, en als je brood bakt, doe je dat net zo makkelijk voor meer mensen. En zij zijn er op hun beurt voor jou als je ergens geen tijd voor hebt.

In een woongroep leven heeft ook een praktische waarde. 'Ik zou alles wat ik hier heb nooit zelf kunnen betalen,' vertelt Jurjen me. 'En nu woon ik eigenlijk extreem goedkoop. Iedereen heeft z'n eigen huisje, maar we delen de badkamers en de toiletten, de kelder, de droogzolder, de wasmachines, de stofzuigers... Eigenlijk allemaal van die dingen waarvan het belachelijk zou zijn als we er hier vijftien van hadden.'

Er is volgens Jurjen een goede verklaring waarom dit leven voor hen zo goed voelt, en die grijpt terug op onze verre geschiedenis: wij mensen hebben eigenlijk altijd in stammen geleefd. We werken het best en het effectiefst samen met andere mensen, en daarom is dit een logische manier van samenwonen. Als er een hooischuur gebouwd moet worden, trekken ze eropuit om materialen te verzamelen en bouwen ze die schuur met zijn allen.

'Wij mensen zijn stamwezens,' aldus Jurjen. 'We hebben eigenlijk zo lang als de mens bestaat in stammenverband gewoond. Als mens werk je het best en het effectiefst als je met andere mensen bent. En voor mij is dit dus ook een hele logische manier van samenwonen. Samenwonen is iets wat ons uiteindelijk, ook al zijn we het niet meer gewend en is het misschien een heel angstaanjagend idee, vaak gelukkig maakt. Vaak denken we ook terug aan onze studietijd: ah, dat was eigenlijk wel gezellig!'

Samen met Jurjen liep ik die middag het bos achter hun huis in om de varkens te bewonderen die ze met liefde vetmesten en daarna opeten. Hij vertelde dat het hem wel moeite kost om de dieren naar de slager te brengen, maar dat je nu wel goed nadenkt voordat je zomaar drie speklappen op de barbecue gooit. Ook gingen we langs bij het voedselbos, waar ze een groot aantal fruitbomen en -struiken hebben geplant zodat ze later altijd genoeg fruit kunnen oogsten. Dit zijn ook allemaal zaken die veel gemakkelijker te realiseren zijn binnen een woonvorm met meerdere mensen.

Daarna wandelden we het natuurgebied in waar hun boerderij aan grenst: een prachtig bos, waar een groot meer in ligt. Onderweg vertelde hij wat meer over dat waar hij zijn meeste tijd in stopt: de Bosbeweging, een school voor overleven in de natuur. Gewoon in Nederland. In kleine groepen gaat hij meerdere dagen met mensen de bossen in. Daar leren de cursisten alles over op traditionele wijze overleven in de natuur, zoals we in vroeger tijden leefden en voor ons levensonderhoud zorgden. Mensen leren vaardigheden die we in het normale Nederlandse leven al lang verleerd zijn, zoals hutten bouwen van alles wat je in de natuur vindt, vuur maken met een vuurboog en eten bereiden in een aardoven. Ze leren op deze manier hun intuïtie weer tot leven te laten komen, en hun zintuigen en instincten te benutten. En ze ontdekken dat bijna alles wat je nodig hebt ook in Nederland gewoon in het bos te vinden is.

Jurjen vertelt: 'Als je ogen open gaan en je zintuigen open gaan, dan gaan je instincten ook aan. Ik denk dat we dat een beetje missen. Als je altijd in 21 graden zit, op kantoor, in de auto, dan denk je op een gegeven moment: ik mis iets. En wat mis je dan? Nou, kijk: als kind ga je hutten bouwen, je gaat met speren gooien, je gaat kettinkjes maken van bloemen. Je doet al die dingen. En eigenlijk is wat je doet in je spel, je voorbereiding voor later. Een leeuw gaat speeljagen omdat-ie later moet gaan jagen. En wij doen al die dingen, en uiteindelijk belanden we achter een computer. Nou, wat mis ik dan?'

Juist door terug te gaan naar de natuur kom je bij de kern van wie je bent. En zo leer je weer wat het beste is en wat instinctief bij ons past: niet alleen wat je doet, maar ook de manier waarop je leeft en met wie. Je leert weer wat je gelukkig maakt. En daar draait het toch allemaal om in het leven.

20 DOE WAT MEER MOEITE VOOR JE MAALTIJD

Waar ik ook vandaan kom, thuiskomen op Schiphol na een lange reis gaat altijd volgens een vast patroon: landen, telefoon aanzetten, mijn ouders appen dat ik er weer ben, door het nieuws scrollen terwijl ik op mijn bagage wacht, naar de douaniers zwaaien en dan meteen door naar de supermarkt, op zo'n drie minuten lopen van Arrivals 2. Omdat ik weet dat thuis een lege koelkast wacht.

Als ik eenmaal met mijn mandje langs de schappen loop, weet ik ook precies waar ik moet zijn. Griekse of Turkse yoghurt, havermelk, verse eieren, volkoren crackers, gemengde zaden voor in de yoghurt, verse kaas, gemengde noten, oranje of gele Tony Chocolonely en een niet al te ingewikkelde maaltijd voor de eerste avond zodat ik niet verplicht nogmaals de deur uit hoef. Soms kunnen rituelen en vaste gewoonten zo prettig zijn.

Het klinkt misschien raar, maar na al die jaren kan ik me nog steeds verbazen over hoe ongelofelijk bijzonder het is dat mijn favoriete voedsel bijna altijd aanwezig is en dat die schappen überhaupt elke keer maar weer gevuld zijn. Met vijfentwintig soorten melk, meer dan vijftig soorten kaas, groenten in alle kleuren en maten, rijen chocoladerepen in de meest bizarre smaken, en ga zo maar door. Elke keer als ik de winkel in loop weet ik dat ik 99 procent kans heb om mijn favoriete voedsel aan te treffen. Mocht een product een keer niet voorradig zijn, dan kan ik in een straal van 10 kilometer nog minstens vijftig supermarkten vinden waar ze het wél hebben.

Hoe ongelofelijk is dat, helemaal als je je bedenkt waar het allemaal vandaan komt en hoeveel kilometers al dat voedsel heeft moeten afleggen om in dat schap terecht te komen. Avocado's uit Zuid-Afrika, sperziebonntjes uit Kenia, *seafood noodles* uit Taiwan, boter van Texel, tonijn uit Sicilië, schapenkaas van Corsica, lamskoteletten uit Argentinië, rijst uit Sichuan, rode pepers uit Colombia, witte wijn uit Australië en vanillevla uit Friesland: we vinden het de normaalste zaak dat die voor ons klaarstaan, netjes verpakt, schoongemaakt, veilig te eten en relatief heel goed betaalbaar als je je bedenkt hoe intens veel moeite het heeft gekost om het product te kweken, te oogsten, te bewerken, te vervoeren, te koelen en/of te bereiden. Dat er mensen maandenlang bezig zijn geweest om akkers te bewerken, in te zaaien, bij te houden en uiteindelijk te oogsten. Maar ook dat er dieren voor zijn geboren, gevoed en uiteindelijk gestorven.

Allemaal zodat wij ons mandje kunnen vullen, snel kunnen afrekenen bij een zelfscankassa en thuis onze lege koelkast kunnen vullen. Waarna we doorgaan met ons leven, zonder er al te veel bij na te denken hoeveel moeite die spulletjes wel niet gekost hebben.

Het is echt bijzonder dat we daar bijna niet bij stilstaan. Maar ook dat we mopperen als producten duurder zijn geworden of tijdelijk niet verkrijgbaar zijn. Of dat we al dat eten aanschaffen en vervolgens lang niet allemaal gebruiken, laten bederven, of als het eenmaal bereid is alsnog weggooien omdat we er te veel van gemaakt hebben of het niet lekker vinden.

De hoeveelheid voedsel die we elk jaar met zijn allen in de afvalbak deponeren is duizelingwekkend. We gooien gemiddeld per persoon bijna 10 procent van al het eten dat we kopen weg, en dat is ruim 34 kilo voedsel per persoon per jaar. Bij elkaar opgeteld verspillen we alleen al in Nederland bijna 600 miljoen kilo goed voedsel per jaar. Daarnaast gieten we ook nog eens per persoon gemiddeld 45 liter drinken in de gootsteen. Elk jaar weer. Alleen al in Nederland.

Als je bedenkt dat huishoudens slechts verantwoordelijk zijn voor een kwart van al het weggegooide voedsel, en de industrie en horeca nog eens drie keer zo veel afdanken, word je helemaal stil. Die voedselverspilling zorgt wereldwijd voor grote problemen, alleen al omdat er steeds meer monden gevoed moeten worden: bijna een op de tien mensen heeft een ernstig gebrek aan voedsel.

Het is ook een grote reden tot zorg omdat de aarde steeds meer te lijden heeft van de klimaatverandering, die steeds vaker uitmondt in droogte, overstromingen en bosbranden. Daarmee komt de voedselvoorziening van steeds meer mensen wereldwijd in gevaar. Niet voor niets is een halvering van de voedselverspilling in 2030 een van de belangrijkste duurzame ontwikkelingsdoelen van de Verenigde Naties.

Als ik terugkom van een reis voor *Floortje naar het einde van de wereld*, voel ik al die overvloed in de supermarkten nog veel sterker. Want die overvloed is iets typisch westers, en de meeste mensen die aan het eind van de wereld wonen, moeten het doen met vaak kleine winkels en beschikken al helemaal niet over de bizarre hoeveelheid keuzes die wij hebben. Die kunnen niet kiezen uit vijftien soorten kwark of twintig soorten bier. Als ze überhaupt al een winkel in de buurt hebben. Ik neem dan ook altijd standaard als cadeau een groot stuk Nederlandse kaas mee; voor ons de normaalste zaak van de wereld om dat te eten, maar de meeste mensen die ik bezoek, zien het als een delicatesse waar ze heel zuinig mee doen en soms weken van eten.

Dat je veel voedsel nog heel goed kunt eten als de houdbaarheidsdatum is overschreden, hoef je mensen aan het einde van de wereld ook niet te vertellen. Van de familie Atchley in Alaska, die maar een keer per jaar boodschappen deed en daar de rest van het jaar op teerde (zie hoofdstuk 2), leerde ik dat je rustig een omelet kunt bakken met eieren die een half jaar oud zijn, als je ze maar koel bewaart. In de jungle van Ecuador liet de man van de Engelse Mari, die geboren was in de wildernis, me zien hoe je voedsel ook in de hitte goed kunt bewaren. Als je geen koelkast hebt, en bijvoorbeeld fruit lang wilt bewaren, dan moet je het met schil en al op ongeveer een meter diepte in de grond begraven. Ook voedsel zonder schil kun je op die manier veel langer goed houden, alleen moet je het dan wel goed verpakken in plastic zakken of bladeren. En bij Zaya en haar man, die op de uitgestrekte steppen van Mongolië wonen, zag ik hoe handig het is als je je eigen rookoven bouwt. Als je daarin vers vlees twee dagen rookt boven een smeulend vuur, kun je het tot soms wel een maand goed houden.

Ook zoiets opmerkelijks: als je wél een winkel in the middle of nowhere vindt, zie je dat er wereldwijd bijna overal min of meer hetzelfde wordt verkocht. En meestal is 80 procent daarvan enigszins of soms zelf ongelofelijk ongezond. Het is echt schrikbarend om te zien hoe we massaal rotzooi zijn gaan eten, en dat de winkels er vol mee liggen, waar je ook komt.

Loop maar eens een willekeurige lokale supermarkt in een klein dorpje in Zambia, Cambodja of Honduras binnen. Tien tegen één dat het aanbod niet al te gek veel van elkaar verschilt en dat je er – behalve de basisvoedingsmiddelen zoals rijst, meel en olie, en lokaal geproduceerd fruit, groente en vlees – vooral schappen vindt met frisdrank, chips, instantnoedels, chocoladerepen, ingeblikte vis, koekjes in alle soorten en maten, fabrieksmatig verwerkte vleesproducten zoals bacon, en alle mogelijke instantkoffies, -sauzen, -soepen en wat er allemaal nog meer instant gemaakt kan worden. Meestal enorm ongezond, en afkomstig van de grote voedselproducenten als PepsiCo, Unilever, Nestlé of General Mills.

En natuurlijk sigaretten, eindeloos veel sigaretten, zónder enge plaatjes op de verpakking, soms zelfs per stuk verkocht. Want de derde wereld is zo'n fijne groeimarkt 'en ook deze mensen hebben recht op hun sigaret', aldus de grote tabaksfabrikanten.

En daar moet je het dan mee doen aan het einde van de wereld.

Al met al verbaast het me dan ook niets dat de meeste mensen die ik interview het liefst zo veel mogelijk zelf voedsel verbouwen, want het leeuwendeel van wat er in die winkels verkocht wordt, is dus vrij ongezond, waar je ook komt.

Waarom wordt er wereldwijd zo veel slecht voedsel aangeboden, vooral in supermarkten? Niet alleen in alle verre en vreemde oorden, maar ook in ons eigen Nederland. Als ik die supermarkt op Schiphol in loop na een lange reis, valt het me altijd op dat ik mezelf enorm moet beschermen tegen impulsaankopen zoals chips en koekjes, die in groten getale in de schappen liggen.

Voedseldeskundige Ralph Moorman, gespecialiseerd in voeding en hormonen, heeft daar op zijn website[*] wel een verklaring voor. Volgens hem is er met bijvoorbeeld eerlijk gefokt vlees, duurzaam verbouwde groenten en fruit of gezonde en eerlijk geproduceerde snacks veel minder geld te verdienen dan met producten die in grote aantallen in de fabriek zijn geproduceerd. Feit is dat de winstmarges op kunstmatige levensmiddelen het grootst zijn, dus producten met veel nagemaakte ingrediënten, met smaak- en kleurstoffen, suikers en ongezonde vetten. Die nepgrondstoffen zijn veel goedkoper dan echte en goede ingrediënten, en daarom besteedt de voedingsindustrie daar veel meer aandacht aan en liggen de schappen er vol mee. Deze producten komen niet meer van het land of uit de keuken, maar worden kunstmatig gefabriceerd. Het heeft nog maar heel weinig met echt eten te maken.

Het is interessant om te bedenken waarom we zo van dit slechte eten houden. Dat heeft natuurlijk alles met gewenning te maken: als je iets maar vaak genoeg eet, van kinds af aan, dan denk je dat

[*] www.ralphmoorman.nl

je dat het lekkerst vindt. Zo herinner ik me een smaaktest die een aantal jaar geleden gedaan werd: iedereen kreeg vijf bekertjes met koffie en mocht aangeven welke koffie het lekkerst was. Ondanks het feit dat vier van de vijf bekertjes filterkoffie van goede kwaliteit bevatten, kozen de meeste mensen toch blind voor de vijfde: de automatenkoffie. Iedereen die dat wel eens gedronken heeft (en dat zijn de meeste Nederlanders), weet dat die over het algemeen helemaal niet zo lekker is. Maar omdat we, vaak op het werk, zo gewend zijn geraakt aan de smaak van koffie uit een automaat, zijn we gaan denken dat koffie zo hoort te smaken.

Voor een dieperliggend antwoord op de vraag waarom we zo dol zijn op slecht en ongezond eten, moet je bij evolutiebiologen zijn. Die zien in de neiging tot veel te zoet, vet of zout eten een in de hersenen verankerde behoefte om voldoende calorieën binnen te krijgen. In de prehistorie aten we zo energierijk mogelijk, zodat we voldoende energie konden opslaan voor de momenten dat er geen eten voorhanden was. Dat mechanisme zijn we in al die eeuwen niet kwijtgeraakt, ook al zijn we totaal anders gaan consumeren. Voedselschaarste komt in het Westen helemaal niet meer voor, er is juist een overvloed aan ongezond en goedkoop eten. Niet alleen bevat meer dan 80 procent van alle aanbiedingen in de supermarkten ongezonde producten, maar ook wordt ongezond eten altijd zo veel mogelijk op ooghoogte aangeboden. Het ligt dus voor het grijpen bij de kassa van supermarkten, tankstations en bioscopen, en ook in het ziekenhuis en de sportkantine.

Hoe is het trouwens mogelijk dat er op een plek waar je gezond zou moeten eten – zoals in een sportkantine, of helemaal in een ziekenhuis – zo veel slecht eten verkrijgbaar is? Ik herinner me nog dat ik een aantal jaar geleden na een lange operatie van meer dan negen uur in het ziekenhuis in Rotterdam lag, en een vriendelijke medewerker me de dag na de operatie kwam vragen waar ik zin in had voor de lunch: kip tropicana of een varkensschnitzel. Ook bij het ontbijt was bijna alles kunstmatig en ongezond: kaas uit de fabriek, witbrood en vruchtenhagel. Het enige wat ik wilde eten waren de gekookte eieren, de rest van mijn eten namen mijn vrienden en familie mee.

Kortom: slecht eten is overal, en in verbijsterende hoeveelheden. En we zijn er wereldwijd dol op. Zo bestaan er bijvoorbeeld alleen al veertigduizend vestigingen van McDonald's, en verkoopt de Coca-Cola-groep meer dan tienduizend frisdrankjes per seconde.

Voor veel mensen aan het einde van de wereld die ik geïnterviewd heb, zijn al deze duizelingwekkende getallen een belangrijke reden om de westerse wereld achter zich te laten. Ze willen zichzelf – en vaak ook hun kinderen – eenvoudigweg niet meer blootstellen aan de verlokkingen van slecht eten en massaconsumptie. Ze willen goed nadenken over wat ze consumeren, wat ze hun kinderen geven en waar ze dat eten vandaan halen. Het liefst zo dicht mogelijk in de buurt, met zo min mogelijk kunstmatige toevoegingen, en het liefst zo veel mogelijk zelf geproduceerd omdat dat veel goedkoper en gezonder is.

Die keuze heeft wel een groot nadeel: je bent er heel veel tijd aan kwijt. En dat is nu net iets waar we in het Westen niet veel van (denken te) hebben. Onze agenda's zitten vol, onze sociale levens staan voorop en onze zelfontwikkeling en die van onze kinderen is prioriteit.

Wie heeft er zin in om elke dag drie uur in een moestuin te staan om te wieden, stekjes te planten en op zijn knieën het onkruid tussen de gewassen uit te halen? Wie wil er om vier uur zijn bed uit om een haas te gaan schieten, waar je zelf de ingewanden uit haalt en die laat indrogen, waarna je alle tijd neemt om het dier te verwerken? Of wie wil zijn eigen koeien melken, en die melk vervolgens met al het geduld van de wereld koken, er stremsel aan toevoegen, de wrongel laten bezinken, de wei afgieten, het geheel tot 33 graden verwarmen, dat proces nog een keer herhalen, de wrongel door een met kaasdoek afgedekte zeef gieten, en datgene wat overblijft vervolgens met kaasdoek en al in een kaasvorm plaatsen, tweemaal persen, dan twee keer in een zoutbad leggen, en dat dan twee weken in een koele donkere ruimte plaatsen waarbij je elke dag het geheel een keer moet omdraaien? Allemaal om een kaasje te kunnen eten.

Wij willen naar de winkel, een hygiënisch verpakt kant-en-klaar kaasje kopen, precies de smaak waar je zin in hebt en de hoeveelheid die je denkt nodig te hebben. We willen zelf een glanzende mango kunnen uitkiezen, een bos schoongeboende wortels in ons mandje gooien, of een kipfilet kopen op een plastic schaaltje met een cellofaantje eroverheen. Geen haar op ons hoofd die eraan denkt om mango's te telen, wortels te kweken of die kip hoogstpersoonlijk de nek om te draaien, te plukken en te fileren.

Mensen die aan het einde van de wereld wonen doen dat dus allemaal wel. Of ze hebben ermee leren leven dat ze nou eenmaal geen mango's, frambozen of granny smith-appels kunnen eten omdat die niet groeien op de vlakten, de toendra's of in het hooggebergte waar ze wonen.

Ze doen elke dag weer hun stinkende best om hun land te bewerken, de juiste kiemen en zaden te zaaien en hun akkers te besproeien. Ze voeren hun dieren die er rondlopen. Ze beschermen hun kippen tegen hongerige vossen of hyena's. Ze slijpen hun messen om snel en redelijk pijnloos de keel van een konijn te kunnen doorsnijden, drogen de vellen ervan zodat ze zich in de winter kunnen beschermen tegen de bijtende kou, en pekelen het vlees of vriezen het in zodat ze ook in de donkere dagen genoeg vlees in huis hebben.

En nee, daar hebben ze niet altijd evenveel zin in. Ook als je mijlenver van de bewoonde wereld woont, wil je soms gewoon een boek lezen, een taart bakken of op de veranda naar de vogels staren die voorbijvliegen. Maar toch doen ze het, omdat ze eenvoudigweg geen keuze hebben. Dat maakt het hele proces een stuk draaglijker. Je moet wel, anders is er simpelweg geen eten.

Vrijwel allemaal vertellen ze me: als je ergens veel moeite voor moet doen, geniet je veel meer van het resultaat. Als je met pijn en moeite een dier geschoten hebt, kijk je er wel voor uit om te veel vlees in de pan te leggen waarvan je vooraf al weet dat je het niet op gaat krijgen. Je kookt niet te veel aardappelen, en je gooit geen melk weg omdat die bedorven is. Je geniet van dat wat je met bloed, zweet en soms zelfs een paar tranen zelf geproduceerd hebt.

Als we met zijn allen op deze manier naar ons eten zouden kijken, bestond het fenomeen voedselverspilling helemaal niet. Wat dat betreft kunnen we een enorm voorbeeld nemen aan al die afgelegen wonende mensen.

Het bijzondere is dat mensen aan het einde van de wereld altijd ontzettend graag eten met je willen delen als je de moeite hebt genomen om naar ze toe te gaan. We worden eigenlijk altijd gastvrij ontvangen en vrijwel altijd is een belangrijk onderdeel daarvan dat er verrukkelijk voor ons gekookt wordt, omdat de meeste mensen die ik interview namelijk ongelofelijk goeie koks zijn. (Wat wil je, als er in de verste verte geen restaurant te vinden is…)

In het noorden van Canada had onze gastheer zijn zelf gevangen vis geruild voor rode koningskrab, die hij serveerde met zelf gekweekte groenten. Ook onvergetelijk was de oestervisser in Alaska, die een zak oesters aan de woonboot waarop we verbleven had gebonden, zodat we ze de hele dag door vers konden eten. Of de geur van het verrukkelijke zelfgebakken brood die elke dag uit de zelfgebouwde oven onze neuzen in dreef, bij de familie Atkinson in de jungle van Belize. En zo kan ik eindeloos doorgaan.

Je hebt er trouwens bijna niets voor nodig om heerlijk te eten aan het einde van de wereld. In 2021 ging ik terug naar de Nederlandse Miriam, die in de bush van Nieuw-Zeeland van de jacht leeft (zie hoofdstuk 3). In plaats van met haar partner, die ziek was geworden, ging ze op expeditie met een vrouwelijke reisgenote, Tamar. Het enige wat ze bij zich hadden, waren geweren en een zak meel. En toch lukte het ze om met zo weinig middelen een culinair hoogstandje te bereiden: zelfgemaakte chapati's met ganzenragout, inclusief fijngesneden kruiden en bladeren uit de natuur. Vergezeld door een groene kruiden- en bladsalade met besjes en zelfgemaakte honingdressing. Ook als je (zoals ik) geen vlees eet en alleen de groente en de chapati's kon proeven, was het verrukkelijk. Met liefde geschoten, geplukt, gebakken en bereid. Niet te veel en niet te weinig. Gezond en vol smaak. Eigenlijk zoals het altijd zou moeten zijn.

21 VAN SLEUTELSLAAPJES KNAP JE ECHT EVEN OP

Als ik ergens een tekort aan heb gehad in mijn leven, dan is het slaap. Als kind betekende slapen voor mij een hinderlijk oponthoud dat ik zo lang mogelijk voor me uit schoof. Als ik dan toch echt naar bed werd gestuurd, lag ik nog uren te lezen. Ik kon niet wachten tot er een nieuwe dag zou beginnen en uitslapen was ondenkbaar: zo gauw mijn ogen open waren, sprong ik mijn bed uit. Eigenlijk ben ik wat dat betreft niets veranderd.

Toen ik op mezelf ging wonen, was het hek helemaal van de dam. Jarenlang leefde ik op een dieet van een paar uurtjes slaap per etmaal. Vanaf mijn tweeëntwintigste ging ik doordeweeks naar de Hogeschool voor de Kunsten in Utrecht en werkte ik in het weekend als producer voor de nachtelijke radioshow van Rob Stenders. Dat betekende dus dat ik het ene deel van de week overdag en het andere deel 's nachts leefde. Dat kun je op die leeftijd best lang volhouden, maar een lichaam heeft grenzen, ook als je nog jong en fit bent. Dus ontwikkelde ik allerlei allergie-achtige kwaaltjes, die ik achteraf aan chronisch slaapgebrek wijt. Het kwam echter nooit in me op om een tandje lager te schakelen: er moest geleefd worden, en niet zo'n beetje ook. Dus dan maar op zijn tijd instorten, bijslapen en weer door in hetzelfde ritme.

Het pad dat ik vervolgens koos – reisprogramma's maken – was ook niet bepaald bezaaid met rust, reinheid en regelmaat. Ik heb ze niet geteld, het aantal jetlags dat ik in die meer dan vijfentwintig jaar heb gehad, maar minstens één keer per maand draaide ik mijn biologische klok compleet om door intercontinentaal naar het westen of het oosten te vliegen. Hoe moe ik ook was, ik heb er altijd heel weinig aan toegegeven. Bakken koffie, veel daglicht, korte hazenslaapjes en dan weer snel aan het werk.

Eigenlijk heb ik jetlags al die jaren – door mijn haastige manier van leven, maar ook omdat ik nooit iets wil missen – nooit zo serieus genomen. Heel slim is dat niet van me geweest, want jetlags zijn wel degelijk een fenomeen om rekening mee te houden. Omdat je in korte tijd meerdere tijdzones passeert, raakt je inwendige klok van slag. Eigenlijk kan je lichaam zich maar een of twee uur in oostelijke richting en twee of drie uur in westelijke richting aanpassen. Bij een jetlag zet je je hele slaap- en eetpatroon op zijn kop, en dat heeft een diepgaand effect op je lichaam. Het beïnvloedt alles, van de hormoonhuishouding tot de lichaamstemperatuur, maar ook je gemoedstoestand, het functioneren van de hersenen en het atletisch vermogen.

Los van de jetlags is het slapen onderweg vaak een hoofdpijndossier. Het programma dat ik nu al zo'n negen jaar maak, *Floortje naar het einde van de wereld*, is qua logistiek niet bepaald gezond te noemen en zorgt niet voor verbetering van mijn slaappatroon. De mensen bij wie we logeren wonen per definitie niet lekker centraal gelegen en in de buurt van een prettig hotel. Dat betekent dus altijd improviseren. In een steenkoude Mongoolse tent van rendierhuid met een vuur dat elke twee uur uitging, waardoor je wakker werd omdat je bevroor, onder een *Cars*-dekbed in het net te korte kinderbed in de jungle van Peru, of op een matje op zolder van een badhuisje naast een stijf bevroren beek in Newfoundland in Canada: ik deed er geen oog dicht.

Bovendien, waar gebrek was aan comfort (of alleen al aan een matras), was er vaak wel een overvloed aan iets anders, namelijk aan dieren die ongevraagd onze slaapkamer bevolkten, waardoor we ook vaak slecht sliepen.

Ik vergeet niet snel de ratten die in ons gammele hutje op Papoea-

Nieuw-Guinea langs de muren kropen en door de dikke sporttas van mijn cameraman heen knaagden op zoek naar een paar pinda's, en die de snoeren van mijn laptop stukbeten omdat er iets van visolie in verwerkt bleek te zijn. Nog zo eentje: in het wildpark in Kenia waar we een week logeerden hadden we blijkbaar onze tentjes opgezet naast een pad dat reuzefavoriet was bij heel veel groot wild. En dus lagen we 's nachts met bonzend hart te luisteren naar 'iets heel groots' wat al snuivend en grommend langs onze tent scharrelde. Daar droom ik nog wel eens van.

Nou was ik meestal degene die in hún territorium was binnengedrongen, dus dan moet je eigenlijk niet zeuren. Maar soms was het slapen – of eigenlijk het gebrek eraan – zo'n drama dat ik er wel degelijk heel chagrijnig van werd. Dan moest ik de volgende dag heel erg mijn best doen om mijn werk daar niet al te zeer door te laten beïnvloeden.

Met afstand de meest deprimerende slaapervaring had ik toch wel in het stadje Aralsk. Dat ligt aan het voormalige Aralmeer, diep in de binnenlanden van Kazachstan, midden onder Rusland. Die dag hadden we meer dan 500 kilometer per auto afgelegd, en er was maar één plek in de wijde omgeving waar we een bed konden vinden. Het op instorten staande gebouw was er neergezet in tijden van weleer, toen de Sovjet-Unie er nog de dienst uitmaakte en het beroemde Aralmeer nog tot de randen van de stad spoelde. In het haventje was het ooit een drukte van belang geweest met af en aan varende vissersboten, maar nadat de Russen bijna het hele meer hadden laten opdrogen door excessieve irrigatie met het water van de rivier die het meer voedde, waren de haven en het hele stadje in één treurige, stoffige bende veranderd.

Toen ik die avond in bed wilde gaan liggen, zakte ik er niet alleen vrijwel meteen doorheen, maar bleek er ook nog eens overal ongedierte rond te wandelen. Maar het ergste moest nog komen: het hotel deed tevens dienst als bordeel, en was redelijk populair zelfs, gezien de geluiden die uit veel kamers kwamen. De hele nacht bleven mijn cameraman en ik wakker, luid pratend om de buren maar niet te hoeven horen, die aardig losgingen. Het was zo erg dat we om een uur of vijf 's ochtends maar moedeloos in de auto zijn gestapt om daar nog wat te dommelen, om vervolgens gebroken onze reis te vervolgen.

Een paar jaar geleden zat ik in het vliegtuig naar Azië, op weg naar weer een mooi verhaal en weer een jetlag, toen ik in het tijdschriftenvak aan de stoel voor me een Australisch tijdschrift vond met een uitgebreid verhaal over slaap. Slaapprofessor Hans Hamburger vertelde dat chronisch slaapgebrek je, kort door de bocht gezegd, 'dom, druk en dik' maakt. Het leidt tot geheugen- en concentratieproblemen, je krijgt er een korter lontje van en het zorgt voor een voortdurend hongergevoel. Naarmate je ouder wordt, wordt je biologische klok minder flexibel en kun je minder smokkelen met slaap. Helemaal alarmerend is het feit dat je door structureel te weinig te slapen steeds moeilijker nieuwe herinneringen aanmaakt, en je de kans op de ziekte van Alzheimer vergroot.

Dat verhaal opende mijn ogen. Ik had natuurlijk eerder verhalen over het belang van goed slapen gelezen, maar dit artikel liet wel heel weinig aan de verbeelding over. Dus voerde ik vanaf dat moment wat regels in, waar ik me tot op de dag van vandaag wonderwel aardig goed aan houd:

- Lange vluchten naar het verre oosten en Australië moet je echt onderbreken met een tussenstop om even bij te slapen.
- Als je ergens aankomt: niet meteen als een malle aan het werk gaan. Eerst even rustig landen op de plek van bestemming, minstens één

rustdag (maar liefst meer) inplannen, en dan aan het werk of op vakantie. Je moet eens zien hoe snel je je dan beter voelt.
- Neem op reis altijd, maar dan ook echt altijd een noisecancelling koptelefoon mee. Favoriet bij mij zijn nu de oortjes met noisecancelling: ze halen de brom uit het harde vliegtuiggeluid en je kunt ze gewoon inhouden als je tegen de zijkant van je stoel in slaap valt. Vergeet ook het masker voor je ogen niet.
- Slaap op reis altijd met je raam open, zodat je uitgeademde kooldioxide weg kan. Al is het maar op een kiertje. Slapen met een open raam is sowieso beter voor je, omdat door de luchtcirculatie en koelere lucht ziektekiemen minder kans krijgen zich te vermenigvuldigen.
- Om goed in slaap te kunnen vallen is het van belang dat je lichaamstemperatuur niet te hoog is. Een airco is dan heel handig, maar richt hem niet op je lichaam omdat de kou ervoor kan zorgen dat je last krijgt van je spieren en gewrichten. En als je alleen een ventilator hebt, zet die dan voor het open raam zodat deze de iets koelere lucht van buiten kan aanvoeren.
- In diezelfde tropen áltijd een muggennet meenemen. Niks is zo irritant als een zoemende mug om je hoofd als je scheelziet van de jetlag. Nog los van het feit dat je van muggen malaria, dengue of andere ernstige ziekten kunt krijgen.
- Slik korte tijd melatonine, tegenwoordig ook in Nederland verkrijgbaar, al is bij ons de dosis veel lager dan bijvoorbeeld in de Verenigde Staten. Dat is het hormoon waar je van in slaap valt. Ik gebruik het zelf meestal als ik naar Azië ga, omdat ik dan meer last heb van jetlags. Het kan niet veel kwaad als je het kort gebruikt. Overleg eerst met je huisarts of dit middel ook voor jou geschikt is. (Melatonine is ook via de huisarts verkrijgbaar in de zwaardere dosis.)

- Zo min mogelijk alcohol drinken, omdat je daardoor lichter slaapt en eerder wakker wordt. Minderen met koffie helpt ook.
- Geen telefoon- of laptopschermen voor het slapengaan. Ook geen nieuws kijken of zappen in je hotelkamer als je niet kunt slapen, en niks over politiek of misdaad lezen. Probeer in plaats daarvan een goed boek, of doe een meditatie via een app als Calm op je telefoon. Die hebben trouwens ook een scala aan verhalen voor het slapengaan. (De voorleesverhalen van acteur Matthew McConaughey zijn zo rustgevend ingesproken dat je binnen vijf minuten gegarandeerd weg bent.) Er zijn nog veel meer goede apps in die categorie: Aura bijvoorbeeld, en de verhalen van The School of Life. Voor veel van die apps geldt wel dat je betalend lid moet worden. Er zijn daarnaast ontelbaar veel gratis podcasts te vinden over slapen, met begeleide meditaties en rustgevende klanken die je sneller in slaap moeten laten vallen.

Mocht dat allemaal niet geholpen hebben, waardoor je de volgende dag groen van vermoeidheid onderweg bent, aan het werk bent of op reis iets anders moet doen waardoor je niet kunt bijslapen, dan helpt er nog maar één ding: een sleutelslaapje. Dat is een piepklein slaapje dat net even verfrist, maar waarbij je zo kort slaapt dat je net niet in je remslaap belandt, want dat maakt je alleen nog maar vermoeider.

Hoe dat werkt? Nou, heel simpel. Gewoon aan een tafel gaan zitten, vervolgens je hoofd op je armen voorover op het tafelblad leggen en je handen omlaag laten hangen, terwijl je in één hand een bos sleutels vasthoudt. Dan je ogen dichtdoen. Je valt dan razendsnel in een korte verkwikkende slaap, die na een klein kwartiertje overgaat in een diepere remslaap, waardoor al je spieren zich ontspannen. Maar omdat je de sleutelbos vasthoudt, valt deze door de ontspanning met een klap op de grond, waardoor je vanzelf weer wakker wordt.

Gegarandeerd dat je er dan weer een tijdje tegenaan kan tot de avond. Waarna je gewoon echt even een nacht goed kan gaan doorslapen. Herhaal dit soort powernapjes net zo lang tot je jetlag is verdwenen, en je kunt de hele wereld weer aan.

22 MINDER EENS WAT MEER

'Ik ging de bossen in omdat ik bewust wilde leven, om me alleen met het wezenlijke bezig te houden en om te onderzoeken of ik kon leren wat het leven me moest leren, zodat ik niet op mijn sterfbed zou moeten ontdekken dat ik niet geleefd had.' Een citaat uit *Walden*, de autobiografische negentiende-eeuwse klassieker van Henry Thoreau, die zich twee jaar terugtrok in een hutje bij het Walden-meer in de Amerikaanse staat Massachusetts.

Het boek en de levenswandel van de essayist en filosoof Thoreau zijn ondertussen meer dan honderdzeventig jaar oud, maar actueler dan ooit. Een hele nieuwe generatie heeft het boek omarmd, omdat het thema's aansnijdt die ook nu heel veel mensen bezighouden. Een leven in de natuur, in alle eenvoud, en daarmee afstand doen van modern comfort. Maar ook een leven met minder spullen, omdat je het meeste eenvoudigweg niet nodig hebt. 'Je bent rijker naarmate je je kunt veroorloven om van meer dingen af te zien,' aldus Thoreau.

Bij veel mensen staat Thoreau bekend als de man die zich met zijn vertrek naar het hutje in de bossen afkeerde van de samenleving. Maar in feite wilde hij juist nadenken over diezelfde samenleving en dat delen met anderen: iets wat hij deed door het boek te schrijven. Hij wilde terug naar de natuur om zich daar in alle rust te kunnen bezinnen op belangrijke thema's in het leven. Om na te denken over zijn eigen consumptiepatroon bijvoorbeeld, en over wat je als mens precies nodig hebt om gelukkig te zijn. In alle eenzaamheid in de natuur was voor hem de beste plek hiervoor.

Eigenlijk is Thoreau daarmee de oervader van alle mensen die ik voor *Floortje naar het einde van de wereld* heb geïnterviewd. Bijna zonder uitzondering hebben de mensen die ik spreek dezelfde motivatie om een uithoek van de wereld op te zoeken. Niet langer zomaar meedoen aan de ratrace, en koste wat het kost willen voorkomen dat je later terugkijkt op je leven en denkt: had ik maar meer bewuste keuzes gemaakt.

De Canadees Sam Ainsworth, die ik in 2018 opzocht in Nova Scotia, had in zijn werkkamer zelfs een portret van Thoreau hangen, zo bewonderde hij deze schrijver. Na een redelijk woelige jeugd en een puberteit waarin hij flink zichzelf verdoofde met allerhande middelen, besloot Sam het roer om te gooien en zijn droom te verwezenlijken: een hut in de wildernis bouwen waar hij compleet zelfvoorzienend kon leven. Na talloze baantjes – van kreeftenvisser in de Arctische wateren tot barman in Boedapest – had hij genoeg geld gespaard om een stuk land te kopen, waarop hij met hulp van vrienden en familie een stevige, koudebestendige hut bouwde. Nu woont hij daar het grootste gedeelte van het jaar, en hij vult zijn dagen met hout hakken, ahornsiroop uit de bomen tappen en schrijven. (Zijn eerste boek is in 2020 verschenen: *Call of the Mountain, A True Story of Resilience*.)

Een paar dagen met Sam optrekken was uitermate leerzaam: het blijft altijd bijzonder om iemand te spreken die door zijn plan zorgvuldig uit te stippelen, en ongeacht de tegenslagen (ongelukken tijdens het bouwen van zijn huis of een aanval van een beer), toch die stip aan de horizon weet te bereiken. En die daar ook verdomd gelukkig mee is, want zoals hij zelf zei, had hij nu alle vrijheid van de wereld in zijn huisje, omdat de dichtstbijzijnde buren 10 kilometer verderop zaten, hij elke dag ongestoord alle geluiden van het bos kon horen en hij bijna helemaal zelfvoorzienend kon leven.

Hij had het met doorzettingsvermogen en wilskracht voor elkaar gekregen om zichzelf te transformeren van een stadse jongen tot iemand die zich uitstekend in de natuur kan redden. Sam had al wel wat ervaring omdat hij als kind in een klein dorpje woonde, omgeven door natuur, maar het meeste had hij geleerd nadat hij in zijn eentje in de bossen was gaan wonen.

Ik blijf het fascinerend vinden om iemand te spreken die het voor elkaar heeft gekregen om een leven in en met de natuur op te bouwen, met een minimum aan spullen. Dat zal ook wel komen doordat ik, zelfs als kind, altijd al van zo'n leven heb gedroomd. Zeventien jaar heb ik aan de Herenweg in Heemstede gewoond, aan een drukke weg, met een achtertuin waar een grote appelboom in stond en waar ik hutten kon bouwen met mijn zusjes en broer. Een liefdevol huis, waar ik elke morgen onder de warme douche kon staan, eten uit de koelkast kon pakken en 's avonds in mijn eigen kamer elpees kon draaien en eindeloos boeken kon lezen. Maar toch was het mijlenver verwijderd van het ideaal dat ik altijd had: een huis midden in de natuur, het liefst in de bergen of aan een rivier, met vooral niet te veel spullen maar wel met een hond waarmee ik kon gaan wandelen en een paard dat in de wei stond te grazen. Dus niet een rijtjeshuis in een slaperig dorp onder de rook van Haarlem. Gelukkig kreeg ik als kind mijn portie natuur wel, omdat ik behoorlijk avontuurlijke (en zeer zorgzame) ouders heb, die ons altijd in de weekends en vakanties mee naar buiten namen en eropuit trokken met de fiets en de tent, of de houten zeilboot en de tent. Als we dan na afloop terug waren in het vertrouwde Heemstede, en alles weer heel 'gewoon' was, droomde ik ervan dat ik later in een klein houten huisje zou wonen, ver weg in de natuur, en ik nooit meer verplicht terug hoefde naar de bewoonde wereld.

'Later' is ondertussen al heel lang geleden begonnen, maar dat huis midden in de wildernis is er nog steeds niet. Dat is niet zo gek, want voor veel mensen is de beroemde uitspraak van John Lennon van toepassing: *'Life is what happens to you while you're busy making other plans.'* Waarom is het bij mij altijd bij dromen gebleven, en heeft iemand als Sam wel de stap gezet om écht dicht bij de natuur te gaan leven omdat hij intuïtief aanvoelde dat de hectische stad voor hem niet geschikt was? En niet alleen Sam, ook de talloze andere mensen die ik de afgelopen jaren in de wildernis heb gesproken, en die het hebben weten vol te houden. Zeker is dat er niet één antwoord op die vraag mogelijk is; iedereen heeft een andere motivatie. Een belangrijke drijfveer voor de mensen die ik voor *Floortje naar het einde van de wereld* bezoek, is toch wel dat ze weg willen uit de consumptiemaatschappij met alle verleidingen, en willen leren om zo zelfvoorzienend mogelijk door het leven te gaan. Om niet langer afhankelijk te zijn van anderen, en om zelf te kunnen kiezen wat ze eten en consumeren. En ze willen vooral dat hun kinderen niet op die manier beïnvloed worden, want die zijn vaak nog veel minder goed bestand tegen alle verleidingen.

Iemand die dat heel goed kon verwoorden was de Argentijnse Virginia, die zich samen met haar Zweedse man Magnus en hun tweeling in een klein zelfgebouwd huisje op het platteland van Uruguay had gevestigd. Eerder woonde ze met haar gezin jarenlang in Noorwegen, waar ze volop meedeed aan de ratrace. Een leven waarin ze elke ochtend haar kinderen naar de opvang bracht, hard werkte aan de universiteit van Oslo – een baan die ze niet leuk vond maar toch nodig had om hun leven te kunnen bekostigen – en elke avond doodmoe in bed viel. Totdat ze zich realiseerde dat ze écht niet gelukkig was, en dat ze verlangde naar de rust van het buitenleven dat ze als kind al gekend had in de zomers op het platteland van Argentinië. Ze realiseerde zich ook dat ze enorm beïnvloed werd door de consumptiemaatschappij waarin ze leefde: ze kon niet eens meer in een bushokje zitten zonder zich te storen aan de gigantische reclames die er hingen, en die meestal zaken aanprezen die je prima kunt missen. Gelukkig was ze niet de enige met die verlangens, want haar man Magnus droomde ook al jaren van een leven ver weg van de westerse maatschappij. Het kostte ze heel wat avonden praten, eindeloos internet afstruinen, talloze berekeningen om te kijken hoe haalbaar de plannen waren, en heel wat slapeloze nachten. Maar uiteindelijk hakten ze de knoop door en niet lang daarna verkochten ze hun huis, inclusief de inboedel, hun auto, het grootste gedeelte van hun garderobe en het speelgoed van de kinderen, en vertrokken ze. Op naar het onbekende maar zo gewenste.

Nu wonen ze op een eigen stuk grond, waar ze met bloed, zweet en tranen zelf een huis hebben weten te bouwen. Met schuren om in te klussen, een sauna om met vrienden in te zitten en eindeloos veel ruimte voor de kinderen om te spelen en paard te rijden. Elke dag staat ze uren in hun gigantische moestuin te werken, waar ze zo veel groente en fruit uit halen dat ze bijna zelfvoorzienend zijn. Magnus brouwt zelf bier in de schuur achter het huis, en ze ruilen wat ze te veel aan oogst hebben met buren, voor vlees, eieren en honing. Ze leven van het spaargeld dat ze nog uit Noorwegen hebben en geven les in het dorp waar hun kinderen naar school gaan.

Het was niet gemakkelijk om opnieuw te beginnen. De bouw van het huis bezorgde hun oneindig veel kopzorgen. (Beginnersfout nummer één: de zeecontainers die ze hadden gekocht om te kunnen ombouwen tot woningen. 'Dat moet je dus echt nooit, maar dan ook nooit doen, want die dingen roesten onder je kont vandaan,' aldus Magnus.) Ook het stuk land dat ze gekocht hadden, bleek veel bewerkelijker dan ze vooraf gedacht hadden. Het kostte ze maanden om alles om te ploegen om het geschikt te maken als landbouwgrond. En dan was er nog de heimwee, het gemis van familie en de hechte vriendenkring, het feit dat ze niet meer eventjes naar een bioscoop of concert konden, en ga zo maar door.

Maar het had ze ook heel veel wél gebracht. Hun kinderen waren dol op vogels spotten en konden uren achter elkaar schommelen in de tuin. De wetenschap dat ze hun eigen voedsel kunnen produceren, dat ze elke dag zelfgemaakt brood kunnen eten en wonderlijke groentesoorten kunnen kweken. Dat ze geen slaaf meer zijn van hun agenda, van de hypotheek die betaald moet worden en de grote fabrikanten die hen – en hun kinderen – van alles willen aansmeren. Het heeft ze op het pad gezet waar ze op willen lopen. Een pad dat soms heel vermoeiend is, maar waarvan ze merken dat het ze echt gelukkiger maakt.

Dat 'gelukkiger worden', daar is het natuurlijk uiteindelijk allemaal om te doen. Al dat zwoegen, afzien en inleveren moet uiteindelijk leiden tot dat waar de meeste mensen naar blijven streven: je gelukkig voelen. Gek genoeg is dat in ons zo welvarende Westen helemaal niet zo vanzelfsprekend. Want hoewel we bijvoorbeeld het gemiddelde inkomen in vijftig jaar hebben verdubbeld en we meer spullen dan ooit hebben, zijn we niet significant gelukkiger dan toen we veel minder hadden.

Met dat gegeven hield ook Thoreau zich meer dan honderdzeventig jaar geleden al bezig. Op het moment dat hij de bossen in trok om eigenhandig een hut van hout te bouwen, met daarin niet meer dan een paar essentiële meubelstukken, stond de wereld aan het begin van het industriële tijdperk. Hij zag met eigen ogen dat alles in rap tempo veranderde: het rustige dorp waar hij aanvankelijk woonde, veranderde in een drukke buitenwijk van het grote Boston. Ook zag hij dat de lokale rivier werd ingedamd voor de textielindustrie, met grote gevolgen voor onder meer de visstand. Tevens deed de stoomtrein zijn intrede, waardoor de kanaalboten en nog meer natuur verdwenen. Steeds meer producten van over de hele wereld werden, nadat ze in de haven van Boston waren aangekomen, per trein over heel Amerika vervoerd. Daardoor konden de mensen opeens veel meer spullen kopen. Dat betekende weer harder werken en een gevoel van 'onbehagen' als je iets nog niet had. Een onvrede die men daarvoor niet kende omdat dat alles er simpelweg niet was. Juist dat benoemde hij: door het bezit van spullen werk je mee aan een systeem dat je uiteindelijk alleen maar ontevredener maakt, en daarnaast de natuur schade toebrengt. Hij wilde een spirituele groei veroorzaken in plaats van materiële groei, omdat hij zag dat dat laatste de samenleving (ook toen al) niet wezenlijk gelukkiger maakte.

Dat minimalistische leven is ondertussen steeds bekender aan het worden. Zo verscheen een aantal jaar geleden de documentaire *Minimalism: A Documentary About the Important Things* op Netflix: verhalen van Amerikanen die het materialisme uit hun leven hebben verbannen en zeggen daar daadwerkelijk gelukkiger door te zijn geworden. Bloggers en schrijvers Ryan Nicodemus en Joshua Fields Millburn bijvoorbeeld. 'Er is niets mis met consumptie,' zeggen zij, maar wel met 'dwangmatige consumptie'. En dat is precies waar veel mensen tegenwoordig aan lijden. We zijn altijd op zoek naar iets wat we nooit echt kunnen vinden, spullen waar we écht tevreden mee zijn. Maar omdat ons wordt verteld dat we steeds meer moeten kopen (door mensen die daar geld aan willen verdienen), maakt die eeuwige zoektocht ons alleen maar ongelukkig. Geluk, aldus deze twee heren, wordt bereikt door het leven betekenis te geven, door een leven te leiden dat vol zit met passie en vrijheid, een leven waarin je kunt groeien en op een betekenisvolle manier kunt bijdragen. Dat zijn de fundamenten van geluk. Niet spullen!

Toch is er maar een heel kleine groep mensen die op deze manier leeft: zonder veel ballast. Ikzelf ben in ieder geval nog niet zo ver. Ik kan nog steeds elk jaar mijn kledingkast opruimen en ontdekken dat ik de helft bijna niet gedragen heb, en me daar dan schuldig over voelen. Maar ongelukkig? Nou nee, en dat is misschien wel de reden dat ik niet minimalistisch leef. Al voel ik ook wel dat het niet altijd goed is om te 'consumeren', toch is mijn innerlijke kompas niet zo nobel ingesteld als dat van de meeste mensen die ik interview. Dat vind ik oprecht heel jammer. Het zou toch veel mooier zijn om te kunnen zeggen dat je je prima voelt bij het feit dat je bijna nooit kleding of interieurspullen koopt? Dat je jezelf 's morgens in een koude beek wast, waarna je zelf je hout hakt om koffie te kunnen zetten op je houtoven?

Tot nu toe is dat voor mij bij dromen gebleven. Misschien wel omdat ik een programma mag maken dat juist over dit soort zaken gaat. Op die manier ben ik er wel veel mee bezig, praat ik er veel over met mensen, en leef ik af en toe ook daadwerkelijk zo. Altijd slechts voor een korte periode, waarbij ik het gadesla, het eventjes ervaar, enigszins de ontberingen voel en ook de vele voordelen die zo'n leven met zich meebrengt. En altijd pak ik na een tijdje mijn spullen, zeg de mensen gedag, draai me nog een keer om om te zwaaien, en begin aan de lange terugreis naar mijn eigen veilige omgeving, waar mijn eigen bed klaarstaat, mijn vrienden en familie blij zijn om me te zien en ik in no time in het westerse leven schiet.

Ja, dat is een zwaktebod. Zo voel ik dat zelf echt. Want dat leven, ver weg in de bossen van West-Canada, in de wildernis van Patagonië of in de bush van Namibië, is en blijft mijn grote droom.

23 LAAT JE HORLOGE GEWOON THUIS

Leven volgens de klok: we doen niet anders. Onze dagen zijn een aaneenschakeling van tijdsmomenten die bepalen wat we doen en waar. De wekker gaat om ervoor te zorgen dat we op tijd zijn voor onze vaste ochtendrituelen. Ons horloge zegt dat we moeten opschieten omdat stipt half negen de schoolbel klinkt. We haasten ons terug naar huis voor een online meeting om tien uur, gevolgd door een afspraak om half een in de stad. Aan het eind van de dag kijken we weer naar de klok voordat we gaan koken, voor de sportles die even later begint of een afspraak met een vriend voor een ontspannen biertje. Alles gaat volgens de klok, ook onze samenleving is daar helemaal op ingericht. Alleen in het weekend gunnen we onszelf meer tijdloze tijd. Geen gehaast, niet telkens op de klok kijken om te zien of je 'het' nog haalt, wat dat dan ook is. Geen wekker die afgaat, geen tikkende klok die aangeeft dat je weg moet, geen ruis. Rust.

Toch zijn er heel veel mensen op de wereld die zich niet écht iets hoeven aan te trekken van de moderne tijdwaarneming, omdat het ritme van de natuur voor hen veel belangrijker is. Vaak zijn dat volkeren die veel dichter bij de natuur wonen dan wij, in afgelegen gebieden waar geen verplichtingen zoals school en werk zijn. Als het volle maan is kan er 's nachts gejaagd worden, de seizoenen bepalen wanneer er gezaaid kan worden en voordat het koud wordt moeten planten en vruchten worden verzameld om de koude winter door te komen.

Ook in een ver verleden bestond die klok helemaal niet en leefden we met de stand van de zon, de maan en de planeten. Maar om de samenleving te ordenen, om logica in de dag aan te brengen en ervoor te zorgen dat we ons konden organiseren, begonnen we langzaam de dag onder te verdelen in 'tijd'.

De Egyptenaren lazen vierduizend jaar geleden de tijd af aan de hand van de zon. De oude Babyloniërs (zo rond 1500 v.Chr.) ontwikkelden vervolgens een methode waarbij met behulp van hemelwaarnemingen een zestigtallig stelsel werd gebruikt dat we nu nog kennen: zestig minuten in een uur en zestig seconden in een minuut. Dat werd overgenomen door de Grieken, die vaststelden dat een dag vierentwintig uur heeft. De Griekse oudheid gaf de tijd ook letterlijk twee gezichten: Chronos en Kairos. Chronos is vadertje tijd, afkomstig uit de Griekse mythologie, die staat voor meetbare, lineaire tijd zoals wij die gebruiken. Tijd waar we altijd rekening mee houden en waar we ons leven op inrichten. Tijd waarin we vooral resultaatgericht moeten zijn en die we altijd tekortkomen. Maar als we die tijd loslaten, en ons overgeven aan wat we echt voelen, komen we bij Kairos, de jongste zoon van Zeus. Hij staat voor de innerlijke tijdsbeleving die je voelt als je ergens aandacht voor hebt en er rust voor neemt. Het is de tijd die ontstaat als je aan het dagdromen bent, naar muziek luistert, mediteert, of wat voor activiteit dan ook waarbij je de tijd loslaat. 'De ware tijd die tot leven komt als de klokken zwijgen' aldus schrijfster Joke Hermsen, die meerdere boeken aan de twee mythische figuren heeft gewijd (*Stil de tijd* en *Kairos, een nieuwe bevlogenheid*). Ze schrijft: 'Als de mens zich laat terugbrengen tot een wezen dat zich enkel tot de kloktijd verhoudt, verliest hij de band met zijn innerlijke tijd en alles wat daarmee samenhangt. Over "wat vinden we belangrijk in het leven" nadenken hebben we geen tijd meer. Pas in stilte kom je daaraan toe.'

Kairos is voor ons meestal geen belangrijk onderdeel van onze dag meer, omdat we de lege momenten opvullen met de afleiding van

---

*www.maatschapwij.nu/blogs/kairos-en-chronos

onze telefoons. Kijk maar eens om je heen als je in de trein zit. Negen van de tien mensen zijn met iets bezig, bijna niemand zit alleen maar voor zich uit te staren. In een boeiend artikel op internet* wordt Alan Lightman aangehaald, hoogleraar menswetenschappen aan het Massachusetts Institute of Technology. Hij pleit voor meer nutteloos rondhangen. In zijn boek *In Praise of Wasting Time* beschrijft hij dat te weinig 'niksen' schade oplevert aan ons vermogen om na te denken en te fantaseren. Wereldwijde studies laten zien dat de grote tijdsdruk van de laatste jaren leidt tot minder tijd voor creatieve gedachten en minder psychologische ruimte. Ook Carsten de Dreu, hoogleraar psychologie aan de Universiteit van Amsterdam, heeft een heldere visie op ons 'Chronos-gedrag' en legt uit waarom wat meer 'Kairos' nuttig is: 'We zijn minder creatief geworden omdat we daarvoor rust en ruimte nodig hebben. Om creatief te zijn, moeten tal van nieuwe verbindingen worden gelegd tussen de delen van ons geheugen. Die verbindingen ontstaan spontaan en vooral als we tot rust komen. Daarom krijg je een briljant idee vaak als je onder de douche staat of je hond uitlaat. Als je afstand neemt, verdwijnt de irrelevante informatie en dan opeens ontstaat ruimte voor verbinding tussen de relevante stukjes kennis.'

Het loont dus écht de moeite om wat vaker te niksen en je niets aan te trekken van de tijd die de klok aangeeft. En hoewel het in ons leven bijna niet te doen is om de klok uit te bannen, heeft het wel nut om de klok in ieder geval niet heel prominent in je leven aanwezig te laten zijn. Dat kun je heel praktisch aanpakken door je horloge af te doen en de klok aan de muur van je (werk)kamer weg te halen. Natuurlijk moeten de meeste mensen uit praktisch oogpunt een klok in de buurt hebben: de kinderen moeten op tijd naar school en weer worden opgehaald, en een afspraak is ook een stuk makkelijker als je een bepaalde tijd aanhoudt. Maar de tijd minder prominent in beeld hebben, zodat je er niet voortdurend mee geconfronteerd wordt, kan al veel schelen.

Ook voor de mensen die uit de jachtige westerse wereld komen en aan het einde van de wereld zijn gaan wonen, is het afscheid nemen van het 'leven volgens de klok' een belangrijk thema. Zij willen niet langer leven naar de wijzer die blijft tikken, maar terug naar een natuurlijkere manier van de tijd beleven en zich laten leiden door de natuur, zoals we ooit allemaal leefden. Ze laten zich leiden door de plek waar ze wonen en de omstandigheden, en daarmee ontwikkelen ze hun eigen tijd. Er zijn (bijna) geen scholen waar de kinderen heen moeten, en ook geen vrienden die op een afgesproken tijd komen, verplichte verjaardagen of regelmatig familiebezoek, openingstijden van de supermarkt en Zoom-meetings.

Dat geeft een ander ritme aan de dag: je staat op als de zon opkomt en als ze hoog aan de hemel brandt, zoek je beschutting. Als je honger hebt ga je eten, niet omdat het tijd is. Als het regent, stel je de klus uit die je buiten wilde doen; die komt later wel. Als het donker wordt, vertraag je je tempo, maak je af wat er is blijven liggen en je gaat slapen als je moe begint te worden. Die natuurlijke klok is een systeem dat je als mens van nature in je hebt, maar door de drukte van het westerse leven bijna niet meer gebruikt. Niet meer de hele dag op je horloge of telefoon kijken om een inschatting te maken of je alles af krijgt wat je je voorgenomen had, maar gewoon de zon in de gaten houden. Zo simpel kan het zijn.

Als ik voor mijn programma op reis ben, is het wel even schakelen om in de natuurlijke tijd mee te gaan. Dat komt niet alleen doordat ik uit het drukke westerse leven kom, maar ook doordat mijn biologische klok in de war is door de jetlag. Vertragen en meegaan in het ritme van het leven op de plaats van bestemming is dan een aardige opgave.

Zoals tijdens de reis naar het piepkleine eilandje Pitcairn, die ik begin 2023 maakte. Deze bestemming ligt precies aan de andere kant van de wereld ten opzichte van Nederland. Ik had me voorgenomen uiterst relaxed te gaan reizen om me voor te bereiden op het eenzame verblijf op Pitcairn, met nog geen veertig bewoners, maar daar kwam weinig van terecht. Mijn vlucht naar Los Angeles werd gecanceld, waardoor ik via het hysterisch drukke Londen met een halve dag vertraging in Los Angeles aankwam. Daar moest ik meteen een flink tijdsverschil van negen uur overbruggen, en de wetenschap dat ik hier maar een etmaal kon doorbrengen waarin ik ook nog vrienden wilde bezoeken, zorgde niet voor de gewenste rust in mijn systeem. Door files in de stad en lange rijen bij de douane zat ik uiteindelijk met het zweet op mijn rug in het toestel van Los Angeles naar Papeete, de hoofdstad van Tahiti.

Gebroken arriveerde ik na acht uur op de plaats van bestemming en in de twee dagen die volgden probeerde ik zo veel mogelijk rust te pakken. Maar de tropische buien die het eiland teisterden en de wetenschap dat we daardoor niet konden filmen, maakten me gejaagd en onrustig. 's Nachts deed ik geen oog dicht; de klok was inmiddels elf uur teruggezet en mijn hoofd wilde maar niet mee in deze nieuwe realiteit.

Op dag drie ging ik met mijn cameraman opnieuw aan boord: deze keer richting het piepkleine atol Mangareva, waar een bevoorradingsschip op ons lag te wachten dat ons in drie dagen naar Pitcairn zou brengen. De klok werd vastgezet op 'maritieme tijd' zodat we in dezelfde tijdzone bleven en langzaam voeren we verder naar het oosten, richting dat kleine stipje in de grote leegte. Terwijl de dagen zich aan elkaar regen, begon ik langzaam mee te gaan met het natuurlijke ritme en verloren de dagen langzaam hun drukte. De prikkels vielen weg, de telefoon had geen bereik meer en nergens was iets van afleiding te bespeuren. Alleen de onafzienbare lege oceaan, waar niet eens scheepvaartverkeer was, zo afgelegen was het. Als de zon opging, werd ik gewekt door het heldere licht en dan ging ik met een kop koffie aan dek zitten om urenlang de vogels te bekijken die af en toe op het schip kwamen zitten om uit te rusten. En als de zon weer onderging, trok ik me terug in mijn hut en viel ik niet lang daarna in slaap.

Op zee realiseerde ik me weer dat ik zonder de prikkels van de moderne wereld pas écht afstand kon doen van de tijd en alleen nog gewoontegetrouw af en toe een blik op mijn horloge wierp. De onrust dat er mail gelezen moest worden of het nieuws gecheckt: het deed er allemaal niet meer toe. Toen na drie dagen de contouren van Pitcairn aan de horizon verschenen, had ik het juiste gevoel te pakken: het gevoel dat ik mijn horloge kon afdoen en in alle rust het verhaal kon maken van het bijzondere eiland en zijn bewoners. Mijn lijf protesteerde ook niet meer tegen de omgekeerde slaap. Dit was de staat waarin je als mens eigenlijk permanent zou moeten verkeren.

Er zijn ook mensen die de klok van de ene op de andere dag helemaal de deur uit doen. In niemandsland Spitsbergen, een bevroren eiland ten noorden van Noorwegen dat officieel aan niemand toebehoort, ontmoette ik in de hoofdstad Longyearbyen Karina, een Duitse vrouw van een jaar of dertig. In een lokale bar waar ik wat aan het eten was, raakten we toevallig aan de praat en enthousiast vertelde ze me over haar belevenissen. Het begon net lente te worden en langzaam liet de zon zich weer wat langer zien op dit koude en eenzame eiland. Karina was net terug in de stad na een verblijf van vijf maanden in een hut in de wildernis, waar in de wijde omtrek geen enkel ander levend wezen woonde. Ze zag alleen de ijsberen die regelmatig om haar huisje heen scharrelden. Op deze plek had ze al die tijd in complete eenzaamheid haar dagen gevuld met schrijven, lezen en koken, met als enige gezelschap haar hond.

Toen vertelde ze me dat ze in die afgezonderde, koude hut een bijzonder tijdsexperiment was aangegaan. Ze wilde ontsnappen aan de dictatuur van de kalender en de klok, en daarom wilde ze kijken hoe lang ze het kon volhouden om zonder een klok te leven, helemaal los van de tijd. Ze wilde graag ervaren hoe het zou zijn om je niet te laten leiden door de zon of de klok en alleen maar af te gaan op wat je lichaam aangeeft. Complete, ultieme rust in lijf en geest. Haar horloge en telefoon had ze thuisgelaten en ze had alleen een satelliettelefoon en computer meegenomen voor noodgevallen. Als ze moe was ging ze slapen, als ze wakker werd stond ze op.

Omdat ze rond de herfst het huisje betrok, kon ze wel ongeveer uitrekenen dat het rond half november moest zijn toen de zon zich niet meer liet zien. Maar toen het eenmaal winter was en het de hele dag door pikkedonker was, raakte ze haar besef van tijd steeds meer kwijt. De complete duisternis zorgde ervoor dat ze geen idee meer had welke dag, week of maand het was, maar ook niet op welk uur van de dag ze op dat moment leefde. Het kon dag of nacht zijn, ochtend of avond: er was geen ritme meer. Alles was één vloeibare zwarte ruimte geworden zonder tijdsbeleving en met alleen haar eigen bioritme: alleen de momenten waarop ze honger had of wilde slapen gaven enige orde in het tijdloze bestaan. In haar dagboek schreef ze af en toe in welke maand van de winter ze ongeveer dacht te zitten, en op een gegeven moment kwam ze erop uit dat het ergens halverwege december moest zijn.

Totdat ze ergens in die zee van leegte, na uren geslapen te hebben, wakker werd en uit het raam keek. Heel ver aan de horizon zag ze opeens het schijnsel van een aantal vuurpijlen en felle lichtkogels die langzaam op de aarde neerdaalden. Opeens deed de klok weer zijn intrede: het was na twaalven, midden in de nacht, en het nieuwe jaar was begonnen. Dat luidde het einde van haar experiment in. Ze zette haar computer voor het eerst aan na al die tijd en zag de klok weer doortikken. Alsof hij nooit had stilgestaan.

24 OM GEZOND OUD TE WORDEN MOET JE DE SIRTAKI DANSEN

Vijftig. Het woord alleen al. Ik kan nog steeds niet bevatten dat ik dat getal moet invullen als er op een formulier bij de douane om mijn leeftijd wordt gevraagd. Het is té onwerkelijk. En echt álle clichés zijn waar als je deze leeftijd bereikt. Bijvoorbeeld dat je je in je hoofd minstens tien jaar jonger voelt. Dat je nu meer verleden dan toekomst hebt. En dat je in de maanden of misschien wel de jaren voor je vijftigste verjaardag vooral heel druk bent met de balans opmaken van je leven. En daar wil je dan wat mee. Bijvoorbeeld een boek schrijven met de inzichten die je al die jaren hebt opgedaan, om maar wat te noemen.

Intussen ben ik 'over de rand' gegaan. Want zo voelde het. Vijftig worden was een vreemde barrière in mijn leven die ik al van ver zag aankomen, en ik wist dat ik er wel overheen móest om door te gaan met datgene waar ik mee bezig was.

Begrijp me niet verkeerd, ik behoor voor zover ik dat kan beoordelen niet tot de categorie mensen die deze leeftijd met afgrijzen zag opdoemen. Het is eerder een wonderlijke constatering dat de tijd voortschrijdt en ik daar nog steeds deel van uitmaak. Dat mijn verleden al zo ontzettend lang uitgestrekt achter me ligt. Gelukkig overheerst het gevoel dat ik die vijftig toch maar mooi heb gehaald, al was ik daar lang niet altijd zeker van de afgelopen jaren. Ik herinner me nog goed dat ik in het ziekenhuis lag met een zware hersenvliesontsteking en zeer hoge koorts, en letterlijk iedere seconde telde. De medicatie sloeg niet aan en de artsen konden niet goed bepalen welke kant het op zou gaan. Het enige wat ik kon denken was dat ik nog zo ongelofelijk veel wilde doen en meemaken. Dat hield me zó ontzettend bezig. Dat klinkt dramatisch, maar zo was het niet bedoeld. Het was vooral een constatering dat ik het leven zo onvoorstelbaar bijzonder vind en dat ik het voorlopig nog niet wil missen.

Dat is wel de keerzijde van vijftig worden: het besef dat er steeds minder tijd is om het wonderlijke fenomeen van 'leven op deze planeet' mee te maken, terwijl het zo ontzettend fascinerend is. Tegelijkertijd merk ik dat ik langzaam rustiger word, en wijzer. Sommige dingen hoef ik écht niet meer te doen, omdat ik al eindeloos veel gedaan heb de afgelopen tientallen jaren. Ik hoef niet meer steeds onrustig te zijn over alles op de wereld wat ik nog wil zien en beleven. En er zijn nog meer dingen die niet meer hoeven, zoals doorfeesten tot ik erbij neerval, bang zijn dat ik niks kan, te veel drinken, geld uitgeven aan spullen die ik helemaal niet nodig heb, piekeren over onzinnige zaken waar ik toch geen controle over heb. (Hoewel ik dat laatste, niet meer piekeren, nog niet helemaal onder de knie heb.)

Vijftig worden was voor mij afscheid nemen van mijn jeugd, de balans opmaken en bedenken wat ik met de tweede helft van mijn leven wil doen. En accepteren dat mijn lichaam minder sterk wordt, maar dat ik als ik goed voor mezelf zorg nog heel erg lang geweldig kan functioneren.

Het fijne is ook: als je eenmaal vijftig bent, ben je voorlopig even van dat gedoe over je leeftijd af. Je krijgt ook geen goedbedoelde opmerkingen meer als: 'Zo actief als jij bent, zo wil ik ook wel vijftig worden!' En: 'Jij kunt nog jaren mee!'

Een paar dagen voor mijn verjaardag ging ik bij mijn ouders langs om op veilige afstand alvast een wijntje te drinken. (Bizarre tijden waren het toch, tijdens die COVID-pandemie.) Ik vroeg of zij zich hun vijftigste verjaardag nog konden herinneren. Het gekke was dat ze zich dat allebei niet meer goed voor de geest konden halen, zo druk waren ze indertijd geweest met werken, regelen en ons opvoeden. Vijftig:

dat was voor hen een periode dat ze nog midden in het leven stonden en niet eens echt tijd hadden om de balans op te maken. Gek dat ik dat zelf zo anders ervaar, maar dat komt waarschijnlijk doordat ik veel meer tijd heb om daarbij stil te staan.

Mijn vader houdt al zijn hele leven plakboeken bij met foto's van alles wat er het hele jaar door gebeurt, en om hun geheugen op te frissen pakte hij de boeken van 1979 en 1989 erbij, de jaren waarin ze vijftig werden. Ik zag eerst een vitale, fitte man die op een stoel zat naast een Abraham-pop. (Godzijdank heeft niemand mij lastiggevallen met die oubollige traditie op mijn verjaardag.) Maar mijn moeder was écht een vrouw van middelbare leeftijd in stijve, tuttige kleding. We moesten allebei lachen om die outfit. Voor mijn gevoel zijn we tegenwoordig oneindig veel jonger en vlotter gekleed op ons vijftigste. Het leek wel of je ook écht veel ouder was in die tijd, alsof vijftig een leeftijd was waarop je definitief oud werd.

Inmiddels is er steeds meer kennis over ouder worden. Alle wetenschappers zijn het erover eens dat het lichaam vanaf je vijftigste gebaat is bij meer beweging, en dan vooral krachtsport om de afnemende spiermassa op peil te houden. Eigenlijk is er één vuistregel om te onthouden: je móét gewoon actief worden op deze leeftijd. Daarnaast weten we steeds meer over supplementen en voedingsmiddelen die je lichaam nodig heeft als je ouder wordt. Vergeet ook niet om veel minder alcohol te gaan drinken; je lichaam kan er steeds slechter tegen.

Zelf let ik op mijn eten: heel veel groente, geen vlees, en vooral dingen eten die mijn oma ook gegeten zou hebben. Dat is nog zo'n regel die heel makkelijk te onthouden is: in de tijd van je oma waren er nog bijna geen bewerkte voedingsmiddelen zoals noedelsoepjes, chicken nuggets en stracciatella-vla, die vooral heel veel rotzooi en toegevoegde synthetische ingrediënten bevatten waar je lichaam helemaal niets aan heeft. Dus koop bij voorkeur veel dingen die rechtstreeks van het land komen, het liefst zo veel mogelijk biologisch gekweekt, dus zonder bestrijdingsmiddelen. Op je vijftigste is het sowieso beter om afscheid te nemen van een gemakzuchtige manier van eten: even een hamburgertje onderweg naar huis meepakken bij de drive-in, omdat het zo makkelijk is. *Grow up,* gewoon even de tijd nemen om een gezonde maaltijd in elkaar te draaien, en die met aandacht opeten.

Naast genoeg bewegen en gezond eten is het zaak om goed naar je lichaam te luisteren. Je hoeft echt niet bij elk pijntje internet af te speuren naar alle mogelijke vreselijke aandoeningen, maar hou je lijf gewoon goed in de gaten en wees alert op kleine veranderingen. Je kent je lichaam ondertussen zo goed dat je die echt wel opmerkt. Een onrustig plekje op je huid, een verkoudheid die langer dan normaal aanhoudt, pijn die maar niet weggaat op een plek en die je niet herkent: gewoon even naar laten kijken. Niet denken: dat gaat vanzelf wel weer weg. Ook niet meteen voor elk wissewasje naar de toch al overbelaste huisarts rennen, maar wel je gezonde verstand gebruiken en dingen goed in de gaten houden.

Daarnaast laat ik elk jaar een gezondheidscheck doen bij de Travel Clinic in Rotterdam, waarbij ik even goed word doorgelicht: een lichamelijk onderzoek, een hartfilmpje, bloed- en ontlastingsonderzoek; dat werk. Dat kost je even wat, maar het heeft mij als reiziger al heel veel ellende bespaard. En ik heb eenmalig zo'n bodyscan laten maken, om een goed beeld te krijgen van mijn algehele gezondheid en eventuele toekomstige problemen. Daar kleven wel nadelen aan: er werd 'iets' gevonden wat uiteindelijk ongevaarlijk bleek te zijn, maar waardoor ik wel een maand in de stress heb gezeten. Tegelijkertijd werd er óók iets gevonden wat wel degelijk niet goed was, en waarvoor ik uiteindelijk prima behandeld kon worden (ik zal je de details besparen).

Mocht je niet vaak reizen, dan zijn er genoeg andere bedrijven waar je je kunt laten checken. Vergeet ook niet om een ziektekostenverzekering af te sluiten bij een maatschappij die veel doet aan preventie, en een ruime vergoeding heeft voor aanvullende zaken als voedingsadvies, coaches enzovoort.

Het makkelijkste en goedkoopste van alles wat je kunt doen om gezond te blijven na je vijftigste: meer slapen. Gewoon jezelf naar bed schoppen om elf uur in plaats van om een uur 's nachts. Niets is gezonder voor je dan goede nachtrust. Overigens gelden alle genoemde adviezen natuurlijk voor iedereen, ongeacht je leeftijd. Je wordt er sowieso een sterker en gezonder mens van.

Ik ben enorm gefascineerd door gezondheid en gezond oud(er) worden, en ik ben niet de enige. Onder de meestgelezen verhalen op Blendle vallen steevast de artikelen over gezondheidspreventie, een gezond seksleven en hoe je gezond de honderd kunt aantikken. We willen blijkbaar allemaal weten wat de sleutel tot de eeuwige jeugd is. Vanuit die interesse bedacht ik een aantal jaar geleden dat het uitermate boeiend zou zijn een aantal items te maken over de zogenoemde *blue zones*: gebieden met de hoogste levensverwachting ter wereld.

Die naam 'blue zones' ontstond tijdens een congres over dit onderwerp, waar een groep wetenschappers een wereldkaart toonde met daarop de levensverwachting ingekleurd. Toevallig waren de gebieden waar de mensen het oudst werden blauw. De 'bedenker' van deze blue zones is Dan Buettner, een Amerikaanse schrijver, ontdekkingsreiziger, fietser, spreker en producer (en dan ben ik vast nog wat bezigheden vergeten) die een bijzonder avontuurlijk leven achter de rug had. Hij benaderde *National Geographic* met het idee om een grootschalig onderzoek te doen naar de hoge levensverwachting in de blue zones en zijn bevindingen te publiceren in het blad. Nadat hij een budget had gekregen, begon hij aan zijn levenswerk: vijf hotspots waar de mens uitzonderlijk oud wordt in kaart brengen.

Die hotspots lagen op allerlei verschillende plekken op aarde: het Italiaanse Sardinië, het Japanse eiland Okinawa, Loma Linda in Californië, het Costa Ricaanse schiereiland Nicoya en het Griekse eiland Ikaria. Samen met een team van experts – onder wie antropologen, genetici, diëtisten en historici – maakte Buettner talloze reizen naar deze regio's en achterhaalden ze waarom de mensen in deze specifieke gebieden veel ouder werden dan op andere plekken op aarde. Het artikel werd uiteindelijk in 2005 gepubliceerd in *National Geographic* onder de titel 'Secrets of a long life' en zorgde voor het bestverkopende nummer aller tijden. Buettners conclusie was eigenlijk heel simpel, namelijk dat het alles te maken heeft met dagelijkse gezonde gewoonten naleven: goed eten, veel in de natuur wandelen, een rijk sociaal leven, veel slapen (en het liefst elke dag een siësta), genoeg aandacht voor je mentale welzijn en veel fysieke activiteit. Dingen die we wel allemaal weten, maar in de haast van het leven nogal eens vergeten.

Natuurlijk speelt je leefomgeving ook een grote rol. Ik weet nog dat we een item filmden in de Siberische stad Krasnojarsk, waar iemand me doodleuk vertelde dat niet veel volwassenen nog een opa of oma hadden, omdat de meeste mensen rond hun vijfenzestigste overleden. Vaak was dat door ziekten: niet ver van de stad lag een nucleair complex. Maar veel mensen waren ook werkzaam in de zware industrie, want er stonden onder meer fabrieken die aluminium, rubber banden en zware machines produceerden. En dan was er natuurlijk nog de alcohol: volgens een grootschalig onderzoek dat in 2014 in *The Lancet* gepubliceerd werd, stierf 25 procent van de

Russische mannen voordat ze de leeftijd van vijfenvijftig bereikten, in veel gevallen door overmatige inname van (vooral) wodka.

Na een paar dagen in die stad kon ik me goed voorstellen dat het behoorlijk lastig was om je aan een gezonde levensstijl te houden. Ik was er hartje winter en de temperaturen zakten regelmatig tot onder de -25 graden. Buiten sporten of wandelen was er niet bij, alleen al omdat er een dikke vieze laag smog over de straten hing. Bovendien was het heel vroeg donker, waardoor iedereen veel binnen zat. De avonden waren vaak gevuld met lange tafels vol vlees, vis, gefrituurde deegspecialiteiten en ingelegde groenten, vergezeld door alcohol. Geen wonder dat weinig mensen hun grootouders kenden.

In bijna alle opzichten was het leven op het Griekse eiland Ikaria het tegenovergestelde. Het kleine eilandje ligt op een paar uur varen van Athene, en als je met de veerboot aan komt varen, zie je in de verte al de prachtige kleine baaien, de witte stranden en het azuurblauwe water dat glinstert in de zon. Het eiland zelf is heel heuvelachtig, met smalle kronkelweggetjes. Laat dat nou een van de redenen zijn dat de bevolking hier zo oud is geworden in de afgelopen eeuwen: door de hoge heuvels moesten de bewoners, die vooral leefden van vee en landbouw, eindeloos veel klimmen. Veel vervoermiddelen waren er niet, dus kregen ze heel wat lichaamsbeweging.

Een van de eerste dingen die we op Ikaria deden was een bezoekje brengen aan een kerkhof aan de rand van een klein dorp midden op het eiland. Daar werd bevestigd wat Dan Buettner al had geschetst in zijn onderzoek: bijna een op de drie inwoners van het eiland werd ouder dan honderd jaar. Overal zag je grafstenen met geboorte- en sterfdata die ruim een eeuw uit elkaar lagen.

Dat beeld werd in de dorpjes nog eens bevestigd, want alle terrasjes leken vol te zitten met mensen van hoge leeftijd. (Hoewel dat ook komt doordat er weinig werkgelegenheid is op het eiland en veel jongvolwassenen naar de grotere steden trekken om daar een baan te vinden.) Een van de bijzonderste mensen die ik er ontmoette was een Griekse bijenhouder van diep in de tachtig, vol levenslust en met pretoogjes die me onderzoekend aankeken. Ik was niet de enige die zijn levenslust was opgevallen, want die avond stelde hij me voor aan zijn vriendin: een Nederlandse vrouw van begin vijftig die hem uitermate verliefd aankeek.

Toen ik hem vroeg hoe hij zo vitaal oud werd, antwoordde hij dat het vooral de lichaamsbeweging was: om zijn bijenkasten te bereiken moest hij elke dag een heel stuk de berg op klimmen. Maar het zat hem volgens hem ook in het dagelijkse lepeltje koninginnegelei dat hij uit de bijenkasten haalde. (Voor alle mensen die geen eigen bijenkasten hebben, en dat zijn toch wel de meesten, mijzelf inclus: je koopt dit wonderlijke goedje gewoon bij de drogist. Neem dan wel de meest pure vorm: die bevat onder meer dertig aminozuren en veel eiwitten en vitaminen.)

De bijenhouder nodigde me uit op een dorpsfeest ter ere van een geslaagde oogst. Vanuit de wijde omgeving kwamen mensen om het feest mee te vieren. Alle clichés die je kent over het leven op een Grieks eiland kwamen hier samen: de lange tafels waren overladen met de heerlijkste vers gevangen vissen, schalen met groente en vers gebakken broden en de rode wijn vloeide onafgebroken. Iedereen, van jong tot oud, danste met elkaar. Zo ook de bijenhouder, die me even apart nam: 'Je filmt toch wel hoe soepel ik nog de sirtaki dans met mijn mooie vriendin?' vroeg hij me op vertrouwelijke toon. Natuurlijk deden we dat; het was alleen al fascinerend hoe deze man van ver in de tachtig tijdens de dans met het grootste gemak diep door zijn knieën zakte en om zijn vriendin heen danste alsof hij minstens veertig jaar jonger was. Zo wil iedereen wel oud worden!

Ook het Japanse eiland Okinawa is een plek waar je je alleen al door de ligging gezond gaat voelen. Het ligt ongeveer 2000 kilometer ten zuiden van Tokyo in de Oost-Chinese Zee en heeft een uitermate prettig en tropisch klimaat met lange warme zomers en frisse winters. Het landschap is prachtig: glooiende heuvels met hier en daar een boerendorpje, af en toe afgewisseld door een grote stad. En natuurlijk palmbomen op de stranden en azuurblauw water waar je prachtig kunt duiken.

Mijn bestemming was Ogimi, dat bekendstaat als 'het dorp van de eeuwelingen' omdat hier niet alleen het grootste aantal honderdplussers van heel Okinawa woont, maar zelfs van de hele wereld. In dit schilderachtige dorp, met zijn kleine weggetjes en traditionele Japanse huizen omgeven door rijstvelden, zag ik meteen al heel wat oudjes.

Het viel me op dat een groot aantal oude mensen hier nog met plezier aan het werk was. Zo filmden we een zesennegentigjarige vrouw die drie dagen per week in het kleine supermarktje van haar zoon werkte; een man van begin negentig die elke dag om vijf uur opstond om op het land te werken waar hij zijn eigen groente verbouwde, en een stel van diep in de tachtig dat druk aan het werk was in hun eigen jamfabriekje.

Onze gids vertelde dat dit een van de redenen was dat mensen hier zo oud worden: ze blijven gewoon doorwerken. Daardoor blijven ze nuttig voor hun omgeving en krijgen ze niet het gevoel dat ze anderen tot last zijn. En heel belangrijk: ze blijven veel mensen zien en spreken, en gaan niet alleen maar met hun eigen familie of leeftijdsgenoten om. Ook dat is bewezen: een rijk sociaal leven is uitermate gezond. Het loont dan ook echt de moeite om te investeren in je vriendschappen en in familieleden van wie je houdt.

We aten die middag in een piepklein Japans restaurantje met maar vier tafeltjes. De eigenares bereidde een van de smaakvolste maaltijden die ik ooit gegeten heb, met ingrediënten die bijna allemaal uit het dorp kwamen. Zonder vlees, met slechts een klein stukje gegrilde vis, veel groenten die ik nog nooit gezien had, en heel veel soorten zeewier. Dat laatste is een voedingsmiddel dat ze in Japan op grote schaal eten, maar dat wij in Nederland eigenlijk alleen in eetbare vorm kennen van het zwarte velletje om de sushi of van de groene zeewiersalades die je in de supermarkt koopt. Die zijn lang niet zo gezond, omdat er veel te veel smaakmakers en suiker aan worden toegevoegd. Zeewier is op zich een gigantisch gezond voedingsmiddel, omdat het vol zit met stoffen die uitermate goed voor je zijn: eiwitten, mineralen, jodium, ijzer, calcium en talloze andere stoffen die ontgiftend werken, en voor een goede werking van zenuwen en spieren zorgen.

Het gekke is: zeewier is in Nederland het meest voorkomende gewas (als je al onze kustwateren meetelt), maar we eten het amper. Simpelweg omdat het niet ingebed is in onze eetcultuur. Nadat ik in 2020 met een stel zeewierplukkers in Zeeland op pad geweest ben, weet ik dat je het bijna overal langs de kust gewoon kunt afsnijden, en prima kunt verwerken in heel veel gerechten. Gezond en helemaal gratis (zolang je een vergunning hebt en je aan de regels houdt: het is verboden om er meer van te oogsten dan je zelf consumeert).

Het mooiste moment op het Japanse eiland Okinawa had trouwens niets te maken met voedsel, maar wel met een feest dat we mochten bijwonen, speciaal voor alle mensen die dat jaar negentig werden. En dat waren er heel wat! In het dorpshuis zaten alle oudjes aan lange tafels met ontelbare schaaltjes met Japanse gerechtjes. Er stonden heel veel kannen met rijstwijn, die gretig werden geleegd door zowel de mannen als de vrouwen. Toen we na afloop nog even bij de deur stonden, kwamen er drie behoorlijk beschonken oudjes van minstens negentig op me af. Of ze even mijn neus mochten aanraken en over mijn haar mochten aaien, vroegen ze via mijn gids. Helemaal hilarisch was het om hun Japanse gebabbel bij de montage te vertalen. Zo'n grote neus hadden ze nog nooit gezien, en ook zulke borsten. Die hadden ze ook wel willen hebben vroeger.

Maar ook in Okinawa rammelt de moderne tijd aan de deur. Door de aanwezigheid van een aantal Amerikaanse legerbases, waar meer dan vijfentwintigduizend manschappen zijn gelegerd, vind je er een grote Amerikaans aandoende shoppingmall met restaurants, bioscopen en casino's, waar niet alleen de nabij gelegerde soldaten graag komen maar ook de lokale jeugd. Als je daar rondloopt, zie je waarom langzaam de ziel en de kracht uit Okinawa aan het verdwijnen zijn. Overal zitten Japanse jongeren bij de lokale McDonald's, de Kentucky Fried Chicken en alle andere fastfoodtenten, met voor hun neus grote dienbladen met xxl milkshakes, frites en double cheeseburgers. Ondertussen kijken ze naar TikTok-filmpjes op hun smartphones, waarna ze op hun scooter stappen en naar huis rijden. Of naar de bioscoop gaan om een film te kijken.

Onderzoek heeft uitgewezen dat de gemiddelde leeftijd waarop mensen overlijden op Okinawa langzaam maar zeker aan het dalen is. Steeds vaker krijgen mensen aan westers leven gerelateerde ziekten zoals kanker en diabetes. Als we de shoppingmall achter ons laten en terugrijden naar ons hotel, zie ik op de gevel van een van de gebouwen een grote billboard voor een obesitaskliniek. 'Gegarandeerd tien kilo afvallen in tien weken of anders je geld terug' staat er in felroze letters. Wat er niet bij staat, is dat je ook gewoon naar het platteland kunt reizen en daar tien weken bij de mensen in Ogimi kunt gaan wonen. Een stuk goedkoper en vele malen effectiever.

25 OOK IK MOET KLEUR BEKENNEN

Het was voorjaar 1999 en ik barstte bijna uit mijn voegen van blijdschap: zojuist was ik geland op Johannesburg Tambo International Airport voor mijn eerste bezoek aan het Afrikaanse continent. De komende weken zou ik met een cameraman en producer mijn lange reis door Zuid-Afrika gaan maken: een droom die uitkwam. Eindeloos veel had ik gelezen over dit voor mij totaal onbekende land, en ik kon niet wachten om het met eigen ogen te gaan bekijken.

Natuurlijk wist ik dat het land een uiterst turbulente geschiedenis kende: de apartheid was nog geen tien jaar ervoor afgeschaft en Nelson Mandela had het leiderschap net overgedragen aan Thabo Mbeki. Ik kon me met geen mogelijkheid voorstellen hoe het geweest moest zijn om op te groeien in dit bizarre systeem waarin rassensegregatie vooropstond. Het woord 'apartheid' hing ook samen met het systeem van 'baasskap'. Dat stond voor de superioriteit van wat toen het 'blanke ras' werd genoemd en ging ervan uit dat zij alle etnische groepen zouden moeten overheersen.

De eerste avond hadden we een boeiend gesprek met de eigenaar van het hostel waar we sliepen. Hij was een witte man van rond de dertig, en had het pension van zijn vader gekregen, die veel geld had verdiend met de verkoop van hun grote wildernis-lodge niet ver van het Kruger National Park. Urenlang zaten we buiten op het terras en hij vertelde uitgebreid hoe het voor hem was geweest om als witte jongen op te groeien tijdens de apartheid. Natuurlijk was het leven voor hem oneindig veel beter geweest dan voor de meeste zwarte inwoners van Zuid-Afrika, maar het was een vreemde en onnatuurlijke jeugd geweest. Hij had altijd gevoeld dat het niet klopte dat zwarte mensen niet op het strand mochten komen van de 'blanke

Zuid-Afrikanen' (zoals die toen nog genoemd werden). Dat kwam vooral doordat zijn vader en moeder redelijk 'links' waren en hem altijd hadden geleerd om iedereen zo veel mogelijk als gelijkwaardig te zien. Ook had hij het gevoel dat hij zijn hele jeugd in een bubbel had geleefd. Want ondanks het feit dat hij een heel goede atleet was, die uitkwam voor het Zuid-Afrikaanse team, mocht hij door de boycot van het Westen niet naar het buitenland om aan wedstrijden mee te doen. Hij was überhaupt tot zijn twintigste nog nooit verder geweest dan een paar buurlanden.

De dagen erop bleven we in Pretoria en Soweto en filmden we onder meer bij het Paleis van Justitie waar Nelson Mandela was veroordeeld, in het Mandela Huis waar hij tot 1961 gewoond had en dat nu een museum was, en in de botanische tuinen, en ik vond het enorm indrukwekkend. Overal spraken we mensen die ons veel konden vertellen over de roerige geschiedenis van het moderne Zuid-Afrika. Ik voelde me enorm op mijn gemak in het land, ondanks het feit dat je niet overal op straat kon lopen en filmen. Maar de mensen die we spraken, en de plekken die we bezochten, waren stuk voor stuk boeiend. Dit beloofde een mooie reis te worden.

De dag erna was het tijd om door te reizen naar onze volgende bestemming: de ruige oostkust bij Durban. We hadden ons oog laten vallen op een bijzondere accommodatie in de buurt van de stad: een hostel dat helemaal was opgetrokken uit drijfhout. Nog diezelfde avond zaten we aan het strand en raakten we aan de praat met een stuk of vijf mannen van rond de vijfenveertig à vijftig. Ze waren uiterst vriendelijk en vroegen ons de oren van het hoofd over ons leven in Amsterdam en of je inderdaad zomaar wiet op elke straathoek kon kopen. Naarmate de avond vorderde werd het steeds gezelliger, en op een gegeven moment nodigden ze ons uit voor een barbecue op het strand; ze hadden net een bok geschoten dus er was genoeg vlees. Al snel werd de houtskool aangestoken. Iedereen bleek drank bij zich te hebben en nog voordat het eten op was, waren ze behoorlijk aangeschoten en begonnen ze luid mee te zingen met de radio die ze hadden meegebracht.

Een van hen haalde vervolgens een geweer uit de achterbak van zijn pick-up en begon te mikken op de lege blikken bier die een ander had opgestapeld. *'Just pretend that they are some damned coons!'* schreeuwde een van de mannen naar de ander. Was 'coons' niet een racistisch scheldwoord? Ze vertelden dat ze elkaar ontmoet hadden in het Zuid-Afrikaanse leger, waarmee ze hadden gevochten in buurland Namibië tijdens de Zuid-Afrikaanse grensoorlog. Die oorlog was vooral bedoeld om het 'communistische linkse gevaar' te bestrijden dat vanuit Angola op hen af dreigde te komen. Het was alweer zo'n twaalf jaar geleden dat de oorlog was beëindigd, maar twee keer per jaar troffen ze elkaar hier aan de kust om te eten, veel te drinken en vooral veel herinneringen op te halen aan die tijd die 'fucking zwaar was, maar waarin ze voelden dat ze echt leefden'. 'Sowieso was het land twintig jaar geleden nog veel mooier,' vertelden ze. Iedereen leefde netjes gescheiden van elkaar, en daardoor was er veel minder geweld en ellende. Maar zo gauw *'sie swarten'* het gevoel kregen dat ze recht hadden op meer en 'de boel wilden gaan besturen' was het fout gegaan, aldus de mannen.

Niet veel later slopen we het strand af richting onze auto, terwijl de mannen in de branding stonden te plassen. Ze waren zo dronken dat ze niet hoorden dat we waren vertrokken. We hadden geen zin om nog te blijven hangen. Want al leek het land er een stuk op vooruit te zijn gegaan sinds de afschaffing van apartheid en het aan de macht komen van het ANC, toch werd je nog zo vaak herinnerd aan deze duistere geschiedenis. Hoe kon het ook anders in een land waar racisme de afgelopen eeuwen de gewoonste zaak van de wereld was en waar in de twintigste eeuw meer dan veertig jaar apartheid had bestaan? Dat hield in dat de witte minderheid een systeem van rassenscheiding hanteerde, waarbij er discriminerende wetten werden ingevoerd om de witte bevolking aan de macht te houden. Die wetten bestonden er onder meer uit dat zwarten niet in gebieden mochten wonen met overwegend witte mensen, niet met iemand van 'een ander ras' mochten trouwen, en niet op dezelfde plaats als witten mochten eten, drinken of zwemmen. Tientallen jaren lang bleven deze wetten van kracht, en als de zwarte bevolking in opstand kwam, werden deze protesten met zeer zwaar geweld neergeslagen, met vele doden tot gevolg. Uiteindelijk werd in 1991 de apartheid afgeschaft, vooral door het vasthoudende verzet van de zwarte bevolking, die bleef protesteren.

Dertig jaar bestaat Zuid-Afrika dus nu zonder de apartheid, maar de kloof tussen zwart en wit is nog steeds heel groot. Een bezoek aan Zuid-Afrika is daarom voor mij, maar ook voor veel andere mensen die ik ken, nog steeds heel dubbel. Het land is zo bijzonder, alleen al qua landschap en cultuur, maar tegelijkertijd zie je ook de immense verschillen tussen arm en rijk. Iedereen die wel eens Kaapstad heeft bezocht, weet dat je vanaf het vliegveld direct op de N2 komt die dwars door de uitgestrekte sloppenwijk Khayelitsha loopt. Maar een uurtje later kun je op een terras aan zee in Camps Bay een glas koele chardonnay drinken. Dat is de realiteit van het land. Een half miljoen mensen (of zelfs meer dan een miljoen volgens sommigen) die in Khayelitsha op zo'n 40 vierkante kilometer in geïmproviseerde hutjes leven, versus een paar duizend voornamelijk witte inwoners die in dit deel van de stad in grote villa's en appartementen wonen. Aangevuld met de toeristen die deze wijk aan zee graag bezoeken. En dat allemaal in één stad, op een steenworp afstand van elkaar.

Dat contrast zie je op veel meer plekken in bijvoorbeeld Afrika, maar de reden dat het in Zuid-Afrika extra opvalt is omdat hier de witte populatie veel groter is dan in andere Afrikaanse landen. Daarnaast werkt het land als een magneet op de omliggende landen en dus trekken hier heel veel migranten naartoe die meestal in de sloppenwijken belanden, en zwaar onderbetaald werk moeten doen om te overleven.

Omdat zwarte Zuid-Afrikanen nog steeds een marginale rol spelen in de economie (zo komt minder dan 1 procent van alle wijn die in Zuid-Afrika gemaakt wordt van een zwarte wijnboer)* is de Zuid-Afrikaanse regering overgegaan op een nieuw systeem: rechtstellende actie, ofwel positieve discriminatie, waarin door de overheid voor alle economische sectoren richtlijnen zijn opgesteld om versneld mensen uit voorheen achtergestelde groepen aan het werk te helpen. Dat betekent dat als er een baan wordt aangeboden, de zwarte kandidaat de voorkeur heeft. Veel jonge witte Zuid-Afrikanen komen daardoor niet meer aan het werk, en gaan in het buitenland werken. Nog steeds is het land op alle mogelijke manieren in de greep van discriminatie; een situatie waar voorlopig nog geen uitweg uit lijkt te zijn.

Tijdens mijn reizen heb ik over de hele wereld heel veel ongelijkheid, discriminatie en racisme gezien, open en bloot en vol in het zicht. In de straten van Conakry bijvoorbeeld, de hoofdstad van het West-Afrikaanse Guinee, waar zwarte mensen zonder pardon uit de bus geduwd worden als deze vol is, of waar zwarte kinderen hardhandig worden aangepakt door hotelbeveiligers als ze bij een westerse toerist komen bedelen. Maar ook in het klein; sluimerend en onder de oppervlakte. Zoals in Sacramento, de hoofdstad van

---

*www.nytimes.com/2023/02/15/travel/black-south-african-wine.html

Californië, waar je bij een nachtclub veel African Americans eindeloos lang in de rij zag staan, terwijl de *white wealthy college kids* in één keer door konden lopen.

Wat ís het toch dat wij al zo lang de mensheid bestaat onderscheid maken tussen verschillende groepen? Waarom delen we elkaar in op een bepaalde volgorde van belangrijkheid, en handelen we daar vaak ook naar? Om dat wat beter te begrijpen moet je, zoals zo vaak, kijken naar onze verre voorvaderen.

Iedereen kent wel de uitdrukking 'de mens is een groepsdier', en die bestaat niet voor niets. Van oudsher leeft de mensheid namelijk al in kleine groepen, die onontbeerlijk waren om te kunnen overleven. Een groep zorgde ervoor dat je meer kans had om aanvallen van bijvoorbeeld wilde dieren te overleven, maar je kon elkaar ook helpen met praktische zaken. Door deze groepsvorming heeft de mens, evolutionair gezien, altijd leren denken in termen van een 'eigen groep' en een 'andere groep', waardoor je weet met wie je moet samenwerken en met wie je moet concurreren. Die drang om in groepen te denken bezit een mens tegenwoordig nog steeds, aldus hoogleraar psychofysiologie van groepen Daan Scheepers van de Universiteit van Leiden en de Universiteit van Utrecht, in een artikel van nu.nl.* En mensen denken in categorieën, zegt hij. Dat categoriseren kan er weer voor zorgen dat we een onderscheid maken tussen nationaliteiten, huidskleuren, seksuele oriëntaties enzovoort. 'Zodra aan die categorieën negatieve denkbeelden worden gehangen, dan kan dat de basis leggen voor discriminatie,' aldus hoogleraar Scheepers. Racisme gaat nog een stap verder, daarbij wordt iemand beoordeeld alleen op basis van zijn afkomst, huidskleur of nationaliteit.

*www.nu.nl/wetenschap/6093105/wat-drijft-een-mens-om-te-discrimineren.html

Hoewel ik maar al te vaak met eigen ogen voorbeelden van discriminatie gezien heb, heb ik het zelf bijna nooit aan den lijve ondervonden. Als ik me érgens van bewust ben, is het wel van het feit dat ik, als in Nederland geboren vrouw met blond haar en blauwe ogen, gigantisch bevoorrecht ben. Want met een Nederlands paspoort ligt de wereld aan je voeten en kom je bijna overal binnen. In al die jaren ben ik nog nooit bij de douane uit de rij gehaald vanwege mijn uiterlijk. Laatst sprak ik daarover met mijn zeer bereisde en geliefde collega Sinan Can, zelf van Turks-Koerdische komaf. Hij moest lachen toen ik hem dat vertelde, en hij zei: 'Je wilt niet weten hoe vaak ze míj eruit vissen bij de grens, Floortje. Een Arabisch uitziende man, met een baard en veel verdachte stempels uit Irak, Afghanistan en Somalië in zijn paspoort. Nou, dan ben je echt vaak aan de beurt, hoor.'

Een land waar ik altijd sterk ervaar dat er onderscheid gemaakt wordt en dat daar ook naar gehandeld wordt is de Verenigde Arabische Emiraten: een samenwerking van zeven Arabische staten, gelegen aan de Perzische Golf. De inkomsten uit de gigantische olievoorraden zijn zo hoog dat de inwoners geen belasting hoeven te betalen en onderwijs en gezondheidszorg gratis zijn voor alle officiële ingezetenen. De economische groei heeft ervoor gezorgd dat ondertussen meer dan 85 procent van de bevolking bestaat uit expats uit het Westen en (vooral) immigranten uit Zuidoost-Azië.

Naar aanleiding van het WK voetbal in 2022 in Qatar, dat niet ver van de VAE ligt, is er al heel veel geschreven over de omstandigheden waaronder gastarbeiders in deze regio moeten werken, en dat zie je ook als je hier zelf op bezoek bent.

In 2022 was ik twee dagen in Dubai, op doorreis naar Azië. In de taxi naar het hotel kwam ik aan de praat met de chauffeur die me vertelde dat hij uit Bangladesh kwam. Nadat ik hem had gevraagd hoe zijn dag was, keek hij me in zijn achteruitkijkspiegel aan. 'Ach, een beetje zoals de afgelopen paar jaar,' antwoordde hij. 'Ik heb een ernstige beschadiging aan mijn ruggenwervel door een verkeersongeval. Dus heb ik elke dag pijn. En omdat ik geen goede dokter of fysiotherapeut kan betalen, blijft het aanmodderen.' Hoeveel dagen per week moet je dan überhaupt werken, vroeg ik hem. 'Ik werk twaalf uur per dag, zeven dagen per week, achttien maanden achter elkaar, en pas dan kan ik terug naar mijn familie in Bangladesh. Mijn dagen zijn monotoon: als ik uit mijn werk kom, eet ik snel wat in het huis dat ik deel met zeven anderen, ik facetime even met mijn familie, en stap in hetzelfde bed als waar mijn collega die nachtdienst heeft net in heeft gelegen. Ik leg alleen mijn eigen laken erop.'

Het blijft intrigerend dat we dat systeem normaal zijn gaan vinden. Het systeem waarbij iemand veel slechter betaald en behandeld wordt, simpelweg omdat hij afkomstig is uit een bepaald land dat volgens ons 'categoriserende brein' veel lager op de ladder staat. We nemen aan dat deze mensen wel veel slechter onderwijs zullen hebben gehad, en over het algemeen vast en zeker gewend zijn aan een zeer laag loon in hun thuisland, dus vinden we het acceptabel dat wij ze ook aanzienlijk minder betalen en veel harder laten werken dan een inwoner van een willekeurig westers land. We willen graag van hun diensten gebruikmaken, en we willen ze daar ook voor belonen, maar ze moeten ons niet tot last zijn door te veel te vragen en te verwachten, vinden we. Ze moeten onze kamers schoonmaken, onze taxi rijden, onze kinderen vermaken, de straat asfalteren, onze haren knippen, de airconditioning aan de praat krijgen en onze maaltijd bereiden. Maar ze moeten hun werk geruisloos en onzichtbaar doen, zodat wij gefortuneerde mensen er geen last van hebben, want ze hebben toch werk dankzij ons?

Zelf doe ik daar in feite net zo goed aan mee, want ik bezoek het land ook. Ook ik laat me verleiden door de kleuren en lichten van de stad, en het gemak dat je er ervaart als je een tussenstop hebt en je even een dag of twee in een prettig hotel kan verblijven. Maar het blijft moeilijk om in een restaurant te zitten en te zien dat de ober niet eens wordt aangekeken als hij een maaltijd komt brengen. Of de vrouwen die de opvoeding van hun schreeuwende kroost aan tafel in een restaurant overlaten aan de overspannen Filipijnse nanny.

Ook in eigen land maken we nog onderscheid en is discriminatie en (institutioneel) racisme nog steeds iets waar veel Nederlanders dagelijks mee te maken hebben, zoals de Black Lives Matter-beweging heel duidelijk heeft laten zien. In de Nederlandse politiek is het racisme nooit ver weg geweest maar het wordt de laatste jaren weer steeds zichtbaarder. Zo zijn er nu politieke partijen die openlijk de boreale (lees: witte) beschaving heilig verklaren, immigranten als de vijand zien, en universiteiten, media en eigenlijk de hele politiek als verraders neerzetten. Die partijen stigmatiseren bepaalde bevolkingsgroepen en leggen de problemen van een land bij deze groepen neer. Politici die zeggen dat we als Nederlanders trots moeten zijn op onze welvaart die we in de afgelopen eeuwen eigenhandig hebben opgebouwd, dat we die ons niet moeten laten ontnemen door de instroom van immigranten met een andere cultuur en andere normen en waarden. Maar als het gaat om die welvaart, moet ik meteen denken aan de opmerking die ik las in een artikel over racisme, afkomstig van hoogleraar antropologie dr. Aouatef Amade M'charek van de Universiteit van Amsterdam. Die laat ons namelijk nadenken over hoe we überhaupt zo welvarend zijn geworden.* 'Het lijkt soms of we er hier in Europa en ook in Nederland maar automatisch van uitgaan dat we onze huidige

---

*www.scientias.nl/racisme-zo-komen-we-eraan-maar-hoe-komen-we-ervan-af

welvaart te danken hebben aan onze eigen superioriteit. Dat is natuurlijk niet zo. Die welvaart is een paar eeuwen geleden niet zo binnen komen waaien, die is ontstaan na relaties met onze koloniën. Relaties waarin er duidelijk sprake was van een ongelijke situatie en waarin we misbruik hebben gemaakt van bronnen, arbeidskrachten en grondstoffen van andere landen. Die hebben we ons toegeëigend. Omdat we vonden dat we daar recht op hadden. Vervolgens hebben we onze maatschappij ingericht op basis van dezelfde mentaliteit. De superieure gevoelens van witte Europese mensen bleven. Het ging dan en gaat nu nog steeds om huidskleur.'

Het is momenteel goed merkbaar dat veel mensen angstig zijn om hun normen en waarden, hun eeuwenoude cultuur of hun democratische samenleving te verliezen. Ik begrijp dat het beangstigend kan zijn om te zien hoe de wereld verandert en dat het dan makkelijk is om jezelf, je cultuur en je welvaart te willen beschermen. Steeds meer mensen verplaatsen zich over de wereld, gedreven door de wil om er economisch op vooruit te gaan, maar ook omdat het simpelweg steeds makkelijker wordt om je te verplaatsen. Daarnaast zien we steeds meer vluchtelingen komen vanwege conflicten die steeds dichter bij huis worden uitgevochten.

Maar als je naar de geschiedenis van de mensheid kijkt, dan zie je dat mensen zich sinds de oudheid altijd verplaatst hebben, de hele wereld over, van continent naar continent. En dat was altijd omdat er een noodzaak was: een oorlog, een zoetwatermeer dat opdroogde, landbouwgronden die uitgeput waren, een dodelijke ziekte die een streek in zijn greep had, of wat voor omstandigheid dan ook die mensen in hun voortbestaan bedreigde. Maar ook omdat men nieuwsgierig was naar nieuwe streken en landen, in de hoop daar een nieuw en beter leven op te bouwen, met meer welvaart en meer kansen voor hun kinderen. Daarbij wordt soms even buiten beschouwing gelaten dat door die volksverhuizingen heel wat oorspronkelijke culturen zijn gesneuveld: de Native Americans in de vs en Zuid-Amerika zijn massaal uitgemoord, of omgekomen door westerse ziekten zoals syfilis, of door alcoholmisbruik. Oorspronkelijke inwoners van Zuid-Afrika zijn weggedrukt naar de onvruchtbare gebieden en townships, en Australië is bijna helemaal overgenomen door Europese *settlers* die de van oorsprong nomadische oorspronkelijke bewoners in een minderheidspositie hebben geduwd.

Eén ding is zeker: de mensheid is altijd in beweging geweest. Culturen komen en culturen gaan, bevolkingsgroepen groeien, vermengen, en zorgen weer voor nieuwe bevolkingen. Dat is al zo oud als de mensheid. Ik ben van mening dat het zinloos is om je hiertegen te verzetten; dat is tegen de stroom van de rivier in zwemmen. Zeker in deze tijd, waarin een groot deel van de wereldbevolking toegang heeft tot internet en daardoor precies weet hoe goed wij het in het Westen hebben. Mensen uit niet-westerse landen kennen altijd wel iemand die naar het Westen is gegaan om daar een beter leven op te bouwen voor zichzelf of voor zijn of haar kinderen. Dat zouden wij net zo goed doen als we in een land waren geboren waar mensen het veel minder goed hebben.

Begrijp me niet verkeerd: dat betekent niet dat ik van mening ben dat we alles maar moeten loslaten wat we hebben opgebouwd. We moeten absoluut onze eigen normen en waarden bewaken, en vasthouden aan de democratische principes van dit land. We moeten een land blijven waar mensen zichzelf kunnen zijn, waar ze niet vervolgd of bedreigd worden om wie ze zijn, en recht hebben op een menswaardig bestaan.

Maar we moeten ook realistisch zijn: Nederland ligt ingeklemd tussen zo veel andere landen, met ook brandhaarden steeds dichter bij huis. Bovendien zijn er zo veel landen die te maken hebben met de gevolgen van klimaatverandering. Er zijn dus steeds meer mensen die op zoek gaan naar een veilige plek om te leven en een toekomst op te bouwen voor hun kinderen. Dus er zullen altijd nieuwkomers zijn, die we op een goede manier kunnen laten integreren. Bijvoorbeeld door ze tijdelijke werkvisa te geven waardoor ze een aantal jaar goed geld kunnen verdienen waarmee ze in hun thuisland een veel beter leven kunnen opbouwen en hun kinderen naar school kunnen sturen, waardoor zij betere kansen hebben om aan de armoede te ontsnappen. Maak gebruik van hun kennis en hun kracht en geef ze banen in de sectoren waar een schreeuwend gebrek is aan personeel.

Al deze dingen zou ik zo graag delen met alle politici die ons land 'op slot willen doen', overtuigd als ik ben van mijn eigen gelijk. Maar dat zal nooit gebeuren, omdat we zo ver van elkaar verwijderd zijn. Het is hun gelijk tegenover het mijne. Ze zullen niet naar me luisteren, want wie ben ik? Het lukt me niet eens om dat in kleine kring voor elkaar te krijgen, met een broer die actief is als politicus voor een zeer rechtse partij. Zelfs zo dicht bij elkaar, door onze ouders met elkaar verbonden, lukt het hem en mij niet om elkaar te vinden. We begrijpen elkaar niet meer, spreken elkaars taal niet meer. Er is geen ruzie, maar er is stilte. En dat is intens verdrietig. En als ik luister naar de mensen om me heen is dat iets wat steeds meer voorkomt: familieleden die elkaar zijn verloren omdat hun standpunten zo ver uit elkaar zijn komen te liggen. De COVID-epidemie heeft dat extra versterkt, er zijn heel veel mensen die alles en iedereen zijn gaan wantrouwen. Daardoor wordt de kloof tussen mensen alleen maar steeds groter. En dat merk ik dus zelf ook. Terwijl we toch echt met elkaar op één planeet leven en daar het beste van moeten maken met elkaar. En elkaars mening moeten respecteren.

Dat zijn mooie woorden, en ik beschouw mezelf ook als iemand die een ministeentje probeert bij te dragen door met mijn programma's verhalen te vertellen over andere culturen en gebruiken. Met verhalen die altijd reuze 'inclusief' zijn en nooit veroordelend. Dacht ik. Tot ik in mijn hoofd alle programma's die ik de afgelopen jaren heb gemaakt op een rijtje zette. Ik keek eens goed naar alle mensen die wij de afgelopen acht jaar gefilmd hebben. En tot mijn schande moest ik constateren dat bijna alle mensen die ik geportretteerd heb wit zijn, op een stuk of drie na. Mijn programma's zijn qua hoofdpersonen zo wit als een tafellaken. Een witte familie op een afgelegen eiland in de Stille Oceaan, een ouder wit stel in een vuurtoren in Tasmanië, een witte man in de bossen van Canada, een witte vrouw op een tropisch eiland, een wit heterostel op een vlot in Zweden, en ga zo maar door.

Hoezeer ik ook achter mijn programma sta, ik heb toch bepaalde keuzes gemaakt. Als ik de hoofdpersonen een voor een afga, zie ik dat het wel een erg homogene groep is. Dat had simpelweg beter gekund. Natuurlijk portretteer ik ook de lokale bevolking, maar waarom zijn mijn hoofdpersonen voornamelijk witte mensen?

Je zou kunnen tegenwerpen dat wij met het programma sowieso al zoeken naar een speld in een hooiberg. Zo veel mensen zijn er namelijk niet die hun comfortabele leven vrijwillig vaarwel zeggen voor een back to basics leven dat vele anderen op de wereld nou juist dolgraag willen ontvluchten. En dan moeten het ook nog mensen zijn die je willen ontvangen. We zoeken ook altijd mensen die ergens juist níet geboren zijn, maar zelf gekozen hebben voor een vaak verafgelegen plek. Ik heb het altijd ongelofelijk boeiend gevonden om mensen te vinden die helemaal uit hun comfortzone zijn gestapt en in een totaal andere cultuur hun draai proberen te vinden. En dat zijn vaak westerlingen, die in een ver land belanden waar de lokale bevolking over het algemeen niet wit is. Dus het is op die manier ook wel weer te verklaren.

Maar hoe je het ook wendt of keert: we hadden ook wat harder kunnen zoeken, en daar ben ik zelf volledig verantwoordelijk voor. Want ik kan reuze enthousiast worden van een verhaal van bijvoorbeeld een Brits stel dat eerst uiterst succesvol was in de financiële wereld, en nu ergens in Peru een boerderij is begonnen in de middle of nowhere, waar hun kinderen in de vrije natuur opgroeien. Bij zo'n verhaal sla ik meteen aan: omdat ik mezelf in deze mensen herken en ik me in hen kan verplaatsen. Zo simpel is het. En daarmee ben ik dus ook niet inclusief, punt. En ik weet zeker dat als ik er nog dieper over ga nadenken, ik nog wel wat meer voorbeelden kan vinden van hoe ik denk fair en inclusief te zijn, terwijl ik dat helemaal niet ben. Laat ik daar maar eens een tijdje op gaan kauwen. Verbeter de wereld, maar begin vooral bij jezelf, Floortje Dessing.

26 WAAROM ZOU JE JE GROOTOUDERS NÍÉT IN DE ACHTERTUIN BEGRAVEN?

Tahiti is en blijft voor mij een van de allerfijnste plekken op aarde. Niet vanwege het idyllische plaatje van stranden en azuurblauw water, maar vooral om de uitbundige natuur in de binnenlanden, de cultuur die sterk met het dagelijks leven vervlochten is, en de rituelen en gebruiken die je er vindt. Alleen al het feit dat veel mensen vol trots tatoeages dragen die daadwerkelijk een betekenis hebben, maar ook hoe ze omgaan met het leven – en met het onvermijdelijke afscheid.

Net zoals op veel eilanden in de Stille Oceaan kun je op Tahiti je dierbare op een begraafplaats leggen, maar je mag de overledene ook in de eigen achtertuin begraven. Toen ik het eiland begin 2023 bezocht, nam de gids die ons hielp met onze filmvergunningen ons na afloop van een lange draaidag mee naar het huis waar hij en zijn familie woonden. Trots liet hij ons het zelfgebouwde huis zien, waar zijn moeder ons ontving met vers mangosap en gebakken vis met rijst, gewikkeld in bananenbladeren. Na afloop van het diner nam hij ons mee de tuin in, waar naast het huis een klein afdakje stond met eronder twee graven. Hier waren zijn grootvader en grootmoeder begraven, die onlangs kort na elkaar waren overleden. Elke avond voordat hij gaat slapen, gaat hij even bij ze langs, vertelde hij. Om ze om raad te vragen en om te vertellen hoe het met hem gaat. Dat is een vast onderdeel van de dag, en het geeft hem rust en wijsheid.

Hij deed zijn schoenen uit en ging op de zwarte lavastenen zitten die om de graven heen liggen en die nog warm waren van de lange, hete dag. Hierna riep hij met een speciaal ritueel hun geesten aan, en omdat het Tahitiaans een sterke, expressieve en volle taal is, gebeurde dat met veel overtuiging. Als het goed is, voel je vervolgens de *mana* door je heen stromen, een soort levenskracht die je troost en energie geeft, en waar je kracht uit kunt putten om je te helpen in het dagelijks leven.

Terwijl hij uitgebreid over zijn grootouders vertelde, bedacht ik hoe bijzonder dit is: je familie dicht bij je houden, gewoon in je eigen achtertuin. Op een plek waar ze een normaal en vertrouwd onderdeel van je leven blijven, ondanks het feit dat je in de stoffelijke vorm afscheid van ze hebt genomen. Een plek waar de kinderen spelen, en waar je kunt gaan zitten om de mana door je lichaam te voelen stromen. Zo zou het overal ter wereld moeten zijn.

De dood is in mijn eigen leven niet al te dichtbij gekomen, godzijdank, hoewel ik de afgelopen jaren wel afscheid heb moeten nemen van een paar bijzondere vriendinnen. Maar met al mijn fratsen en gevaarlijke escapades heb ik het toch al tot voorbij de vijftig gehaald.

Die leeftijd passeren betekent dat ik onder ogen moet zien dat ik meer verleden dan toekomst heb. Er komt een dag – en die is minder ver weg dan voorheen – waarop alles voor mij ophoudt. In ieder geval voor zover ik weet. Met dat idee heb ik nog totaal geen vrede, want diep vanbinnen voel ik me een kind dat pas net begonnen is met leven. Aangezien ik geen religieus mens ben, kan ik niet terugvallen op het idee dat we na de dood naar 'de hemel' gaan; een overtuiging die je vermoedelijk een stuk rustiger maakt als je eenmaal echt oud bent.

Ik kom op mijn reizen heel wat mensen tegen die diepgelovig zijn, vooral in Zuid-Amerika en Afrika. Dan kan ik altijd weer jaloers worden als ik zie hoe overtuigd ze geloven in het bestaan van het hiernamaals, waar alles goed en vredig is, en waar ze iedereen van wie ze houden terugzien. Hoe heerlijk is het als je de rotsvaste overtuiging hebt dat dat je te wachten staat als je gestorven bent. En hoe helder wordt het pad in het leven dan! Gewoon goed je best doen, geen mensen pijn doen, niet vreemdgaan, niet stelen en hup, je gaat naar de hemel, waar de almachtige op je wacht. Tijdens je aardse bestaan nooit meer hoeven piekeren over hoe alles in elkaar steekt, en je nooit meer zorgen hoeven maken over wat je daarna te wachten staat. Dat is volgens mij de grote winst van diepgelovig zijn.

Ook op heel veel andere vlakken kan een religie je veel brengen. Zoals heilige geschriften waarop je de koers van je leven kunt baseren. Altijd een vast ankerpunt in de vorm van een gebedsdienst in de kerk, de moskee, of welke ruimte dan ook, waarin je de rust van het belijden van je religie kunt voelen. En natuurlijk het sociale aspect: je verbonden voelen met een religie betekent ook je verbonden voelen met een grote groep in de samenleving. Ook dat is denk ik een enorme verrijking van je leven.

Ik zou dus heel graag een religieus mens zijn, met een rotsvast geloof in het hiernamaals, en een religieuze leidraad die me door het soms zo gecompliceerde leven kan gidsen. Helaas is de kans dat ik ooit een fanatieke gelovige ga worden heel erg klein. Daar kan ik wel een aantal redenen voor opnoemen.

Om te beginnen de constatering dat – naast al het goede dat het geloof kan brengen – heel wat religies voor onvoorstelbaar veel ellende hebben gezorgd, vanwege het feit dat ze sinds mensenheugenis gepaard gaan met (strenge) wetten, regels, voorschriften en verboden. En vaak ook met het veroordelen van mensen die niet hetzelfde geloven. Dat heeft door de eeuwen heen voor een niet te bevatten hoeveelheid slachtoffers gezorgd. Hoeveel oorlogen zijn er uitgevochten tussen verschillende religies? Hoeveel mensen zijn er vervolgd omdat ze niet het 'juiste' geloof aanhingen? Hoeveel andersdenkenden hebben het leven gelaten omdat ze niet in het wereldbeeld van een bepaald geloof pasten?

Natuurlijk zijn we tegenwoordig een stuk beschaafder en zijn veel religies heel wat toleranter dan honderden jaren geleden. Dat geldt helaas niet voor élke geloofsovertuiging, en dat zorgt tot op de dag van vandaag voor heel veel ellende. Dat gegeven klopt fundamenteel niet, naar mijn mening. Religie hoort voor 'het goede' te staan en goedheid te brengen. Het hoort iets te zijn wat het individu door het leven gidst en het collectief verbindt. Of beter gezegd: de wereld zou er in zijn geheel een stukje beter van moeten worden. We weten allemaal dat dat helaas een utopie is.

Ik heb in mijn reizende leven tot nu toe ongelofelijk veel verschillende religies over de hele wereld gezien, die er vermoedelijk allemaal van overtuigd zijn dat hún geloof het enige ware geloof is en dat zij het bij het rechte eind hebben. Dan vraag ik me altijd af: er zijn zo veel religies op deze planeet die daar allemaal van overtuigd zijn, maar uiteindelijk kan er toch maar één zijn die het bij het rechte eind heeft? Dat betekent dan toch dat alle andere geloven, welke dat ook zijn, niet kloppen? En dan is er ook nog de optie dat ze het geen van alle bij het juiste eind hebben.

Bovendien denk ik dat de mens niet in staat is te weten wat die grote overkoepelende kracht is waardoor we hier zijn, waardoor de aarde er is, en waar dat toe leidt. Ik denk dat alle verhalen die we eraan gehangen hebben uiteindelijk veel te omslachtig blijken te zijn. Tot nu toe is alles één groot raadsel voor mij. Blijken we, als we overlijden, al die tijd te hebben gedroomd? Of blijken we allemaal één groot bewustzijn te zijn? Het zijn zaken waar in ieder geval mijn geest niet bij kan.

Hoeveel eenvoudiger is het dan om gewoon een bestaande religie aan te hangen, zodat je de rust hebt van de wetenschap dat het hiernamaals er is. Dat moet toch de meest geruststellende gedachte op aarde zijn, lijkt mij. Door die vaste overtuiging van 'het leven na de dood' hoef je je niet meer druk te maken over de dood zelf. Dan hoeft dat ook niet meer zo'n groot taboe te zijn, zoals bij ons in het Westen toch vaak het geval is. Wat dat betreft kunnen wij nog een hoop leren van hoe men in andere landen en bij andere religies met de dood omgaat.

Er zijn heel veel plaatsen op de wereld waar de dood – meestal in de vorm van de verering van de overleden voorouders – een normaal onderdeel van het dagelijks leven is. Iets waar niemand voor wegkijkt. Daardoor is alles wat met de dood te maken heeft veel minder verkrampt en verdrietig dan bij ons. Voorouderverering komt in heel veel religies voor: van Afrika tot Azië, en van de Verenigde Staten tot de Pacific. Het is gebaseerd op de overtuiging dat de geesten van de doden in de natuurlijke wereld blijven bestaan en de mogelijkheid hebben om ons aardse leven te beïnvloeden.

De oude Romeinen hadden al speciale feestdagen – de Parentalia – waarop alles in het teken stond van de zielen van overleden verwanten. Negen dagen lang werden er op de graven kleine geschenken neergelegd, zoals bloemen en voedsel, om de geesten van de overleden voorouders te eren.

Ook in China kent men al sinds duizenden jaren de natuur- en voorouderverering, waarbij men hoopt bescherming van hen te krijgen. Tot op de dag van vandaag bestaan er belangrijke voorouderrituelen in de Chinese samenleving, die in bijna elk gezin gevierd worden.

In Japan eert men de doden tijdens Obon: drie dagen in augustus waarvan wordt gedacht dat de geest van de overledene dan terugkeert naar huis. Overal worden kleine vuurtjes aangestoken om de geesten de weg naar huis te wijzen, en de graven worden mooi opgepoetst.

Nog feestelijker is de Mexicaanse Día de los Muertos. De zielen die op die dag terugkeren op aarde moeten tevreden worden gesteld met hun favoriete maaltje of een fles tequila. Het bijzondere is dat deze dag wordt gezien als een echte feestdag, waar iedereen aan mee wil doen. Men gaat massaal naar het kerkhof om de doden te eren. Op de graven wordt drank en voedsel geofferd, wat men daarna zelf verorbert, terwijl de kinderen er tikkertje spelen. Zo raken ook kinderen al van jongs af aan vertrouwd met het fenomeen 'de dood'.

Op het eiland Madagaskar heb ik de meest wonderlijke en fanatieke manieren van voorouderverering gezien. Het eiland ligt ten zuidoosten van het Afrikaanse continent, en is het op drie na grootste eiland ter wereld. Het wordt ook wel het 'rode eiland' genoemd, vanwege de rode kleur van de aarde.

Hoewel ongeveer de helft van de bevolking van Madagaskar christelijk is, is een groot deel aanhanger van het animisme, het oude traditionele geloof op het eiland. Bij deze natuurgodsdienst is geesten- en voorouderverering het belangrijkste element. Een animist gelooft in goede en kwade geesten, en die kunnen zich in alle elementen van de natuur ophouden: in stenen, takken, dieren en planten, in de planeten en de zon. Om de geesten gunstig te stemmen, worden er rituelen uitgevoerd en offers gebracht.

Madagaskar is qua biodiversiteit echt uniek, want 5 procent van alle op aarde bekende planten- en diersoorten vind je hier en nergens anders. Een bijzonder eiland dus, met als een van de bekendste dieren de lemur. Je vindt hier ook een van de weinige dieren op aarde waar ik echt oprecht bang voor ben: de krokodil. Dit is een van de weinige dieren die me echt doen sidderen. Alleen al hun gave om zich bijna onopgemerkt voort te bewegen, of zich op te houden in een rivier of meer zonder dat je ze ziet. Die glinsterende ogen die altijd waakzaam lijken te zijn en de ongelofelijke snelheid waarmee ze vanuit het niets toeslaan om hun prooi te grazen te nemen. Ik vind ze echt doodeng.

Ik was dan ook niet heel gecharmeerd van het idee dat we tijdens een trip door Madagaskar een voorouderveringsritueel zouden gaan filmen bij een groot meer vol krokodillen. De bevolking van het nabijgelegen plaatsje zag in deze krokodillen de geesten van hun voorvaderen, en die moesten met speciale rituelen geëerd worden. Dat betekende dat er eerst uitgebreid zelfgestookte alcohol gedronken werd in het huis van de dorpsoudste, waarna het dorp in optocht naar het meer wandelde, met op het hoofd grote zakken met vers geslachte kippen. Eenmaal bij het meer aangekomen werden die kippen door de zwaar beschonken mannen van het dorp een voor een in het water gegooid. Binnen een seconde verdwenen ze in de gretige bekken van de krokodillen, die in groten getale aanwezig waren.

Ik had me met mijn cameraman achter een grote boomstronk verschanst, en keek met angst en beven toe hoe de bewoners op hun dooie gemakje de kippenkadavers in het water bleven gooien, terwijl de krokodillen steeds dichter de oever naderden. Daar leek echter niemand zich om te bekommeren en in plaats daarvan werden er extra flessen alcohol tevoorschijn getoverd. Na een uur waren de kippen op en begon men aan de terugtocht, terwijl wij ons als een haas uit de voeten maakten om niet alleen achter te blijven bij dit meer vol krokodillen die nog lang niet verzadigd leken te zijn.

Het Famadihana-ritueel dat we de volgende dag aanschouwden was zo mogelijk nog fascinerender en had ook weer alles te maken met de animistische religie. Het woord betekent letterlijk het 'omdraaien' van de botten. Dit ritueel speelt zich elke zeven jaar na het overlijden van een geliefd familielid af. Familie vanuit de hele streek, plus vrienden van het dorp, vieren het feest groots met veel muziek en doordrenkt met veel alcohol.

Alles draait om het leven van de dode vieren, en dat doet men door na zeven jaar in optocht terug te gaan naar de begraafplaats en de dode op te graven. Vervolgens worden de botten – meestal gehuld in linnen windsels – op de schouders naar het huis van de familie gebracht, terwijl een grote stoet mensen erachteraan wandelt en danst, begeleid door live muzikanten. Eenmaal in huis worden de windsels voorzichtig verwijderd, waarna de botten gewassen worden. Hierna worden ze weer ingepakt en in optocht, met muziek en drank, teruggebracht naar de begraafplaats, waar bij het graf gedanst en gedronken wordt.

Ik herinner me dat ik me, terwijl ik achter de stoet aan liep, totaal niet op mijn gemak voelde. Iedereen leek volkomen buiten zinnen te zijn van de alcohol, maar ook van een of andere hallucinerende plant waar een drankje van gemaakt was dat iedereen dronk. Wij volgden de groep en probeerden zo gepast mogelijk onze shots te draaien, maar de mensen die de restanten van het lichaam droegen waren zo onder invloed dat het leek alsof ze elk moment hun overleden familielid konden laten vallen. Het leek allemaal zo fanatiek en wild dat ik me niet kon voorstellen dat de vele kinderen die erbij waren er heel veel aan hadden. Was het niet traumatiserend om dat allemaal te zien als je zo jong bent?

Ik begreep ook wel dat dit cultureel bepaald was: dit was een heel normaal onderdeel van het dagelijks leven daar. Toch heb ik me zelden zo'n enorme buitenstaander gevoeld als toen we daar achteraan liepen. Alsof je een gebeurtenis aanschouwt die jij als westerling toch nooit kunt begrijpen en die je daarom beter maar gewoon kunt laten voor wat het is.

Toen uiteindelijk het lichaam terug was bij het graf, en iedereen zich uitgelaten dansend en drinkend klaarmaakte om het opnieuw te begraven, ving ik een glimp op van waarom dit ritueel voor de aanwezige kinderen wel degelijk een 'goede' betekenis heeft. Een paar meisjes van een jaar of twaalf stonden naast het graf en streken voorzichtig over de botten die in de nieuwe lappen gewikkeld waren, terwijl ze vrolijk meezongen met de liedjes die gespeeld werden door de muzikanten. Ze leken geen enkele angst of afkeer te hebben van deze menselijke restanten, en leken juist blij te zijn om dit te kunnen doen voor de overledene. Niet veel later verdween het lichaam in het graf, dat bedekt werd met verse aarde. Even later vertrok de hele stoet al zingend en dansend naar het dorp. Het ritueel was ten einde, maar het feest zou nog tot diep in de nacht doorgaan.

Zo'n ritueel zou in onze westerse wereld echt compleet ondenkbaar zijn, alleen al door de manier waarop we met onze doden omgaan. Alles gaat volgens regels, protocollen en voorschriften. Dat begint al bij de uitvaartondernemer die bijna meteen na overlijden voor de deur staat en alles voor de nabestaanden regelt, tot de manier waarop we de doden volgens strenge voorschriften uiteindelijk ter aarde bestellen. En dat geldt al helemaal als het een kerkelijke begrafenis volgens de oude stempel betreft.

Ik herinner me niet veel van de begrafenis van mijn oma van vaderskant, omdat ik nog heel klein was, maar ook omdat het echt een traditionele ceremonie was waar ik als kind heel weinig mee had. Ik weet nog wel dat ik voor in de kerk zat en met poppetjes speelde die ik had meegenomen. Ik droeg een nieuwe blauwe jurk, maar alle andere mensen droegen lange zwarte jurken en jassen waardoor de hele kerk een zwarte zee leek. Waarom moest iedereen huilen, had ik mijn moeder hardop gevraagd in de stille kerk. Daarna werd er lang en droevig gezongen, terwijl de priester voor in de kerk ernstig toekeek. Ik zag dat de zon scheen en wilde naar buiten om over de begraafplaats te hollen om te kijken of er beestjes en insecten waren, maar ik moest geduld hebben. Dus speelde ik maar weer met mijn poppetjes. Heel veel meer herinner ik me niet van die dag, maar wat me wel altijd is bijgebleven is de zwaarte en de somberheid die zo veel indruk maakte op mij als kind.

Hoe mooi dat we in een tijd leven waarin er meer lichtheid in het afscheid komt. Langzaam zijn ook hier in Nederland de rituelen aan het veranderen. Eindelijk zien we in dat de dood bij het leven hoort en er dus gewoon onderdeel van moet zijn. Eindelijk komen er afscheidsceremonies waarbij het leven gevierd wordt: op vrolijke lichte locaties waar met een lach en een traan herinneringen worden opgehaald, muziek wordt gemaakt of wordt gezongen. Waar wordt gedronken en gegeten en geproost om het leven van de overledene te vieren en niet alleen in diep verdriet die persoon te herdenken.

Ook komen er in Nederland steeds meer natuurbegraafplaatsen, waar we het lichaam van degene van wie we afscheid nemen in doeken gewikkeld of in een houten kist of rieten mand teruggeven aan de natuur. Niet langer met een zware grafsteen ter markering, maar een schijf hout die na een aantal jaar verdwenen zal zijn. Een manier om het lichaam écht terug te geven aan de natuur, zonder de mannen in zwarte jassen die de kist dragen, zonder de lange rechte paden van de klassieke begraafplaats en zonder alle zware rituelen en gezangen die het geheel nog zwaarder maken.

Laat mij ook maar op zo'n manier gaan, geef mijn lichaam maar terug aan de natuur. Of steek in één keer de brand erin, zodat het meteen verdwenen is, zoals bij veel andere culturen gebruikelijk is. Hoe bijzonder als je in India of Nepal bent en de lichamen worden aan een heilige rivier verbrand, terwijl de dierbaren aanwezig zijn en net zo lang blijven tot er niets meer van over is.

Haal eerst alles uit mijn lichaam waar iemand nog iets aan kan hebben: ik ga het toch niet meer gebruiken. En hoe geweldig is het dat je ook na je dood nog iemand een grote dienst kunt bewijzen? Tot slot wil ik graag een groot feest waar veel gelachen, gegeten, gedronken en gedanst wordt. Met heel veel goede verhalen, hier en daar een epische foto en veel mensen die blij zijn om met elkaar herinneringen op te halen. En muziek, fijne, ontroerende maar ook reuzevrolijke muziek waardoor iedereen uiteindelijk op tafel staat te dansen, het liefst lekker aangeschoten. Zo moet een afscheid zijn, als je het mij vraagt. De meeste mensen hebben wel een aardig idee hoe hun laatste afscheid eruit moet zien. En bij steeds meer mensen wijkt dat niet heel veel af van hoe ik het ongeveer voor me zie.

Iemand die me altijd is bijgebleven, omdat hij op een compleet andere – en nog veel authentiekere – wijze zijn eigen afscheid voor zich ziet, is de vierenzeventigjarige Amerikaan Ashley, die met zijn jongere Canadese vriendin op de uitgestrekte vlakten van Patagonië woont. We vonden hem via de website van zijn afgelegen ranch waar je als toerist op bezoek kunt komen, als je tenminste bereid bent om lang te reizen. Je moet eerst een volle dag met de auto naar het dichtstbijzijnde dorp rijden en dan nog een halve dag te paard om de prachtig gelegen ranch midden in de groene pampa's te bereiken. Daar woont Ashley meer dan de helft van het jaar, en hij neemt je graag mee op lange paardrijtochten door het uitgestrekte landschap.

Ashley is een man die zo uit een Amerikaanse speelfilm lijkt te zijn weggelopen: charismatisch, welbespraakt en met een vriendelijke oogopslag. Ik vond hem ook echt een fijn en bijzonder mens. Zijn leven klinkt als een roman, want nadat hij jaren als hippie in een commune in Californië had gewoond, belandde hij in het Caribisch gebied, waar hij zijn geld ging verdienen als duiker. Daar ontmoette hij een schatrijke vrouw, die haar man verliet en met Ashley verderging. Ze kocht een grote ranch voor hem, waar hij nu nog steeds woont, hoewel dat huwelijk al lang geleden op de klippen is gelopen. Zijn leven is compleet, aldus Ashley, en hij heeft het ten volle geleefd. En als hij voelt dat het einde nabij is, wil hij zelf de regie in handen houden. Onder geen beding wil hij een oude zieke man zijn die door anderen verzorgd moet worden, dus plant hij zelf zijn afscheid.

Als het zover is, geeft hij een groot feest op de ranch voor al zijn vrienden en dierbaren, waarbij alle bezittingen die hij dan nog heeft onder de aanwezigen worden verdeeld. Er wordt gelachen en gedanst en vooral eindeloos gedronken en gegeten, waarna hij stilletjes het feest verlaat, samen met zijn favoriete kleinzoon. Samen rijden ze dan naar de top van de hoogste berg in de omgeving, waar hij vooraf een bed voor zichzelf klaargemaakt heeft. Hij stapt erin en neemt een hand slaappillen, waarna zijn kleinzoon hem toedekt met een dik dekbed. Hierna zegt hij zijn kleinzoon nog eenmaal gedag en gaat liggen. Hij zet vervolgens een apparaatje aan dat hij zelf gebouwd heeft en dat automatisch na een half uur het dekbed van hem af trekt, waardoor hij pijnloos doodvriest omdat hij door de slaappillen niet meer wakker wordt van de kou.

Ziet hij op tegen dat moment? vraag ik hem. Nee hoor, antwoordt hij beslist. Sterven is iets volkomen normaals, dus waarom zou je bang zijn voor iets wat gewoon bij het leven hoort? Je leeft je leven, je geniet ervan zo veel als je kunt, en als het moment komt om gedag te zeggen, waarom zou je dan niet in stijl en met een hoop plezier van alles en iedereen afscheid nemen? Ik kon het alleen maar hartgrondig met hem eens zijn.

27 ZELFGEKOZEN EENZAAMHEID KAN JE RUST GEVEN

Waar ik ook heen ga, overal op de wereld kom ik mensen tegen die bewust voor eenzaamheid kiezen. En dan bedoel ik ook echt overal: niet alleen op de kleine eilandjes in het zuiden van Alaska of de oerwouden van Borneo, maar ook gewoon in een wereldstad als Vancouver of een dorp in Drenthe. Mensen die huis en haard achter zich laten om in een afgelegen omgeving, soms in totale afzondering, of juist in de anonimiteit van een grote stad, hun leven te leven. Zonder de oude familie- of vriendschapsverbanden, of een groot sociaal netwerk om op terug te vallen, en zonder de afleiding van het drukke leven. Het zijn over het algemeen echt geen zonderlinge types, die geïsoleerd leven omdat ze geen mensen om zich heen kunnen hebben, of die teleurgesteld zijn in het leven. Kenmerkend is vooral dat zij eenzaamheid niet als een obstakel zien, maar eerder als iets wat rust geeft. Voor hen is vaak de grootste winst van de eenzaamheid: alleen zijn met je eigen gedachten. Alle vergelijkingen met andere mensen vallen weg, de ontelbare prikkels die het 'normale' leven biedt zijn er niet meer. Dat is belangrijk voor hen: alle lagen wegpellen die normaal gesproken om je heen zitten. Maar ook: afscheid nemen van alles wat (schijn)veiligheid geeft. Een vaste baan, een sociale omgeving waar altijd iemand in de buurt is om je af te leiden van de grote thema's: wie je precies bent, wat je echt gelukkig maakt.

Iemand die dat prachtig kon verwoorden, al was het dan in gebrekkig Engels, was de Rus Sergei die ik jaren geleden ontmoette aan een meer op het Russische schiereiland Kamtsjatka, een regio in het uiterste oosten van dit immense land. Dit gigantisch ruige natuurgebied is eigenlijk niet echt geschikt voor mensen: het kan er 's winters onvoorstelbaar koud worden, de natuur is ruig en kaal, met talloze actieve vulkanen, en nergens ter wereld komen zo veel bruine beren voor als hier. Een plek dus voor liefhebbers van echte eenzaamheid, en Sergei was zo iemand. Nadat hij meer dan vijftien jaar als data-analist voor een groot bedrijf in Sint-Petersburg had gewerkt, besloot hij zijn baan op te zeggen en op de bonnefooi een enkeltje Kamtsjatka te kopen. Het drukke leven in de grote stad was hij helemaal zat, en hij merkte dat hij op zijn werk steeds vaker zijn aandacht er niet bij kon houden. Ook zijn sociale leven gaf hem geen voldoening meer; hij wilde rust in zijn hoofd, en in zijn leven. Hij wilde écht vertragen om te merken wat zijn lichaam en geest hem te vertellen hadden. Niet meer de zorg over werkgerelateerde zaken, die hem uiteindelijk niets leerden over zichzelf. Eenmaal in de grootste stad van de regio, Petropavlovsk, kon hij al snel aan de slag voor een klein bedrijf dat zich bezighield met het bijhouden van het aantal wilde vissen in de vele rivieren op het schiereiland, en toen hij een jaar later een aanbod kreeg om opzichter te worden van een visobservatiepunt in een uithoek van de verlaten regio, aarzelde hij geen seconde.

Ik trof hem in zijn kleine huisje aan het meer, waar hij tot zijn grote tevredenheid al meer dan drie jaar in alle eenzaamheid woonde. Zijn taak bestond uit data verzamelen van de visstand in het meer en de omliggende wateren, en hele dagen zat hij alleen in zijn kleine stevige vissersboot om de metingen uit te voeren. Nadat we een dag met hem opgetrokken waren en weer terugkwamen bij zijn huisje, haalde hij binnen een paar minuten met een groot net een enorme verse vis uit het water, die in no time schoongemaakt was en boven een vuur lag te roosteren. De vlammen knetterden zachtjes, en in de verte hoorden we wat vogeltjes, maar verder was er totale rust.

'Het mooiste van mijn verblijf hier is dat ik geen onnatuurlijke geluiden meer hoor. Ik heb bewust ook geen muziek of radio, ik luister alleen nog naar de geluiden die hier thuishoren. En naar mijn eigen hoofd, want ook al ben ik zo ver weg, dat gaat wel gewoon door. Maar de gedachten zijn zo anders dan toen ik nog in de stad woonde. Er zit geen druk meer achter, en omdat ik zo veel alleen ben, kom ik eindelijk toe aan bedenken waar het leven voor mij om draait. En dat is dicht bij de natuur zijn, bootje varen, vuurtje stoken, sterrenkijken. Zonder alle afleiding waarvan ik dacht dat die me gelukkig maakte.

Het is ook wonderlijk om een hele dag met jou te praten,' vervolgde hij. 'Ik ben nu zo vaak alleen dat de stilte heel natuurlijk voelt en ik die omarm. Het geeft me zelfs geborgenheid, hoe raar dat ook klinkt. Want als je echt alleen durft te zijn, en er niet meer bang voor bent, komt er een mateloos vertrouwen in jezelf voor terug.'

Mensen als Sergei fascineren mij enorm, omdat zij de moed hebben om die eenzaamheid bewust op te zoeken. Want je moet het maar kunnen: in je eentje in zo'n uitgestrekte wildernis waar je soms wekenlang je eigen stem niet hoort. Waar niemand is die je goedemorgen wenst, of met wie je kan overleggen hoe je een probleem gaat oplossen.

Zelf ben ik een enorm sociaal dier, en dol op gezelligheid, maar tegelijkertijd kan ik ook écht genieten van eenzaamheid. Ik heb iets met die emotie, vooral op reis, en ik kan echt geraakt worden door plekken waar je die eenzaamheid intens voelt. Op perrons waar de laatste trein net vertrokken is bijvoorbeeld, bij permanent gesloten tankstations, op lege snelwegen na middernacht, in cafés waar nog maar één klant aan de bar zit, of in kleine dorpjes waarvan de bewoners zijn weggetrokken en er slechts hier en daar nog een lichtje brandt: de wereld lijkt zo overvol en druk, maar tegelijkertijd barst het er van de eenzame plekken.

Neem nou de treinreis van Moskou naar Vladivostok: meer dan een week ben je onderweg, en tussen de grote steden waar je stopt, zie je dagenlang alleen maar eenzame, uitgestrekte vlaktes, met slechts hier en daar een kleine nederzetting. Of Nunavut, het meest noordelijke, immens grote *territory* van Canada. Vlieg van Ottawa naar het gehucht Grise Fiord, en urenlang zie je onder je alleen de lege, compleet verlaten toendra waar geen mens kan en wil wonen, en waar alleen de sterkste dieren en planten kunnen overleven.

Nog zo'n land waar je het gevoel van eenzaamheid zo sterk kunt ervaren is Amerika: tegenover elke grote stad die uit zijn voegen barst, zijn er ontelbare kleine gehuchtjes waar maar een handjevol mensen woont. Als je eenmaal een miljoenenstad als bijvoorbeeld Los Angeles of San Francisco hebt verlaten, kun je dagenlang rijden en slechts hier en daar wat dorpjes zien. De eenzaamheid daarentegen, daar struikel je over. Kleine plaatsjes waar het postkantoor allang gesloten is en de bioscoop inmiddels dienstdoet als opslagplaats, of helemaal is dichtgetimmerd. Waar je ontbijt in een cafetaria met slechts een paar andere klanten die zwijgend hun koffie zitten te drinken: voor mij straalt het een en al eenzaamheid uit. Zelfs in een grote stad als New York voel je het soms heel intens. Alles is er groot en kleurrijk, maar loop er over straat en het lijkt alsof iedereen haast heeft, en zich in zijn eigen 'bubbel' voortbeweegt. Dat is ook een vorm van eenzaamheid, helemaal als je er als reiziger bent zonder iemand te kennen. Dan kan je soms overweldigd worden door het gevoel dat je echt alleen bent.

Toch is dat voor mij dus niet iets negatiefs. Sterker nog: soms zoek ik die eenzaamheid juist graag op. Want zoals bij zo veel mensen is mijn leven soms zo druk. Elke morgen fiets ik door het overvolle centrum van Amsterdam op weg naar mijn kantoor aan de andere kant van de stad, en eenmaal daar begint de drukte van het werk: een montage waar we aan werken, teksten die moeten worden geschreven en ingesproken, vergaderingen, pers aanvragen, redactieoverleg over nieuwe verhalen en ga zo maar door. En dan zijn er nog alle andere werkzaamheden en verplichtingen waardoor een dag voorbijvliegt: een gevoel dat iedereen met een drukke baan wel herkent (en dan heb ik nog niet eens de drukte van een gezin erbij).

Op zo'n dag kan ik zo intens verlangen naar de stilte en de eenzaamheid die je op een reis kan ervaren. Niet naar drukke stranden in Bali of Thailand met drukke barretjes en gezellige restaurants, of een drukke wereldstad als Londen of Parijs waar je de hele dag de benen uit je lijf loopt en van het ene museum naar het andere rent. Ik verlang dan juist naar een lange trip dwars door een uitgestrekt en verlaten landschap in bijvoorbeeld Argentinië of Alaska. Dagenlang met m'n eigen auto, met een tentje en een koelbox met eten achterin, kilometers maken. Alleen af en toe stoppen om te tanken of om koffie te halen. Met bijna niemand praten en alleen je stem horen als je meezingt met de muziek. Geen drukte, geen mensen, geen afleiding maar alleen ruimte en natuur om me heen. De lege landschappen zorgen ervoor dat de drukte in mijn hoofd verdwijnt, en ik weer langzaam tot rust kom. Dat maakt mij gelukkig.

Dat heeft wat mij betreft niet alleen te maken met tot rust komen, maar ook met het écht voelen van eenzaamheid, een emotie die zo sterk kan zijn dat je er bijna door overspoeld wordt. Het geeft me een prettige soort 'blues', die me doet voelen dat ik besta, dat ik de dingen echt intens ervaar en de dagen niet kabbelend aan me voorbijtrekken. Toch is het een luxe om jezelf te wentelen in dit soort eenzaamheid. Ik heb immers een keuze. Als ik genoeg heb van de stilte en de lege dagen, ga ik weer naar een drukke stad, en weer naar huis, om mezelf onder te kunnen dompelen in een druk sociaal en werkend leven.

Maar ik ben me er heel erg van bewust dat eenzaamheid er in alle soorten en maten is, en dat het vaak helemaal geen keuze is. Mensen kunnen eenzaamheid ervaren terwijl ze er niet om gevraagd hebben. Een sociaal isolement bijvoorbeeld omdat het je niet lukt om echte vrienden om je heen te verzamelen. De eenzaamheid die oude mensen kunnen ervaren nadat hun partner is overleden. Maar ook de eenzaamheid die je op je werk kunt voelen als er geen gelijkgestemde zielen om je heen zijn, of zelfs binnen je relatie, als jij en je partner niet (meer) op één golflengte zitten.

In Nederland is eenzaamheid ondertussen een groot probleem geworden. Ondanks het feit dat in Nederland in 2022 bijna 45 procent van de mensen getrouwd was of een geregistreerd partnerschap had,[*] worden we steeds eenzamer (zie ook hoofdstuk 19).[**] Het aantal mensen dat eenzame gevoelens ervaart in zijn of haar dagelijks leven, steeg in de afgelopen jaren enorm: waar in 2016 nog zo'n 43 procent van de bevolking aangaf dit gevoel te herkennen, was dat vier jaar daarna al bijna de helft van de bevolking, namelijk 47 procent. Een groot probleem, alleen al omdat eenzaamheid onder meer voor gezondheidsproblemen zorgt, en mensen in een sociaal isolement terechtkomen. Het gevoel van 'erbij horen' en 'ertoe doen' is voor ieder mens een basisbehoefte, en daarom is het volgens het ministerie van Volksgezondheid, Welzijn en Sport zelfs zo'n urgent probleem dat er een programma is opgestart om het 'eenzaamheidsprobleem' aan te pakken. Gemeenten worden aangespoord om initiatieven op te zetten om eenzame mensen te bereiken, en er is een grote publiekscampagne, 'Eén tegen eenzaamheid', om meer bewustzijn te creëren rondom het onderwerp.

En het is natuurlijk niet alleen een probleem van Nederland. 'Eenzaamheid is dodelijker dan obesitas,' stelt de arts Vivek Murthy, die in de Verenigde Staten onder Obama regeringsadviseur voor de volksgezondheid was, in zijn boek *De kracht van verbinding*. Nadat hij

---

[*] www.cbs.nl/nl-nl/visualisaties/dashboard/bevolking/woonsituatie/burgerlijke-staat
[**] www.rijksoverheid.nl/onderwerpen/eenzaamheid/aanpak-eenzaamheid

begonnen was in zijn baan besloot hij als eerste een ronde te maken langs verschillende instanties in de vs om te horen wat er speelde onder de bevolking. Mensen vertelden over de zorgen die ze hadden: over het geweld in de samenleving, de obesitas-epidemie, de kloof tussen arm en rijk en het toenemende drugsgebruik. Maar tussen de regels door hoorde hij ook iets anders: een wijdverbreid gevoel van eenzaamheid. Met als een van de opvallendste zinnen die hij vaak hoorde terugkomen: 'Ik denk niet dat als ik morgen zou verdwijnen, iemand me zou missen.'

In zijn boek legt hij onder andere uit dat eenzaamheid een subjectief gevoel is, maar dat het evengoed serieus moet worden genomen. 'Eigenlijk zijn menselijke relaties net zo essentieel voor ons welbevinden als voedsel en water.' En: 'Ons lichaam, onze geest en ons hart hebben menselijk contact nodig om te kunnen floreren. We hebben allemaal een diepe en blijvende behoefte om gezien te worden om wie we zijn – als volledige, complexe en kwetsbare mensen.' En: 'We moeten voelen dat we ertoe doen en dat we geliefd zijn. Dit zijn de diepgewortelde behoeften die veilige relaties ons moeten geven en wanneer ze worden vervuld, hebben we de neiging een gezonder, productiever en een meer lonend leven te leiden. Als ze niet worden vervuld, dan lijden we.'

Die drang naar verbinding is niet verwonderlijk: die zit eenvoudigweg ingebakken in ons DNA. Van nature is de mens een sociaal wezen dat zich over het algemeen het liefst aan anderen verbindt. Onze voorouders leefden al in kleine leefgemeenschappen bij elkaar, om elkaar op die manier te kunnen helpen en de kans op overleven te vergroten. En dat gevoel om ergens bij te willen horen is nooit weggegaan.

Het blijft vreemd om je te bedenken dat we in een wereld leven die door de moderne technologie zo enorm verbonden is, maar dat we ons tegelijkertijd steeds eenzamer voelen. Ik denk dat het heel belangrijk is dat we ons, bewust blijven van dit probleem. Want de oplossing is zo simpel en makkelijk. Iedereen kan er namelijk in zijn eigen kringetje een klein steentje aan bijdragen, door eens om zich heen te kijken en zich af te vragen wie tot die 47 procent behoort. Dan hoef je er alleen wat energie in te steken om juist die persoon of personen op te zoeken, en ze te betrekken bij je eigen drukke leven door een keer met ze op pad te gaan, of ze thuis uit te nodigen aan een tafel vol eten en kinderen. En als we dat maar met genoeg mensen doen, dan zijn we in ieder geval van één probleem in de wereld verlost. Zo simpel kan het zijn.

28 SOMS MOET JE SLAPENDE HONDEN WÉL WAKKER MAKEN

Het is 13 oktober 2016, in het Koninklijk Theater Carré. Mijn hart klopt in mijn keel. Ik kijk naar rechts, naar mijn steun en toeverlaat Hanneke, die gespannen naar het podium kijkt. Langzaam vouwt presentatrice Dionne Stax, met naast haar de legendarische nieuwslezer Harmen Siezen, de gouden envelop open. Vijf seconden duurt het, niet langer, maar het lijkt wel een uur. En dan opeens die woorden die niemand voor mogelijk had gehouden, en ik al helemaal niet. De Gouden Televizier-Ring is voor ons programma! Het voelt alsof ik de Staatsloterij gewonnen heb. Of goud op de Olympische Spelen. Onwerkelijk is het, en een complete verrassing. Natuurlijk wisten we dat we kans maakten, maar de concurrentie was groot: Geer & Goor hadden een waar publiciteitsoffensief uit de kast getrokken. Er was zelfs al een gigantisch feest georganiseerd door producent John de Mol. Ik voelde me, samen met mijn kleine team, een kleine David die het moest opnemen tegen de reus Goliath. Zo veel zwaargewichten uit Hilversum. De andere kandidaten, die de dramaserie *Penoza* hebben gemaakt, waren in mijn ogen ook een grote kanshebber. Maar nu zijn wij toch echt de winnaar. Totaal in de war sta ik op, omhels Hanneke en de rest van mijn team, en dan loop ik richting het grote podium. Ik zie eerst mijn zussen, die uitzinnig van blijdschap staan te springen voor hun stoel. Naast hen zie ik mijn ouders, mijn rotsen in de branding. Bij elke reis kijken ze op de kaart waar ik nu weer heen ga, reageren enthousiast op alle foto's die ik onderweg maak, bestuderen mijn reisschema grondig en lezen alle informatie uit het productieboekje – waar de reis in beschreven staat – dat ik ze voor vertrek altijd opstuur.

Ze zijn tot op de dag van vandaag mijn grootste supporters. En hoe bijzonder is het om dan zo'n grote publieksprijs te winnen en dit moment te mogen meemaken in het bijzijn van je ouders? Dat gevoel is onbeschrijfelijk, en elke keer als ik nu bij een prijsuitreiking iemand zijn of haar ouders zie bedanken, voel ik precies weer hoe het toen voor mij was. De trots, de blijdschap, maar ook al het afzien en de momenten van bloed, zweet en tranen van al die jaren: alles komt opeens samen.

Op het moment dat ik langs ze heen loop, zie ik eerst mijn moeder zitten. Ze kan niet opstaan vanwege een gebroken enkel, maar ze is intens blij. En naast haar staat mijn dan zevenentachtigjarige vader, met zijn onafscheidelijke pocketcamera. Hij glundert van oor tot oor en is als een bezetene bezig met wat hij zijn hele leven al zo graag doet: foto's maken. Niet voor niets heet hij in onze familie 'Opa Flits', omdat hij de kleinkinderen al vanaf hun geboorte fotografeert, liefst met een sterk flitslicht.

Niet alleen ik zie mijn vader foto's maken, maar het valt blijkbaar ook de regisseur op, want even later schakelt men in de uitzending naar het beeld van mijn vader die met zo veel enthousiasme zijn dochter staat te fotograferen. En daar blijft hij maar mee doorgaan, ook als ik de ring al lang in mijn bezit heb en de confetti is neergedaald.

In de dagen erna breekt er een gekkenhuis los en ik ben *over the moon* van blijdschap. Overal waar ik kom feliciteren mensen me, en ik zit bij heel veel talkshows en radioprogramma's om te praten over het programma, over de ring, maar zeker ook over mijn vader. Blijkbaar hebben de mensen hem onthouden, omdat hij zo oprecht blij was met mijn prijs en daar zo enorm enthousiast stond te fotograferen. We worden met zijn drieën uitgenodigd in de talkshow van Humberto Tan, mijn ouders en ik, waar mijn vader ook nog even aan het woord komt. Op slag is hij een soort bekend gezicht en wordt hij herkend als hij in de trein zit of naar de haringboer gaat. Tot op de dag van vandaag zijn er mensen die hem herkennen van dat ene moment tijdens de uitreiking.

Na een tijdje merk ik dat bijna iedereen vooral over mijn vader praat, en veel mensen denken dat mijn moeder die avond helemaal niet aanwezig was, omdat ze niet zo goed te zien was. En omdat ik vaak aan mijn vader refereer in interviews en we ontzettend veel op elkaar lijken, hoor ik iedereen steeds maar over hem, maar niet over haar. Er is in die periode zelfs iemand die me vraagt of mijn moeder wel blij was voor me die avond, en of ze überhaupt wel een rol in mijn leven speelt.

Laat ik dat bij deze dan helemaal rechtzetten. Mijn moeder was er dus wel degelijk bij die avond. Ze kon niet opstaan door die gebroken enkel, maar was intens blij en trots en gelukkig. En wij hebben een ongelofelijk sterke en bijzondere band. Ik mag wel zeggen dat ik, hoewel ik het meest op mijn vader lijk en veel eigenschappen van hem geërfd heb, het meest opkijk tegen mijn moeder.

Mijn moeder was altijd – en is nog steeds – mijn ankerpunt. Ze is een ongelofelijk bijzondere, gulle, zorgzame, sterke en positieve vrouw van wie ik nog steeds veel leer. Iemand die als credo heeft: koester je vrienden. Maar ook: elke dag is er een nieuwe dag om opnieuw te beginnen, waar je ook mee vastloopt. Positief tot op het bot, nooit veroordelend en altijd bezig met anderen. Ze is meegegaan met haar tijd door een cursus internet te volgen in het buurthuis, waardoor ze met me kan facetimen en whatsappen als ik op reis ben, maar ook haar bankzaken online kan doen, foto's kan downloaden, en via webwinkels dingen kan bestellen die ze niet zelf kan gaan halen omdat ze geen rijbewijs heeft (net als mijn vader). En ze denkt altijd overal aan: zij is degene die kaartjes stuurt naar vrienden die het zwaar hebben, die haar kleinkinderen vertroetelt, die elke week het huis vol zet met verse bloemen en mijn favoriete maaltje kookt als ik een avond bij ze kom eten. Als ik niet op reis ben, gaan we elke woensdag samen naar de markt. Even qualitytime, die ik ook gebruik om te vragen hoe het met haar gaat. Want nu mijn vader echt hoogbejaard is, is ze op een ongelofelijk voortvarende manier zijn mantelzorger geworden, die in alles vooruitdenkt: op tijd een traplift bestellen, alvast zorg regelen voor 'later' en zo veel mogelijk spullen in huis opruimen en weggeven voor als ze er allebei niet meer zijn. En ze heeft die magische, onzichtbare lijn met haar kinderen. Want als ik even niet zo goed ga, ziek ben, of een liefde gedag heb gezegd, belt ze of appt ze precies op het goede moment, nog voordat ik zelf iets heb kunnen zeggen. Door een onzichtbare verbinding weet ze feilloos hoe het met me gaat, en is ze er met een troostend woord of een opbeurende opmerking.

Kortom: ik heb heel veel aan haar te danken. En daarom ben ik ook immens blij en ongelofelijk trots dat ik haar iets bijzonders heb kunnen teruggeven: haar biologische familie. En dat allemaal omdat ik altijd zo koppig ben geweest. Als ik me eenmaal ergens in vastbijt, laat ik niet meer los.

In mijn kindertijd was mijn moeder er altijd. Ze gaf pianoles in ons huis in Heemstede, waardoor we regelmatig na school met een kopje thee en een schaaltje koekjes naar onze eigen kamer gingen tot ze rond zessen klaar was. Daarna ging ze meteen voor het gezin koken, en als mijn vader dan rond zeven uur thuiskwam van zijn werk als offsetdrukker aten we met zijn allen aan onze lange tafel in ons huis aan de Herenweg. Altijd was ze in de weer met ons, haar vier kinderen, en toen we klein waren fietste ze elke dag met ons door weer en wind van Heemstede naar Schalkwijk om ons naar school te brengen en 's middags weer op te halen. Ze draaide het hele huishouden in haar eentje omdat mijn vader heel hard moest werken om het gezin te kunnen onderhouden; zijn bedrijfje in de binnenstad van Amsterdam was bepaald geen vetpot. Maar ze klaagde nooit, vond altijd een creatieve manier om ons toch een mooi cadeau op onze verjaardag te kunnen geven, partijtjes te organiseren, vakanties te regelen en ervoor te zorgen dat we goed gekleed waren. Van niets kon ze iets maken en er was altijd drukte en gezelligheid bij ons thuis. Het was een oprecht fijne jeugd, die ze zelf ook had gehad als enig kind van twee oudere ouders.

Mijn grootouders heb ik echter nooit gekend; al voor mijn geboorte waren ze overleden. Maar we woonden wel in hun huis, en mijn moeder vertelde altijd vol warmte over ze. Als kind had ik er nooit bij stilgestaan dat mijn moeder geen broers of zussen had, wat voor die tijd best ongebruikelijk was. Maar rond mijn twaalfde werd het verhaal daarachter opeens duidelijk. We waren voor het eerst op zomervakantie in Zwitserland, waar een nichtje van mijn moeder woonde met wie we altijd heel close waren. Toen we daar op een dag tijdens een lange bergwandeling zaten uit te rusten op een bankje, trok mijn zusje de rugzak van mijn moeder open, waardoor haar paspoort eruit viel. Mijn zusje raapte het op en deed het open om even naar de foto en de stempels te kijken. Opeens keek ze naar de naam van mijn moeder en zag een achternaam die wij niet kenden: Hemelsoet. Dat was voor mijn moeder het moment om ons iets te vertellen over haar afkomst. Haar ouders – onze grootouders dus – waren biologisch gezien niet haar echte ouders. Toen ze twaalf was, was ze door haar ouders naar de huiskamer geroepen en hadden ze haar verteld dat ze haar niet zelf hadden gekregen; ze was eigenlijk geboren in een klein dorpje bij Breda en meteen na haar geboorte 'weggegeven'.

Ik herinner me nog dat dat verhaal me toentertijd niet heel veel deed. Mijn moeder had altijd met zo veel liefde over hen gesproken dat het mij niet uitmaakte dat ze niet mijn 'echte' opa en oma waren. Ze benadrukte nog maar eens dat ze een heel gelukkige jeugd had gehad en dat ze totaal geen behoefte had om haar biologische ouders te vinden. En daar lieten we het bij.

In de jaren erna kwamen er meer verhalen. Mijn moeder was geboren uit een onenightstand (al heette dat toen nog niet zo); een schande in het streng katholieke Brabant van eind jaren dertig. Er was niet veel bekend over de omstandigheden van haar geboorte, maar het was wel duidelijk dat haar biologische moeder zwaar onder druk was gezet – door haar familie maar ook door de kerk – om haar kind na de geboorte meteen af te staan, wat dus ook gebeurd was. De adoptiewet bestond nog niet: mijn opa en oma, die destijds in de veertig waren, reageerden gewoon op een advertentie in een lokaal dagblad waarin werd gezocht naar pleegouders voor een baby van een paar dagen oud, die in een 'moederheil' verbleef. Dat was indertijd een bekend instituut voor ongehuwde moeders die hun kinderen moesten afstaan. Na de geboorte had de biologische moeder haar kind meteen opgegeven voor adoptie en een document moeten ondertekenen waarin ze beloofde nooit meer contact te zoeken.

Na een rustige jeugd in Heemstede ging mijn moeder studeren en ontmoette ze op drieëntwintigjarige leeftijd mijn vader. Niet veel later besloten ze te gaan trouwen. Omdat ze nooit officieel geadopteerd was, had ze voor de burgerlijke stand een handtekening nodig van haar biologische moeder. Die kwam er, via bemiddeling van een notaris. Maar het bleef bij die handtekening; er was geen begeleidend briefje en geen persoonlijke boodschap met felicitaties. Voor mijn moeder was het duidelijk: haar biologische moeder had blijkbaar geen behoefte aan contact. En dat accepteerde ze, ze kon niet anders.

Eigenlijk werd er al die jaren in ons gezin niet veel over gesproken; het was geen issue. Maar naarmate mijn moeder ouder werd, merkte ik dat ze steeds vaker over haar biologische familie begon. Wie zou haar moeder zijn geweest, en vooral: zouden er nog ergens broers of zussen van haar rondlopen? Dat intrigeerde haar, als enig kind, het meest.

In de zomer van 2000 – ik was ondertussen dertig en mijn moeder begin zestig – zocht ik mijn ouders een paar dagen op in Zwitserland. 's Avonds zat ik met mijn moeder in de tuin van mijn tante en daar vertelde ze me dat ze het boek *De naam van de vader* van Nelleke Noordervliet aan het lezen was, een prachtig boek over een vrouw die een zoektocht begint naar een biologische vader van wie ze niets weet en in eerste instantie ook niets van wíl weten. De hele avond praatte ze met me over het verhaal, en aan alles merkte ik dat het heel wat bij haar had losgemaakt. Ze vertelde me ook dat ze al die tijd wel nieuwsgierig was geweest naar haar biologische familie, maar dat ze altijd de angst had gehad dat ze, als ze die zou proberen te vinden, wederom afgewezen zou worden. De kans was groot dat niemand van die familie van haar bestaan wist en ze was als de dood dat niemand op haar zou zitten te wachten.

Toen ik terugreed naar Amsterdam, bleven haar woorden door mijn hoofd spoken. Ik merkte dat het haar bezighield nu ze zelf ouder was, en ondertussen was ik zelf ook heel nieuwsgierig geworden naar wie nou precies mijn biologische opa en oma waren. Hoe zouden ze eruitzien? En wat voor mensen waren het (geweest)? Opeens kreeg ik een idee: stel dat ik in het geheim naar haar familie op zoek zou gaan? Zou mijn oma überhaupt nog leven? En zo niet, zouden er dan nog ergens broers en zussen zijn, en zo ja, zouden die dan in Nederland wonen? Ik nam me meteen stellig voor: mocht ik ze vinden en ze wilden niets met ons te maken hebben, dan zou ik mijn moeder nooit over mijn zoektocht vertellen, om haar een tweede afwijzing te besparen.

Terug in Amsterdam, om half negen in de morgen, was ik

gesloopt: ik had de hele nacht doorgereden om niet in de ochtendfiles te staan en ik wilde niets liever dan meteen gaan slapen. Maar in plaats daarvan kroop ik achter mijn gifgroene iMac. Ik typte de achternaam en de geboorteplaats van mijn moeder in. Even later verscheen er een enorme rij namen en telefoonnummers op mijn scherm, en de moed zakte me meteen in de schoenen. Dit was onbegonnen werk: ik zou iedereen moeten bellen en aan wildvreemde mensen moeten vragen of ze mijn oma misschien kenden. Ik besloot mijn zoektocht te staken en zette mijn computer uit. Vlak voordat ik in slaap viel, bedacht ik me: als ik nou één nummer uit de lijst zou pikken en dat zou bellen... Dan had ik niet voor niets gezocht, al wist ik dat het weinig zin had omdat de kans dat ik beet zou hebben bijzonder klein was.

Zonder na te denken wat ik precies zou zeggen, toetste ik een willekeurig nummer in dat ik halverwege de lijst zag staan. Een man die niet al te oud klonk, nam de telefoon op en vroeg wat hij voor me kon doen. Ik stamelde iets vaags over een familiereünie die ik aan het organiseren was, en dat ik daarvoor op zoek was naar mevrouw Hemelsoet, die een kind had gekregen in 1939 (het geboortejaar van mijn moeder). Het bleef stil aan de andere kant van de lijn, en ik vroeg of hij er nog was. 'Jazeker,' antwoordde hij. 'Die vrouw is mijn moeder.' Toen was het mijn beurt om stil te zijn. Dit kon toch niet waar zijn? Hij leek het allemaal niet te vertrouwen en vroeg kortaf mijn mailadres; hij zou me wel wat meer informatie sturen. Toen ik 's middags wakker werd, vond ik een korte e-mail in mijn mailbox. Hij kende me van de televisie en vroeg zich af wat ik nou écht van hem wilde, want dat verhaal van die reünie geloofde hij niet.

Even was ik in paniek: stel dat ik slapende honden wakker had gemaakt en een groot geheim in zijn familie zou openbaren? Moest ik hier wel mee doorgaan? Wat haalde ik me in godsnaam op de hals? Verward mailde ik hem terug dat ik niet goed wist wat ik moest zeggen, omdat ik vermoedde dat we familie waren. Als hij meer wilde weten, kon hij me mailen, en anders moest hij mijn gegevens maar gewoon weggooien.

Niet veel later kreeg ik weer een mail. Hij wilde me wel ontmoeten, in een restaurant op station Amsterdam Centraal. Hij zou mij wel herkennen en me dan aanspreken. Maar ik moest wel bewijs meenemen van dat wat ik vermoedde.

Om goed beslagen ten ijs te komen, ging ik de volgende dag stiekem op zoek naar de geboortepapieren van mijn moeder, die in een kistje in de kelder lagen. Die hadden haar adoptieouders bij haar geboorte gekregen, met slechts summiere informatie erop. Ook vertelde ik mijn vader waar ik mee bezig was, en hij moedigde me aan vooral af te spreken. Hij wist als geen ander hoe nieuwsgierig mijn moeder de laatste jaren naar haar biologische familie was geworden.

Een week later zat ik samen met mijn zusje, die ik ook in het complot betrokken had, doodnerveus aan een tafeltje in het restaurant. Precies op de afgesproken tijd kwam er een man van begin vijftig de deur door, en meteen wist ik het: dit is familie. In zo veel dingen leek hij op mijn moeder: zijn loopje, zijn bouw en vooral de vorm van zijn neus. Dit moest mijn oom zijn. Maar hoe moest ik dit gesprek in godsnaam beginnen? Want wat zeg je tegen iemand die je nog nooit ontmoet hebt, maar van wie je vermoedt dat je zo nauw aan elkaar verwant bent? Voordat ik iets kon bedenken, nam hij het woord en zei: 'Ik denk dat ik weet waarom we hier zijn.'

Toen ik hem uit het niets gebeld had met mijn vage verhaal, was er meteen een lampje bij hem gaan branden. In de laatste weken voor de dood van zijn moeder, zo'n drie jaar daarvoor, was ze heel verward geweest, vertelde hij. Terwijl hij met zijn twee uit Amerika overgekomen oudere zussen aan haar sterfbed zat, bleef ze maar praten over haar kinderen. En ze bleef maar vragen of haar oudste dochter zou komen. 'Maar die zit hier al,' had hij geantwoord. 'Nee, die andere,' had ze gezegd. Even later had zijn oudste zus hem apart genomen. Ze wist waar hun moeder het over had. Want het klopte wat ze gezegd had: er was nog een meisje geweest, vóór haar. Een meisje dat meteen was weggegeven.

Toen ik hem op die vroege morgen een week eerder gebeld had, begreep hij meteen waar ik het over had: ik moest wel een kind zijn van de onbekende zus over wie hij pas zo kort geleden had gehoord. Terwijl we naar zijn verhaal luisterden, keken mijn zus en ik elkaar veelbetekenend aan: ik had onze biologische familie gevonden! Het was bijna niet te geloven; hoe klein was de kans dat ik precies het juiste telefoonnummer had uitgekozen, waardoor we nu tegenover onze oom zaten. Natuurlijk was het verdrietig dat onze oma was overleden, maar wat bijzonder dat mijn moeder dus een broer en twee zussen bleek te hebben. En nog een broer, maar die was helaas op jonge leeftijd overleden bij een motorongeluk.

Om helemaal zeker van onze zaak te zijn, pakte ik uiteindelijk het geboortebewijs van mijn moeder uit mijn tas om de geboorteplaats en de initialen van mijn hopelijk biologische oma te vergelijken met die van zijn moeder. Letter voor letter, cijfer voor cijfer: alles leek te kloppen. Ik had ze gevonden.

Het duizelde me en ik moest een paar keer heel diep ademhalen om mijn hartslag rustig te krijgen. Opeens realiseerde ik me dat ik een zestig jaar oud mysterie, deels met heel veel toeval, had weten op te lossen. Ooit had mijn oma haar kind onder immens verdrietige omstandigheden moeten afstaan, en ze was uiteindelijk gestorven zonder haar ooit nog gezien te hebben. In hoeverre zou dit eerste kind een rol hebben gespeeld in haar leven? Het kan niet anders dan dat ze haar nooit vergeten is; het was tenslotte haar allereerste zwangerschap.

Hoe vaak zou ze aan haar gedacht hebben? En zou ze haar ooit hebben willen ontmoeten? Allemaal vragen waar ik geen antwoord op kon krijgen. Maar feit was wel dat mijn moeder een broer en zussen bleek te hebben, die haar alle drie heel graag wilden ontmoeten. En ik wist dat dát een cadeau voor mijn moeder zou zijn. Ze mocht er zijn, en was wel degelijk gewenst. Nu zouden alle puzzelstukjes in haar leven op zijn plaats vallen.

Vijf dagen later, precies op Vaderdag, was het grote moment daar. Nadat we koffie hadden gedronken, vertelde ik mijn moeder dat ik in het geheim op zoek was gegaan naar haar biologische moeder, en dat ik het een en ander ontdekt had. Als ze meer wilde weten, kon ik haar alles vertellen, maar als ze niet geïnteresseerd was, was dat ook oké. Ze hoefde geen seconde na te denken, zei volmondig ja en keek me verwachtingsvol aan. In één ruk vertelde ik het hele verhaal van de zoektocht, en dat haar eigen moeder helaas niet meer leefde. Het voelde onwerkelijk om dat als dochter aan haar te vertellen, maar ze reageerde heel kalm. Het feit dat haar biologische moeder niet meer leefde, bleek geen groot issue voor haar te zijn. Ze had haar geweldige adoptieouders gehad, en kon ermee leven dat ze haar biologische moeder nooit zou kennen. Ook het feit dat ze nog steeds niet wisten wie haar biologische vader was, vond ze niet erg. (Die naam had mijn oma met geen van haar kinderen gedeeld, ook niet aan het einde van haar leven.)

Toen ik haar vertelde dat ze twee zussen en een broer had, begon ze te stralen. Helemaal toen ik ook vertelde dat die haar dolgraag wilden ontmoeten, net zoals de rest van de familie! Dolgelukkig keek ze ons aan. Konden we ze nu misschien meteen bellen? Even later toetste ze het nummer van haar broer in: 'Hallo, broer!' zei ze voor het eerst in haar leven. 'Wat bijzonder dat je mij wilt ontmoeten!' Ineens was mijn moeder, als enig kind, de oudste van het gezin geworden. Een gezin met zussen en een broer, en een moeder.

De ontmoeting met haar broer, niet veel later, was intens en bijzonder. Mijn moeder bleek meer dan welkom in de familie, ze werd geïntroduceerd bij andere familieleden die in Nederland woonden en die haar ook meteen omarmden. Drie maanden later vloog ze naar Florida om haar zussen te ontmoeten, en ik reisde met haar mee. Als in een heuse aflevering van *Spoorloos* vielen ze elkaar huilend in de armen. Vooral mijn moeder en zus Toos, die als eerste kind na haar was geboren, leken als twee druppels water op elkaar en waren vanaf de eerste seconde twee handen op een buik. Avondenlang praatten ze met elkaar over hun levens, over hun moeder en hoe het hun was vergaan in al die jaren.

In de maanden en jaren die volgden, heeft mijn moeder de verloren tijd met haar familie dubbel en dwars ingehaald. Elk jaar ging ze in het voorjaar naar Florida en haar halfzussen kwamen in de winter naar Nederland. Jarenlang belden en skypeten ze bijna dagelijks met elkaar, en ook haar broer ziet ze regelmatig. Helaas is haar halfzusje Toos een paar jaar geleden na een lang ziekbed overleden, maar ze hebben in die jaren intens veel contact kunnen hebben en heel veel mooie momenten beleefd.

Via haar halfzussen had mijn moeder begrepen dat haar biologische moeder wel degelijk met hen over haar gesproken had, maar dat ze geen contact had willen opnemen omdat ze bang was dat de nieuwe familie dat niet op prijs zou stellen. Ze had immers officieel afstand van het kind gedaan. Maar waarom had haar moeder nooit wat van zich laten horen nadat ze haar toestemming voor het huwelijk bij de notaris had gegeven? Dat was toch een uitgelezen kans geweest om iets te laten weten, al was het maar een felicitatie? Die grote en belangrijke vraag droeg mijn moeder dertig jaar lang bij zich.

Tijdens een bezoek aan een oudoom en oudtante werd ook die

vraag beantwoord. Glimlachend had de oudtante het verhaal verteld dat ze indertijd van mijn biologische oma gehoord had. Ze had inderdaad toestemming gegeven voor het huwelijk van haar eerste, geadopteerde dochter zonder een berichtje achter te laten. Maar wat ze aan bijna niemand had verteld – behalve aan deze oudoom en oudtante – was dat ze meteen daarna contact had gezocht met haar huisarts, die haar indertijd geholpen had bij de geboorte. Samen met hem was ze stiekem naar de kerk gegaan waar mijn moeder was getrouwd. En daar, staand achter in de kerk, had ze gekeken naar het moment dat mijn vader en moeder elkaar het jawoord hadden gegeven, en gezien dat het goed was, en dat haar dochter gelukkig was. En toen was ze weer verdwenen, om geen slapende honden wakker te maken. Maar ze was haar al die tijd nooit vergeten. De cirkel was rond.

Ik dank hemel en aarde dat ik destijds goed heb geluisterd naar mijn moeders onuitgesproken wens en uiteindelijk de ingeving kreeg om te bellen naar dat ene nummer. Dat precies het goede nummer bleek te zijn. Godzijdank heb ik die slapende honden wél wakker gemaakt.

29 MACHT BEGINT OP DE APENROTS

Mannen die koste wat het kost hun macht willen laten gelden: ik heb er een grondige hekel aan. Zeker als ze tegelijkertijd hun functie uitoefenen. En dat is niet handig als je veel onderweg bent in landen waar de rolverdeling tussen mannen en vrouwen veel traditioneler is dan bij ons en mannen soms moeite hebben met een vrouw die haar eigen plan trekt.

Heel wat keren heb ik op mijn lip moeten bijten van frustratie als ik te maken kreeg met haantjesgedrag: bijvoorbeeld toen een politieagent in Tanzania ons op straat aanhield tijdens het filmen (met een geldige filmvergunning) omdat we volgens hem niet over de juiste vergunning beschikten. Toen ik hem in duidelijke taal vertelde dat onze vergunning wel degelijk klopte werd hij woedend, want hoe durfde ik als vrouw tegen hem in te gaan? Om duidelijk te maken wie hier de baas was, werden we prompt een middag vastgezet op het bureau. (Waarna er smeergeld betaald moest worden en we weer buiten stonden.) Maar ik herinner me ook een douanier op het vliegveld van Vladivostok, die mijn bloed deed koken: terwijl we vooraf toestemming hadden gekregen bij de luchtvaartmaatschappij om al onze equipment mee te nemen als handbagage, vond hij dat we te veel handbagage bij ons hadden. Toen ik vertelde dat we een brief hadden van de vliegmaatschappij, en ik dus tegen hem in ging, begon hij me langdurig uit te schelden. En of dat nog niet genoeg was, werd ik gesommeerd om mee te komen naar een klein hokje waar ik vervolgens grondig werd gefouilleerd door een boze Russische dame die me enkel commando's toesnauwde en minutieus al mijn bagage doorspitte. Uiteindelijk kwam ik er na tweeënhalf uur oponthoud plus het missen van mijn vlucht vanaf met een boete van 50 euro. Die kreeg ik voor het per ongeluk meenemen van een flesje water in mijn tas; een flauwekulreden om me te laten voelen dat ik niet zo bijdehand had moeten zijn door tegen de douanier in te gaan.

Ik blijf me verbazen over dit soort gedrag. Waarom wil de man vaker zijn macht tonen, zeker tegenover de vrouw? Waarom zie ik zo veel minder vrouwen in leidinggevende functies die de ander willen kleineren en overheersen? Volgens wetenschappers moeten we ook hiervoor terug naar de oertijd. 'Mannen zijn van nature meer geïnteresseerd in macht dan vrouwen,' legt hoogleraar psychologie en primatoloog Frans de Waal uit in een artikel in *Psychologie Magazine*:[*] 'De mannelijke zucht naar macht is een erfstuk van onze voorouders. Voor primaatmannen is het van groot belang om de baas te zijn, want het aantal paringen dat een man verwerft, staat in rechtstreeks verband met de hoogte van zijn positie. Voor mannelijke primaten geldt dus: wie niet hoog op de ladder staat, plant zich waarschijnlijk niet voort. Het gevolg is dat mannetjes gebouwd zijn om te strijden, ze nemen veel risico's en verbergen hun kwetsbare plekken. Mannen willen overheersen, omdat dat de kans vergroot genen te kunnen doorgeven aan een volgende generatie.'

Het lijkt er dus op dat het gewoonweg in de genen van de man zit om zich zo te gedragen. Je zou toch zeggen dat we inmiddels aardig wat van die primaire gedragingen onder controle hebben gekregen. Maar dat valt helaas tegen. Dat zegt ook hoogleraar sociale psychologie Roos Vonk in haar blog:[**] 'Mannen met status en macht kunnen niet goed door de bril van een ander kijken,' aldus Vonk. 'Onderzoek laat zien: als mensen macht krijgen – ook als dat op volstrekt willekeurige basis is – worden ze doel- en actiegerichter,

---

[*] www.psychologiemagazine.nl/artikel/frans-de-waal-dominantie-levert-seks-op
[**] www.roosvonkblog.nl/macht-en-seks-tvoh

ze voelen zich minder geremd. Ze zien vooral positieve resultaten, zijn minder bang voor mislukking en gaan onvervaard op hun doel af. Wat ze in hun hoofd hebben, doen ze. Ze kunnen zich dat ook permitteren; als machtige mensen zich vergissen in hoe een ander zich voelt, heeft dat voor henzelf gewoonlijk minder serieuze consequenties dan als een ondergeschikte die fout zou maken.' Die omschrijving van 'de man met macht' is wat mij betreft heel treffend en komt overeen met mijn eigen ervaringen, gewoon op mijn werk in Nederland. Ik ben zelfs jaren geleden bijna mijn baan kwijtgeraakt door een leidinggevende die op die manier opereerde.

Jarenlang werkte ik indertijd met veel plezier voor RTL, waar ik verschillende reisprogramma's maakte, onder leiding van een fijne baas met wie ik altijd goed contact had. Maar toen die langere tijd afwezig was en er een tijdelijke vervanger werd aangesteld, ging het mis. Iemand van de afdeling 'programmaontwikkeling' had bedacht dat het een goed idee was om een nieuw programma te ontwikkelen waarin 'opvallende clips', afkomstig van diverse websites, aan elkaar gepraat zouden worden door een presentator. En de interimbaas leek het een goed idee dat ik die rol op me zou nemen, zo werd mij door hem verteld in een gesprek op zijn kantoor. Dat kon ik volgens hem makkelijk doen tussen alle reizen en montages door die ik voor het reisprogramma deed.

Het idee van zo'n programma leek me al helemaal niks en na het zien van een paar fragmenten die gebruikt zouden worden, was ik er helemaal van overtuigd dat ik dit niet moest doen. Het ene fragment was nog vreselijker dan het andere: het varieerde van een schaars geklede vrouw die van een optrekkende motor op het asfalt viel, tot een groep winkelende mensen die met elkaar op de vuist gingen om een televisie die in de aanbieding was. En heel veel variaties daarop die allemaal neerkwamen op leedvermaak om mensen die domme dingen deden. Die avond stuurde ik direct een mail naar de baas met als strekking dat er vast wel andere mensen waren die dit heel leuk zouden vinden om te presenteren en dat ik er vriendelijk voor bedankte.

Een dag later zat ik weer bij mijn baas, die me koel aankeek: 'Lang verhaal kort: je moet dit gewoon doen. En zo niet, dan heeft dat serieuze consequenties voor je werkzaamheden hier, en kunnen we helaas niet langer met jouw reisprogramma doorgaan. En dat heeft niet alleen gevolgen voor jou, maar ook voor de rest van je team, want ik kan dan niet meer garanderen dat die nog aan het werk zijn hier. Dus denk er goed over na.'

Verdwaasd reed ik weer naar huis. Was dit niet een vorm van chantage? Twee dagen lag ik ongelukkig en besluiteloos op de bank. Ik belde eindeloos met mijn collega's, kreeg af en toe een paniekaanval omdat de hele toekomst van mij en het team bij het bedrijf ineens op de tocht kwam te staan, en bedacht wilde plannen om er toch onderuit te komen. Ik belde zelfs met een vriend die in Zwitserland op de gipsafdeling van een ziekenhuis werkte om te kijken of hij niet een arm of been van me kon ingipsen; daarmee kon ik faken dat ik een ongeluk had gehad: alles om maar niet dat programma te hoeven doen. Wilde ik überhaupt voor iemand werken die op deze manier zijn macht misbruikte om mij tot iets te dwingen wat ik niet wilde? Als ik nu zou instemmen zou hij gesterkt worden in zijn idee dat ik wel te manipuleren was. Aan het einde van dag twee nam ik een besluit, gesteund door collega's: ik liet hem per e-mail weten niet op zijn aanbod voor de presentatie van het nieuwe programma in te gaan, en daarmee ook de consequenties te accepteren die daaraan verbonden waren.

Drie dagen later kreeg ik een mail terug dat hij het toch op een andere manier ging oplossen. Ik was met stomheid geslagen; waarschijnlijk was dit een beproefde tactiek, en probeerde hij zijn zin door te drijven met chantage. En als dat niet werkte loste hij het anders op. Maar mijn besluit was genomen: ik moest hier zo snel mogelijk weg. Jarenlang had ik daar met heel veel plezier gewerkt en alle vrijheid gehad om mooie programma's te maken. Maar met de komst van deze (tijdelijke) baas merkte ik voor het eerst hoe snel ik over mijn eigen grenzen dreigde te gaan.

Niet veel later zat ik voor een gesprek bij de zendercoördinator van NPO3 en nog datzelfde seizoen maakte ik, samen met het grootste gedeelte van mijn collega's, de overstap naar de publieke omroep. Waar ik tot op de dag van vandaag werk, en nooit meer op wat voor manier dan ook te maken heb gehad met een baas die me in een hoek duwt waar ik niet wil zijn.

Eén ding heb ik me toen voorgoed voorgenomen: niet meer bang zijn voor mensen met macht. Gewoon in het diepe springen ondanks dat soms dingen echt eng zijn. Als je iets moet doen waarvan je voelt dat het tegen je principes ingaat: toch over die angst heen stappen en benoemen dat diegene over je grenzen gaat. En ik weet hoe vreselijk moeilijk dat kan zijn. Ik dacht ook echt dat ik het ontslag van een hele redactie op mijn geweten zou hebben, en bovendien wist ik ook niet wat de toekomst zou brengen. Maar ik wist wel dat ik diepongelukkig zou worden als ik dat programma wel was gaan doen.

Toch was het niet zo'n heel dappere beslissing die ik had genomen. En dat had er natuurlijk alles mee te maken dat ik wel degelijk in een bevoorrechte positie zat, ondanks dat ik redelijk onzeker was over die positie. Ik werkte ondertussen al jaren als presentator in een programma dat een eigen kijkerspubliek had; ik was al halverwege de dertig, had al heel wat dromen zien uitkomen en was niet op mijn mondje gevallen. Ook had ik andere mogelijkheden om aan het werk te blijven; ik zou kunnen gaan regisseren of produceren, iets wat ik al jaren deed.

Dat ligt heel anders voor de mensen die te maken hebben met grensoverschrijdend gedrag maar die minder lang in het vak zitten en/of afhankelijk zijn van hun meerdere die hoger op de ladder staat. Recentelijk zijn er meerdere verhalen naar buiten gekomen over misstanden in de televisiewereld. In zo'n situatie zijn er alleen maar verliezers en je kunt alleen maar hopen dat hier wijze lessen uit getrokken worden: dat anderen in zo'n machtige positie, of met zo veel naamsbekendheid, het wel uit hun hoofd laten om zich ooit nog zo te gedragen en dat ook leidinggevenden dit gedrag niet meer tolereren en zorgen dat mensen die over de schreef gaan direct ter verantwoording worden geroepen, en dat ze de consequenties van hun gedrag voelen.

Die werkcultuur, waarin er zo veel ongelijkheid was, bestond ook toen ik begin jaren negentig begon met mijn werk in de media. In het algemeen waren de verhoudingen sowieso nog veel traditioneler dan tegenwoordig. De meeste bazen met wie ik te maken had waren man en hadden steevast een vrouwelijke secretaresse. Op de redacties waren veel eindredacteuren man en de redacteuren en producers vrouw. Presentatoren waren weer een heel aparte categorie, want die hadden pas echt macht, of ze nu man of vrouw waren, helemaal als ze al jaren een belangrijk programma presenteerden. Die werden werkelijk op handen gedragen, zag ik als beginnende presentator met nog heel weinig ervaring in het wereldje. Af en toe ging ik naar een tv-studio waar grote programma's werden opgenomen en achter de schermen stond ik met open mond te kijken naar de entourage van de dienstdoende presentator. Helemaal als het een vrouw was: niet alleen een stylist die rekken kleding meezeulde maar ook een vaste visagist die altijd reuze close met de presentator was, een manager die om onduidelijke redenen ook altijd in de buurt bleef, een stagiaire voor het verzorgen van de catering en vaak nog iemand van de omroep om op de hoogte te blijven van wat er allemaal gebeurde.

Ik begon mijn carrière bij Radio Veronica en daar was de situatie anders. Ondanks het feit dat dj's indertijd bijna halfgoden waren (er was nog geen concurrentie en naar de meest populaire programma's van Veronica luisterden miljoenen mensen), waren de dj's bijna zonder uitzondering altijd reuze aardig en benaderbaar. Grote favorieten waren Rob Stenders, Jeroen van Inkel en Alfred Lagarde ('big bad Al') waarvoor ik in de nachtelijke uren werkte als producer. Ze waren altijd vrolijk, gezellig en betrokken me bij hun programma's. Ze leerden me nieuwe muziek te ontdekken en zorgden ervoor dat ik me altijd gewaardeerd voelde.

Hoe anders was mijn ervaring met sommige tv-presentatoren. Toen ik eenmaal naast mijn baan bij de radio voor televisie ging werken, werd ik af en toe gevraagd om een screentest te doen voor nieuwe programma's. Een ervan was een spelshow van een nu nog zeer bekende presentator die op zoek was naar iemand die op locatie zou staan en af en toe een bijdrage zou leveren. Niet direct mijn ideale baan maar het kon nooit kwaad om wat meer informatie over de functie te krijgen. Dus schoof ik volgens afspraak aan bij een lunch die mijn baas met de betreffende presentator en zijn vrouw had. Maar al vanaf de eerste seconde merkte ik dat de man totaal geen interesse in mij had. Toen ik me aan hem voorstelde kreeg ik nog net een flauw handje, maar daarna praatte hij onverstoorbaar door met mijn baas en werd ik volkomen genegeerd. Mijn baas deed nog een poging me erbij te betrekken maar dat had weinig effect. Er werd me niets gevraagd, ook niet door zijn vrouw, en hij keurde me geen blik waardig. Ik was een beginnende presentator, hij een nestor die klaarblijkelijk van mening was dat ik niet iemand was waar hij wat aan had en dus bestond ik eenvoudigweg niet. Uiteindelijk stonden hij en zijn vrouw op, groetten mijn baas, knikten naar mij en vertrokken. Ik was zo verbaasd: hoe was het mogelijk dat je, alleen omdat je zo succesvol bent, zo onbeschoft kon zijn? Natuurlijk is die baan er voor mij nooit gekomen; iets wat ik prima vond want voor zo'n figuur hoefde ik sowieso niet te werken. (Mijn revanche kwam overigens een kleine twintig jaar later, toen de persoon in kwestie mij na de uitzending waarin we de Televizier-Ring wonnen, uitbundig feliciteerde, en ik hem nog heel even fijntjes kon herinneren aan die lunch, die hij natuurlijk allang volledig vergeten was. Waarna ik me, geheel in zijn stijl, omdraaide en wegliep.)

Natuurlijk zijn het niet alleen maar mannen die over grenzen gaan: bij een ander bedrijf waar ik werkte was de baas een vrouw en die kon er ook wat van. Deze dame had er een handje van haar secretaresses die een fout maakten of anderszins iets deden wat haar niet beviel, de huid vol te schelden en heel wat van hen verlieten uiteindelijk huilend het pand om nooit meer terug te keren. Ook kon ze redacteuren die in haar ogen niet goed functioneerden, genadeloos te grazen nemen, of zonder pardon de deur wijzen.

Heel wat van mijn vrienden die in de televisiebranche werken hebben soortgelijke ervaringen, vooral met presentatoren die hun boekje te buiten gingen en over grenzen van hun medewerkers gingen. Dat varieert van een presentator die op locatie in het buitenland stampvoetend in de lobby van het hotel verhaal kwam halen bij de producer omdat de cameraman een grotere kamer bleek te hebben, tot de presentator die op locatie in het buitenland zo ontevreden was over de gasten die hij moest interviewen, dat hij midden in een gesprek, zonder wat te zeggen wegreed en in een klaarstaande taxi naar het vliegveld vertrok, de verbaasde gast en de cameraploeg achterlatend. En zo zijn er nog talloze andere verhalen, van kleine incidenten tot systematisch fout gedrag.

Het kon allemaal gebeuren omdat er geen leidinggevenden waren die zo iemand ter verantwoording riepen, omdat ze er te veel belang bij hadden om diegene aan boord te houden. Er moest een bedrijf geleid worden, hoge kijkcijfers gehaald worden, geld in het laatje. Maar met de komst van het #MeTootijdperk en slimme journalisten die voet bij stuk houden in hun onderzoeken, lijken die tijden voorbij. Het is klaar met schelden, vloeken, tieren, negeren en over grenzen gaan; simpelweg omdat de verhalen nu eindelijk echt naar buiten komen. Er worden steeds meer stukken gepubliceerd over wangedrag en daarmee mensen ter verantwoording geroepen voor hun gedrag.

Daarnaast is het tegenwoordig zo makkelijk om met je telefoon bewijzen te verzamelen, appjes op te slaan, compromitterende foto's te maken en te delen op onder meer social media, zodat grensoverschrijdend gedrag steeds meer zichtbaar wordt. En dat zorgt ervoor dat de meeste mensen het tegenwoordig wel uit hun hoofd laten. Want ondertussen weten we: je carrière kan in een ogenblik voorbij zijn, zo hard als je kan stijgen, zo hard kan je vallen.

Maar zoals geschiedkundige en schrijver Rutger Bregman al zei: de meeste mensen deugen. Ook in de wereld die televisie heet. Want ondanks deze excessen is dat vooral een plek waar heel hard gewerkt wordt door mensen die hun gierende best doen om mooie en boeiende verhalen te vertellen, prachtige series te produceren, gedegen nieuws te leveren en vermakelijke programma's te maken. Waar elke dag weer miljoenen mensen plezier aan beleven, hun blik door kunnen verbreden of zichzelf in kunnen herkennen. Televisie is wat mij betreft een geweldig instituut om voor te werken, waar ik ongelofelijk veel heb geleerd en zo veel fijne mensen door heb leren kennen. Als ik nu terugkijk is er zo veel wel goed gegaan. Met uitzondering van de paar hierboven beschreven voorvallen, heeft er nooit iemand tegen mij staan schreeuwen, waren de meeste van mijn bazen hele fijne mensen die goed voor mij en mijn redactieleden waren en er was geen grensoverschrijdend gedrag van mannen die dachten dat ik wel het bed in te praten was in ruil voor een promotie. En ook in de macho radiowereld aan het begin van mijn carrière, toen ik als onzekere studente tot diep in de nacht in de studio zat, is er nooit iets voorgevallen wat niet door de beugel kon. In het begin was ik nog aardig onzeker en bleu maar ik wist wel wat ik wilde, waar mijn hart lag en wie het goed met me voorhad. Ik deed wat goed voelde, en daarmee uit. Niemand die mij ooit meer ging vertellen wat ik moest doen.

Hoe anders was mijn leven tijdens mijn middelbareschooltijd. Want daar ligt de basis voor het feit dat ik zo mijn eigen plan trek en me niets meer laat vertellen. Omdat ik daar te maken had met iemand die juist mijn grenzen over ging; langdurig en systematisch.

Ik kan het me nu bijna niet meer voorstellen maar jarenlang was mijn leven een vreemde mix van een normale, fijne middelbareschooltijd en tegelijkertijd een bijna volwassen leven. Op een leeftijd dat je normaal gezien van het vrije leven geniet en regelmatig een nieuw vriendje aan de haak slaat, had ik namelijk een volkomen verkeerde afslag genomen door in een relatie te belanden met iemand die vijfentwintig jaar ouder was dan ik, en die me zelfs zo ver kreeg om op mijn zeventiende te gaan samenwonen. Een leeftijd waarop de meesten van mijn leeftijdsgenoten vrolijk aan het feesten waren, maar ik, in mijn examenjaar, ging settelen. Dat hoeft niet per se een probleem te zijn, omdat sommigen nou eenmaal niet zo veel behoefte hebben aan een wild leven, maar bij mij lag het anders.

Ik wilde namelijk zo ontzettend graag volwassen zijn en het avontuur aangaan, dat ik verkeerde beslissingen nam en meeging in het verhaal van iemand die me zo'n leven voorspiegelde. Hij zou manager zijn van allerlei bands en me overal mee naartoe nemen. En we zouden samen een gouden toekomst tegemoet gaan, waarbij we zo gauw ik van school was, groots en meeslepend zouden gaan leven.

En zo werd ik op klassieke wijze volledig in de val gelokt van iemand die me van alles beloofde, en me voortdurend vertelde hoe bijzonder ik was. Maar in werkelijkheid bleek hij zeer manipulatief te zijn: hij ontnam me steeds meer vrijheid, zette mijn vrienden tegen me op en zorgde ervoor dat ik langzaam vervreemdde van mijn omgeving. Ik zag mijn familie steeds minder, trok me terug uit vriendschappen met mensen die me lief waren en sloot me op in mijn eigen wereld. En dat werd alleen maar toegejuicht door de persoon in kwestie, die me het liefst helemaal voor zichzelf hield. Niemand kon me bereiken in die tijd. Zelfs mijn ouders niet, die absoluut niet blij waren met de relatie. Ze wilden voorkomen dat ik van hen vervreemdde maar merkten ook dat ik van niemand iets aannam. Ik herinner me zelfs nog een klasgenoot die me tijdens een wandeling in het park dringend vroeg om mijn relatie te beëindigen omdat hij me met de dag ongelukkiger zag worden. Maar ik luisterde niet, en was er oprecht van overtuigd dat deze man goed voor mij was.

En dus leefde ik jarenlang het leven van een volwassene die een verkeerde afslag in zijn leven heeft genomen; doodongelukkig en niet wetend wat ik met mezelf aan moest. Ik wist wel dat ik niet op een goede weg zat, maar door mijn koppigheid en mijn droom dat ons een avontuurlijk leven te wachten stond, hield ik vol. Ook nadat ik doorkreeg dat hij bijna alles bij elkaar verzon en de mensen uit mijn omgeving tegen elkaar probeerde op te zetten om mij maar bij zich te houden. Er kwam geen spannend en avontuurlijk leven en zijn verhalen bleken uit leugens te bestaan. Maar ik bleef.

Als ik naar mezelf terugkijk in die tijd lijkt het wel alsof ik daadwerkelijk iemand anders was. Zo apathisch, en zo onder invloed van een man met een totaal verkeerd afgesteld kompas. Pas nadat ik geslaagd was voor mijn eindexamen, begon er langzaam iets te veranderen. Want opeens zat ik daar op de bank, zonder een sociaal leven, met iemand naast me van wie ik steeds verder vervreemdde. Om mijn eigen geld te verdienen had ik een baantje genomen in een sporthal waar ik in de keuken stond en elke dag ging ik met lood in mijn schoenen naar mijn werk. Was dit nou het leven waar ik al die tijd van gedroomd had?

Alles veranderde toen daar op een dag een nieuwe jongen kwam werken. Hij studeerde en werkte in de sporthal om bij te verdienen. En vanaf het moment dat ik hem zag, wist ik ineens hoe het was om verliefd te worden. Een verliefdheid waardoor je niet meer slaapt en alleen nog maar op de ander gefocust bent. Toen hij op een dag voor de deur stond werd hij afgepoeierd door mijn toenmalige partner en vertrok hij weer. Maar dat voorval mondde bij ons vervolgens uit in een heftige ruzie die zo uit de hand liep dat ik diezelfde avond met een bont en blauw gezicht bij mijn ouders voor de deur stond. Dat was voor hen de druppel en de volgende dag haalde mijn familie mijn spullen op en had ik eindelijk de kracht om mijn relatie te verbreken. Een beslissing waar ik nooit een seconde spijt van heb gehad, want het voelde werkelijk alsof ik een nieuwe kans kreeg. Ik vond liefde in die jongen, maar ook in de liefdes die erna kwamen: die waren gebaseerd op gelijkwaardigheid, vertrouwen en vooral veel plezier. Zonder ellende en zonder een verkeerde machtsverhouding.

Het blijft tot op de dag van vandaag ongelofelijk dat ik mezelf zo heb laten inpakken. Ik had de pech om iemand tegen te komen die precies wist hoe hij zich moest opstellen om mij volledig in zijn macht te krijgen en ik was te jong en onervaren om daaruit te breken. En te koppig om naar de mensen om mij heen te luisteren die het voor hun ogen zagen gebeuren.

Ik heb er lange tijd spijt van gehad dat ik hem nooit heb aangeklaagd voor zijn daden, maar weet nu ook dat ik dat eerder niet kon omdat ik nog tijd nodig had om alles een plaats te kunnen geven. Ik ben hem nooit meer tegengekomen en weet alleen dat hij uiteindelijk naar het buitenland is vertrokken, waar hij nieuwe slachtoffers heeft weten te vinden: ik heb uit de eerste hand gehoord dat iemand de stad en het land waar ze samenwoonden is ontvlucht om aan hem te kunnen ontkomen. Het enige wat ik een aantal jaren geleden wel gedaan heb is hem een lange mail sturen, waarin ik hem ter verantwoording heb geroepen voor zijn daden in de hoop dat hij ergens in zijn leven heeft ingezien hoe fout hij is geweest.

Maar ik heb die ongelukkige jaren een plaats in mijn leven kunnen geven, ook omdat ik daarna wél de juiste beslissing heb genomen. Die beslissing was om altijd mijn eigen pad te blijven volgen en me nooit meer door iemand te laten vertellen wat goed voor me is. En ik heb vooral geleerd mensen te minachten die hun macht misbruiken en me nooit meer door hen van de wijs te laten brengen. Natuurlijk heb ik het geluk gehad om goeie mensen te vinden die het juiste met me voorhebben, om grote liefdes te hebben ontmoet, en een familie te hebben die er altijd voor me is geweest: daardoor kon ik erbovenop komen. En sterker dan ooit worden.

Ik ben mijn dromen achternagegaan met meer zelfverzekerdheid dan ik ooit had durven dromen. Om zo, op eigen kracht, toch mijn avontuurlijke leven te bereiken.

30 HEIMWEE MOET JE KOESTEREN

Ik heb altijd gedacht dat ik geen heimwee kende. Voor mij was het reizen één groot avontuur, waar ik van jongs af aan enorm naar uitkeek: ik kon niet wáchten om de wereld in te trekken en het grote avontuur achterna te gaan. Groots en meeslepend wilde ik leven, in wereldsteden rondlopen alsof ik er woonde, hoge bergtoppen beklimmen met woeste mannen en wereldzeeën bevaren op snelle zeilschepen. Daar hoorde het gevoel van 'weer naar huis willen waar je alles al kent' niet bij, want ik zou het eenvoudigweg te druk hebben met al dat moois heel intens beleven. Sterker nog: ik keek er zelfs een beetje op neer, op dat gevoel. Alsof mensen (en kinderen) met heimwee niet het lef hadden om voor het onbekende te gaan. Heimwee was voor mij synoniem aan kinderen die snikkend hun ouders opbelden als ze ergens uit logeren waren. Of de sentimenteel aangelegde vakantiegangers die al na twee dagen terugverlangden naar hun eigen bed, huis en omgeving. Daar had ik zelf geen last van; ik kon de hele wereld aan.

Nee, ik had eerder last van *kaukokaipuu*, het Finse woord voor heimwee naar een plek waar je nog nooit geweest bent, of *Wanderlust* zoals de Duitsers zo mooi zeggen. Ik was vooral bezig met verlangen naar alle plekken waar ik nog naartoe wilde en dat was in mijn optiek zo ongeveer de hele wereld.

Het woord 'heimwee' is sowieso een van de mooiste woorden die we in onze taal hebben. Volgens de exacte definitie is het 'een pijnlijk gemis van thuis, het gevoel van verlangen naar huis, of algemener gezegd, naar de geborgenheid en de zekerheid van het bekende'. Hoe prachtig als je het zo leest! Het is een Duits leenwoord, dat aanvankelijk een medische benaming was voor een ziekelijk verlangen (*Weh*) naar huis (*Heim*) van Zwitsers die buiten hun eigen landsgrenzen verbleven. Eeuwenlang was het woord nagenoeg onbekend, maar onder invloed van de romantiek deed het via de literatuur zijn intrede, en tegenwoordig is het niet meer weg te denken in onze taal. Ook zo mooi: het woord roept meteen een gevoel of een beeld op, van een stil verlangen naar het vertrouwde, het aftellen van de dagen tot je weer thuis bent en het gevoel dat er een plek is waarvan je weet dat alles er zo veel mooier is dan waar je nu bent.

Ik kan me niet echt herinneren dat ik als kind heimwee had. Waarom zou ik terugverlangen naar het in mijn ogen kleine Heemstede waar ik opgegroeid was? Want ik wist zeker dat ik daar met geen mogelijkheid een opwindend en avontuurlijk leven kon leven. Heimwee bestond eenvoudigweg niet. Punt uit.

Maar wat zat ik ernaast. Ik had geen idee dat het woord eigenlijk voor iets heel anders staat. Namelijk voor een gevoel van 'houden van iets wat onbereikbaar is waardoor het nog veel kostbaarder wordt'. En voor het verlangen naar iemand die van je houdt, of naar een thuisbasis vol herinneringen. Dat zijn emoties die het leven juist kleur en diepte geven.

Pas de laatste pakweg vijf jaar ben ik tijdens mijn reizen ook het gevoel van 'heimwee' écht gaan voelen. Waarschijnlijk was het er al wel eerder, maar kon ik het niet benoemen omdat ik het niet als zodanig herkende.

Het gekke is dat ik het eigenlijk eerst ging zien bij ánderen die ik onderweg ontmoette, reizigers die zonder schroom vertelden over hun gemis, over al het moois waar ze zo naar verlangden, en waar ze soms zelfs de prachtigste liederen over zongen.

Een van de meest intense voorbeelden van zo'n echt rauw gevoel van heimwee ervoer ik op een containerschip, op weg van IJmuiden naar New York. Mijn cameraman en ik sliepen comfortabel in het voormalige redersverblijf met een weids uitzicht over zee, maar de echte harde werkers, de matrozen en de jongens van de machinekamer, lagen ergens in de buik van het schip. De meesten van hen waren afkomstig uit Tuvalu, een kleine eilandengroep in de Stille Oceaan, een van de meest paradijselijke plekken op aarde. Om iets te doen aan de hoge werkloosheid op die Polynesische archipel was daar een scheepvaartschool gebouwd, en de jongens die met een diploma van school kwamen, soms nog geen twintig jaar oud, voeren minimaal veertien maanden mee op zo'n containerschip. Ondanks het feit dat ze de hele wereld over gingen, zagen ze nauwelijks iets van de bestemmingen, omdat ze geen visum hadden om aan wal te gaan. Terwijl ze gewend waren aan een leven onder de zon en op het water, en aan harpoenvissen in de oceaan, zaten ze nu hele dagen benedendeks binnen, zonder horizon.

We filmden in hun gemeenschappelijke woonruimte een item over hoe de matrozen hun dagen vulden als ze niet hoefden te werken. Een van de jongens liet me de kast met dvd's zien: natuurlijk een aantal blockbusters, maar vooral een eindeloze rij homevideo's met beelden van thuis; mannen die op kleine vissersbootjes over de lagune voeren, kleine huisjes onder de palmen waar kinderen met puppy's speelden, en vooral ook de lokale meisjes uit hun dorpen, die de hula dansten, een Polynesische rituele dansvorm waarbij ze rieten rokjes droegen en versierd waren met de meest prachtige bloemen. Hij zette een willekeurige video op en al snel kwamen er meer jongens rondom de tv zitten om mee te kijken.

Ondanks het feit dat het nogal schokkerig was gefilmd, waren ze meteen aan het beeld gekluisterd. Gefascineerd keken ze naar de meisjes die lachend in de camera keken, terwijl ze met hun heupen draaiden en meedansten op de muziek die de mannen naast hen speelden.

Nadat we met zijn allen minstens anderhalf uur naar het dansen hadden gekeken, pakte een van de jongens zijn gitaar om een Polynesisch liedje te tokkelen. Ik vroeg hem waar hij over zong, en hij zei: 'Het is een liedje over het gemis van alles wat ons lief is. Over de tijd die verstrijkt zonder dat we daar zijn waar ons hart ligt. Over echte diepe heimwee die ons vanbinnen opvreet.' Vanuit mijn ooghoeken zag ik dat bijna alle mannen moesten knipperen om de tranen te verdringen, zo dicht zat het verdriet en het gemis van thuis onder de oppervlakte.

Ik kon de herinnering aan die jongens de rest van de reis niet meer van me afschudden, want hun verdriet had ook een mooie ondertoon. Het betekende dat datgene wat ze achter zich hadden gelaten, voor zoiets moois stond dat ze niets liever wilden dan ernaar teruggaan.

Deze ervaring deed me inzien dat mijn thuisbasis ook onvoorstelbaar waardevol is. Het is een plek waar er van me gehouden wordt en waar ik onvoorwaardelijke vriendschap ervaar. Waar mijn herinneringen opgeslagen liggen en waar ik altijd op kan terugvallen. Als je het zo bekijkt, is heimwee hebben alleen maar een groot voorrecht.

Hoe kon het dan dat ik heimwee zo lang met iets negatiefs associeerde? Als ik erover nadenk, heeft mijn jarenlange verkeerde interpretatie van dit woord vooral te maken met het feit dat ik, toen ik jong was, nog helemaal niet stil kon staan bij dit soort emoties. Juist mijn drang om zo hard te leven en me af te zetten tegen alles wat ik zo goed kende (mijn eigen leefomgeving in mijn jeugd), zorgde ervoor dat ik de tijd niet nam om me écht te verdiepen in de betekenis ervan.

Nu ik de vijftig heb aangetikt en langzaam rustig begin te worden, voel ik dat mijn urgentie om zo intens mogelijk te leven begint af te nemen. Nu zie ik pas langzaam de contouren van een leven waarin heimwee ook bij mij wel degelijk een rol speelt. Daarbij staat heimwee niet voor een gebrek aan avontuurzin, maar juist voor het feit dat je oog hebt voor al het moois dat de basis in je leven vormt. Ik heb er meer dan vijfentwintig jaar voor nodig gehad om daarachter te komen.

WOORD VAN DANK

Natuurlijk had ik dit boek, net zoals dat bij televisie gaat, nooit kunnen maken zonder een geweldige club mensen die ervoor gezorgd heeft dat dit boek er uiteindelijk gekomen is. Met iemand zoals ik, die naast het schrijven nog zo veel andere bezigheden heeft, zijn dat in ieder geval mensen geweest die over een enorme dosis geduld beschikken en die de gave hebben om rustig te blijven en vertrouwen te houden dat het me toch zou lukken.

Het mooie van het schrijfproces is dat je na afloop, nu juist in tegenstelling tot het maken van televisieprogramma's, mensen echt kan bedanken voor hun werk en aan iedereen kan laten weten hoe belangrijk ze zijn geweest in het maakproces.

Als eerste is dat Bibejan Lansink, een fijne vriendin en goede journalist, die mij enorm geholpen heeft bij de eerste versie van dit boek. Door samen lange gesprekken te voeren, vaak wandelend, hebben we niet alleen de structuur van het boek bedacht maar ook een aardig deel van de invulling van de hoofdstukken. Ook heb ik in deze fase op deze manier waardevolle hulp gekregen van journalisten Sara Luijters en Ernest Marx: veel dank jullie!

Heel veel dank ook voor de enthousiaste, fijne en kundige mensen bij uitgeverij Meulenhoff en speciaal redacteur Ilse Delaere die dit hele boek begeleid heeft. Ze voorzag mij constant van goede raad en zat vaak tot diep in de nacht te werken (en is blijven geloven dat het boek er zou komen). Ook redacteur Saskia Veen, Luca Ronner van marketing & publiciteit en uitgever Paloma Sanchez van Dijck: dank voor al het werk en jullie geduld.

Diewertje van Wering: veel dank dat je het boek zo mooi hebt vormgegeven en wederom in de weekenden en avonduren hebt doorgewerkt om alles af te krijgen. En natuurlijk Willem-Jan Moerman van drukkerij Wilco: fijn dat we ook dit boek bij jullie kunnen laten drukken.

Natuurlijk wil ik ook iedereen met wie ik de afgelopen jaren mijn programma's heb gemaakt enorm bedanken. Ik heb het boek dan wel zelf geschreven, met veel reizen en verhalen van voor mijn 'televisieleven', maar jullie hebben er in al die jaren wel mede voor gezorgd dat ik nu een hoofd vol herinneringen heb. Dank dus Hanneke, Caroline, Laura, Mapke, Donna, Mandy en Martijn. En natuurlijk mijn buddy, de intens grappige Remco van Puffelen en de beste editor ever: Bram Slinger. En een speciaal woord van dank gaat uit naar Gerke Nauta: onder jouw bezielende leiding heb ik zo veel mooie programma's mogen maken. Wat is het intens verdrietig dat we veel te vroeg afscheid van je hebben moeten nemen. Je wordt nog zo enorm gemist!

Een boek als dit had ik uiteraard niet kunnen maken zonder de support, liefde, gezelligheid en vriendschap van mijn inner circle: jullie zijn er altijd geweest, in goede en in zwaardere tijden, met goede raad, goede grappen, eindeloze avonden doorhalen, een extra bordje op tafel om altijd mee te kunnen eten, oneindig veel fijne whatsappjes als ik ver weg was, maar ook de bakjes eten als ik weer eens onderuit gegaan was, in het ziekenhuis lag of thuis op de bank.
    De lijst is zo lang maar dank lieve Hanneke, Okkie, Elsebi, Otisdepotis, Maggie Mae, Frankie, Angelique, Natas, Arletje, Reneeke, Friso, Josja, Syl, Raymonneke, Danny, Joost, Mandy, Martin, Daan, Paul, Marjet, Edwin, Ruurdje, Olav, Heleen, Twan, Chrissie, Mark, Tjitte, Martijn, Esther, Wessel, Joost S, Donnie,

Jurgen, Peter, Wendy, Dirk, Chris, Paul, Thijs, Vincent, Ollie, Ernie, Marjolijn, Marjolein en nog zo meer vrienden, ook iedereen die ik tijdens alle reizen heb ontmoet! En natuurlijk veel dank ook voor Perry van Genderen van de Corporate Travel Clinic in Rotterdam, die mij zo vaak medisch heeft bijgestaan op reis met advies en wijze raad en zo vaak mij weer heeft opgelapt, samen met zijn team.

Mijn basis is mijn familie: daar waar het allemaal begonnen is. Met ouders die er altijd voor me zijn geweest, die altijd weer geïnteresseerd zijn, meteen op de kaart gaan speuren waar ik nu weer naartoe ga, altijd als eerste appen als ik wegga en terugkom en van wie ik zo zielsveel hou. En natuurlijk ook mijn zussen en broer: ook jullie zijn echt de basis van alles. En Marg en Claar: hoe fijn dat jullie er altijd voor me zijn!

De belangrijkste reden dat dit boek er überhaupt is, is mijn überbuddy Guido, met wie ik al meer dan vijfentwintig jaar zo veel gouden momenten heb beleefd. Jij bleef me supporten om toch te blijven schrijven, ondanks mijn bizar drukke schema's, en bleef geloven dat ik het toch zou afmaken. En daar heb je gelijk in gekregen…

En waarmee eindig je een dankwoord voor een boek als dit, dat er pas met zo veel vertraging, en zo veel zweten en zwoegen gekomen is? Bij jullie, fijne lezers! Want jullie hadden het geduld om te wachten tot ik dit alles op papier kon zetten. Een boek dat nog zo veel dikker zou kunnen zijn door alle verhalen die nog in mijn hoofd zitten. Maar wie weet, doe ik wel weer eens een poging als ik weer een tijdje de wereld over heb gezworven…